:: 中華文化促進會主持編纂

:: 國家"十一五"重點圖書出版規劃項目

:: 中國社會科學院哲學社會科學創新工程學術出版資助項目

出品人 王石 段先念

今注本二十四史

隋書

唐 魏徵等 撰

馬俊民 張玉興 主持校注

中國社會科學出版社

一六 傳[七]

隋書　卷七七

列傳第四十二

隱逸

　　自肇有書契，綿歷百王，雖時有盛衰，未嘗無隱逸之士。故《易》稱“遯世無悶”，[1]又曰“不事王侯”；[2]《詩》云“皎皎白駒，在彼空谷”；[3]《禮》云“儒有上不臣天子，下不事王侯”；[4]《語》曰“舉逸民，天下之人歸心焉”。[5]雖出處殊途，語默異用，各言其志，皆君子之道也。

　　[1]遯世無悶：語出《易·乾卦》。大意爲：逃遯避世，雖逢無道，心無所悶。
　　[2]不事王侯：語出《易·蠱卦》。
　　[3]皎皎白駒，在彼空谷：語出《詩·小雅·白駒》。
　　[4]儒有上不臣天子，下不事王侯：語出《禮記·儒行》。原文爲：“儒有上不臣天子，下不事諸侯。”
　　[5]舉逸民，天下之人歸心焉：語出《論語·堯曰》。原文爲：“舉逸民，天下之民歸心焉。”

洪崖兆其始，[1]箕山扇其風，[2]七人作乎周年，[3]四皓光乎漢日。[4]魏、晉以降，其流逾廣。其大者則輕天下，細萬物，其小者則安苦節，甘賤貧。或與世同塵，隨波瀾以俱逝，或違時矯俗，望江湖而獨往。狎玩魚鳥，左右琴書，拾遺粒而織落毛，飲石泉而蔭松柏。放情宇宙之外，自足懷抱之中，然皆欣欣於獨善，鮮汲汲於兼濟。而受命哲王，守文令主，莫不束帛交馳，蒲輪結轍，奔走巖谷，唯恐不逮者，何哉？以其道雖未弘，志不可奪，縱無舟檝之功，終有賢貞之操。足以立懦夫之志，息貪競之風，與夫苟得之徒，不可同年共日。所謂"無用以爲用，無爲而無不爲"者也。[5]故叙其人，列其行，以備《隱逸篇》云。

[1]洪崖：傳説爲黃帝臣子伶倫的仙號。

[2]箕山：此指傳説中的隱士許由。相傳堯讓以天下，不受，隱居於潁水之陽箕山之下。事參《莊子·逍遥游》。

[3]七人：指古代天子的七位諍臣。參《孝經·諫諍》。

[4]四皓：指秦末隱居商山的東園公、甪里先生（甪，一作角）、綺里季、夏黃公。四人鬚眉皆白，故稱"商山四皓"。漢高祖召，不應。後高祖欲廢太子，吕后用張良計，迎四皓，使輔太子，高祖以太子羽翼已成，乃消除改立太子之意。事見《史記》卷五五《留侯世家》、《漢書》卷四○《張良傳》。

[5]無用以爲用，無爲而無不爲：語出老子《道德經·無用》："故有之以爲利，無之以爲用。"及《道德經·爲政》："道常無爲而無不爲。"

李士謙

李士謙，[1]字子約，趙郡平棘人也。[2]髫齔喪父，事母以孝聞。母曾嘔吐，疑爲中毒，因跪而嘗之。伯父魏岐州刺史瑒，[3]深所嗟尚，每稱曰："此兒吾家之顔子也。"[4]年十二，魏廣平王贊辟開府參軍事。[5]後丁母憂，[6]居喪骨立。有姊適宋氏，不勝哀而死。士謙服闋，捨宅爲伽藍，[7]脱身而出。詣學請業，研精不倦，遂博覽群籍，兼善天文術數。齊吏部尚書辛術召署員外郎，[8]趙郡王叡舉德行，[9]皆稱疾不就。和士開亦重其名，[10]將諷朝廷，擢爲國子祭酒。[11]士謙知而固辭，得免。隋有天下，畢志不仕。

[1]李士謙：人名。《北史》卷三三有附傳。

[2]趙郡：治所在今河北趙縣。　平棘：縣名。治所在今河北趙縣。

[3]魏：即北魏（386—557），亦稱後魏。初都平城（今山西大同市東北），公元494年遷都洛陽（今河南洛陽市東北白馬寺東）。公元534年分裂爲東魏和西魏兩個政權。東魏（534—550）都於鄴（今河北臨漳縣西南鄴鎮東），西魏（535—557）都於長安（今陝西西安市西北郊）。　岐州：治所在今陝西鳳翔縣東南。瑒：人名。即李瑒。北魏人，官至鎮遠將軍、岐州刺史。《魏書》卷五三、《北史》卷三三有附傳。

[4]顔子：即春秋時顔回，孔子弟子之一，以德行著稱。

[5]廣平王贊：北魏孝武帝兄子元贊。事見《魏書》卷五《高宗文成帝紀》。　開府參軍事：官名。北魏王府屬官，佐掌府事。

[6]丁母憂：遭逢母親喪事。古代喪服禮制規定，父母死後，

子女須守喪，三年内不得做官、婚娶、赴宴、應考、舉樂，等等。

[7]伽藍：梵文僧伽藍摩譯音，意爲衆園或僧院，即僧衆居住的庭園。後因稱佛寺爲伽藍。

[8]齊：即北齊（550—577），或稱高齊，都鄴（今河北臨漳縣西南鄴鎮東）。　吏部尚書：官名。尚書省下轄六部之一吏部的長官。掌全國文職官員銓選、考課等政令，統吏部、主爵、司勳、考功四曹。北齊正三品。　辛術：人名。北齊天保年間任吏部尚書。傳見《北齊書》卷三八，《北史》卷五〇有附傳。　員外郎：此指正員以外的郎官意。

[9]趙郡王叡：即高叡，北齊神武帝高歡之侄。《北齊書》卷一三、《北史》卷五一有附傳。

[10]和士開：人名。因與北齊武成帝高湛胡皇后有奸情，北齊後主高緯武平元年（570）封淮陽王，除尚書令、録尚書事。

[11]國子祭酒：官名。國子寺主官，掌中央官學及儒學訓導之政。北齊從三品。

　　自以少孤，未嘗飲酒食肉，口無殺害之言。至於親賓來萃，輒陳罇俎，對之危坐，終日不倦。李氏宗黨豪盛，每至春秋二社，[1]必高會極歡，無不沉醉諠亂。嘗集士謙所，盛饌盈前，而先爲設黍，謂群從曰：“孔子稱黍爲五穀之長，荀卿亦云食先黍稷，[2]古人所尚，容可違乎？”少長蕭然，不敢弛惰，退而相謂曰：“既見君子，方覺吾徒之不德也。”士謙聞而自責曰：“何乃爲人所疏，頓至於此！”

　　[1]春秋二社：古代於春耕前及秋收後祭祀土神，謂之春社和秋社。

[2]荀卿：即荀子。傳見《史記》卷七四。

家富於財，躬處節儉，每以振施爲務。州里有喪事不辦者，士謙輒奔走赴之，隨乏供濟。有兄弟分財不均，至相閱訟，士謙聞而出財，補其少者，令與多者相埒。兄弟愧懼，更相推讓，卒爲善士。有牛犯其田者，士謙牽置涼處飼之，過於本主。望見盜刈其禾黍者，默而避之。其家僮嘗執盜粟者，士謙慰諭之曰："窮困所致，義無相責。"遽令放之。其奴嘗與鄉人董震因醉角力，[1]震扼其喉，斃於手下。震惶懼請罪，士謙謂之曰："卿本無殺心，何爲相謝！然可遠去，無爲吏之所拘。"性寬厚，皆此類也。

[1]董震：人名。其他事迹不詳。

其後出粟數千石，以貸鄉人，值年穀不登，債家無以償，皆來致謝。士謙曰："吾家餘粟，本圖振贍，豈求利哉！"於是悉召債家，爲設酒食，對之燔契，曰："債了矣，幸勿爲念也。"各令罷去。明年大熟，債家爭來償謙，謙拒之，一無所受。他年又大飢，多有死者，士謙罄竭家資，爲之糜粥，賴以全活者將萬計。收埋骸骨，所見無遺。至春，又出糧種，分給貧乏。趙郡農民德之，撫其子孫曰："此乃李參軍遺惠也。"[1]或謂士謙曰："子多陰德。"士謙曰："所謂陰德者何？猶耳鳴，己獨聞之，人無知者。今吾所作，吾子皆知，何陰德之有！"

[1]李參軍：李士謙曾任魏廣平王贊開府參軍事，此以官名。

　　士謙善談玄理，嘗有一客在坐，不信佛家應報之義，以爲外典無聞焉。[1]士謙喻之曰：“積善餘慶，積惡餘殃，高門待封，掃墓望喪，豈非休咎之應邪？佛經云輪轉五道，[2]無復窮已，此則賈誼所言‘千變萬化，未始有極，忽然爲人’之謂也。[3]佛道未東，而賢者已知其然矣。至若鯀爲黃熊，[4]杜宇爲鶗鴂，[5]褒君爲龍，[6]牛哀爲獸，[7]君子爲鵠，小人爲猿，[8]彭生爲豕，[9]如意爲犬，[10]黃母爲黿，[11]宣武爲鱉，[12]鄧艾爲牛，[13]徐伯爲魚，[14]鈴下爲烏，書生爲蛇，[15]羊祜前身李氏之子，[16]此非佛家變受異形之謂邪？”客曰：“邢子才云，[17]豈有松柏後身化爲樗櫟！僕以爲然。”士謙曰：“此不類之談也。變化皆由心而作，木豈有心乎？”客又問三教優劣，士謙曰：“佛，日也；道，月也；儒，五星也。”客亦不能難而止。

　　[1]外典：佛教徒稱佛家以外的典籍爲外典。

　　[2]輪轉五道：劉宋三藏法師求那拔陀羅譯有《佛説輪轉五道罪福報應經》。

　　[3]千變萬化，未始有極，忽然爲人：語出《史記》卷八四、《漢書》卷四八《賈誼傳》。

　　[4]鯀爲黃熊：相傳夏禹之父鯀被堯殺死於羽山，神化爲黃熊。詳見《左傳》昭公七年。

　　[5]杜宇：號“望帝”，傳説爲古蜀國國王，死後魂化爲鳥，

名“杜鵑”。 鷤（tí）鴂（jué）：杜鵑鳥。

[6]褒君爲龍：相傳夏朝末年，褒人之神化爲二龍，居於夏宫。詳見《國語·鄭語》。

[7]牛哀爲獸：公牛哀，魯國人（一説韓國人），病七日化爲虎，噬其兄。見《淮南子·俶真訓》。按，“獸”即“虎”，避唐諱改。

[8]君子爲鵠，小人爲猿：傅雲龍《隋書考證》釋此兩句云：“《抱朴子》：‘周穆王南徵，一軍盡化，君子爲猿鶴，小人爲沙蟲。’與此小異。”

[9]彭生爲豕：彭生，春秋時齊國力士，齊襄公使之殺衛惠公。齊侯一次見大豕，隨從的人説是公子彭生。詳見《左傳》莊公八年。

[10]如意爲犬：西漢吕后一次忽見一物如蒼犬，占者以爲是漢趙隱王如意作祟。典出《漢書》卷九《吕后紀》。

[11]黄母爲黿：典出晉人干寶《搜神記》卷一四：“漢靈帝時，江夏黄氏之母浴，伏盤水中，久而不起，變爲黿矣。”

[12]宣武爲鱉：相傳蜀帝爲鱉，《華陽國志·序志》：“荆人鱉靈死，屍化西上，後爲蜀帝。”宣武，即楚宣武帝桓温。其子桓玄建立桓楚後，追尊爲宣武皇帝。桓温曾伐蜀國。按，“鱉”殿本、庫本作“黿”

[13]鄧艾爲牛：《三國志》卷二八《魏書·鄧艾傳》載：鄧艾少孤，太祖破荆州，徙汝南，爲農民養犢。

[14]徐伯爲魚：《史記·河渠書》載：天子以爲然，令齊人水工徐伯表，悉發卒數萬人穿漕渠，三歲而通。

[15]鈴下爲烏，書生爲蛇：典出《搜神記》卷三“管輅論怪”。

[16]羊祜前身李氏之子：典出《晉書》卷三四《羊祜傳》。羊祜爲魏晉時著名大臣。按，“氏”字汲古閣本、中華本同，殿本、庫本作“家”。

[17]邢子才：人名。即邢邵，字子才。北魏至北齊時人，以文學知名，官至中書監。傳見《北齊書》卷三六，《北史》卷四三有附傳。

士謙平生時爲詠懷詩，[1]輒毀棄其本，不以示人。又嘗論刑罰，遺文不具，其略曰：[2]“帝王制法，沿革不同，自可損益，無爲頓改。今之贓重者死，是酷而不懲也。語曰：‘人不畏死，不可以死恐之。’[3]愚謂此罪宜從肉刑，刖其一趾，再犯者斷其右腕。流刑刖去右手三指，又犯者下其腕。小盜宜黥，又犯則落其所用三指，又不悛下其腕，無不止也。無賴之人，竄之邊裔，職爲亂階，適所以召戎矣，非求治之道也。博弈淫游，盜之萌也，禁而不止，黥之則可。”有識者頗以爲得治體。

[1]時：汲古閣本、中華本同，《北史》卷三三《李士謙傳》作“時時”，殿本、庫本則作“喜”。

[2]遺文不具，其略曰：中華本、《北史·李士謙傳》同，汲古閣本作“遺文不具載，其略曰”，殿本、庫本則爲“遺文不具載略曰”。

[3]人不畏死，不可以死恐之：語出《道德經·制惑》，原文爲：“民不畏死，奈何以死懼之。”

開皇八年，[1]終於家，時年六十六。趙郡士女聞之，莫不流涕曰：“我曹不死，而令李參軍死乎！”會葬者萬餘人。鄉人李景伯等以士謙道著丘園，[2]條其行狀，詣尚書省請先生之謚，[3]事寢不行，遂相與樹碑於墓。

[1]開皇：隋文帝楊堅年號（581—600）。

[2]李景伯：人名。事迹不詳。

[3]尚書省：官署名。隋三省之一，掌政令執行。　謚：上古有號無謚，周初始制謚法，秦始皇廢不用，自漢初恢復。帝王、貴族、大臣死後，據其生前事迹依謚法給予稱號。

其妻范陽盧氏，亦有婦德，及夫終後，所有賻贈，一無所受，謂州里父老曰：“參軍平生好施，今雖殞歿，安可奪其志哉！”於是散粟五百石以賑窮乏。

崔廓 子賾

崔廓，[1]字士玄，博陵安平人也。[2]父子元，[3]齊燕州司馬。[4]廓少孤貧而母賤，由是不爲邦族所齒。初爲里佐，屢逢屈辱，於是感激，逃入山中。遂博覽書籍，多所通涉，山東學者皆宗之。既還鄉里，不應辟命。與趙郡李士謙爲忘言之友，[5]每相往來，時稱崔、李。及士謙死，廓哭之慟，爲之作傳，輸之秘府。[6]士謙妻盧氏寡居，每有家事，輒令人諮廓取定。郭嘗著論，言刑名之理，其義甚精，文多不載。大業中，終于家，時年八十。有子曰賾。

[1]崔廓：人名。傳另見《北史》卷八八。

[2]博陵：郡名。治所在今河北安平縣。　安平：縣名。治所

在今河北安平縣。

[3]子元：人名。即崔子元。北齊任燕州司馬。事亦見《北史·崔廓傳》。

[4]燕州：北齊時治所在今河北涿鹿縣西南。按，本書《地理志上》"涿郡"條："懷戎，後齊置北燕州。"　司馬：官名。州屬官，紀綱衆務，通判列曹。北齊三等上州，從四品上；三等中州，第五品上；三等下州，從五品上。

[5]言：底本原作"年"，中華本作"言"。其校勘記云："'言'原作'年'，據《北史·崔廓傳》及《御覽》五〇六改。崔廓與李士謙年齡相差不大，説不上是'忘年之友'，應是'忘言之友'。《莊子·外物》：'言者所以在意，得意而忘言。'此處'忘言'是説兩人友誼之深。"本書中華書局新修訂本校勘記補充宋本《册府元龜》《隋書詳節》二例亦爲"言"。所考是，今據改。

[6]秘府：禁中藏圖書秘記之所。

　　贖，字祖濬，七歲能屬文，[1]容貌短小，有口才。開皇初，秦孝王薦之，[2]射策高第，詔與諸儒定禮樂，授校書郎。[3]尋轉協律郎，[4]太常卿蘇威雅重之。[5]母憂去職，性至孝，水漿不入口者五日。徵爲河南、豫章二王侍讀，[6]每更日來往二王之第。及河南爲晋王，轉記室參軍，[7]自此去豫章。王重之不已，遺贖書曰：

[1]屬（zhǔ）文：撰著文辭。

[2]秦孝王：此指隋文帝楊堅第三子楊俊。傳見本書卷四五、《北史》卷七一。

[3]校書郎：官名。隋秘書省置校書郎十二人，煬帝增至四十員，掌校讎典籍。隋初爲正九品上，煬帝降爲從九品。

[4]協律郎：官名。隋太常寺有協律郎，二員，掌舉麾節樂，

調和律吕，監試樂人典課。正八品上。

[5]太常卿：官名。太常寺長官，掌國家禮樂，郊廟社稷祭祀等事，總轄郊社、太廟等十一署。置一員，正三品。　蘇威：人名。傳見本書卷四一，《北史》卷六三有附傳。

[6]河南：即河南王，隋煬帝長子楊昭開皇十七年封河南王。傳見本書卷五九、《北史》卷七一。　豫章：即豫章王，隋煬帝第二子楊暕。傳見本書卷五九、《北史》卷七一。　侍讀：官名。隋諸王府屬官有侍讀、侍講，掌陪侍府主讀書論學或授書講學。品秩不詳。

[7]記室參軍：官名。隋王府、總管府均設有記室，掌章表書記文檄。品秩不詳。

　　昔漢氏西京，[1]梁王建國，[2]平臺、東苑，[3]慕義如林。馬卿辭武騎之官，[4]枚乘罷弘農之守。[5]每覽史傳，嘗切怪之，何乃脱略官榮，棲遲藩邸？[6]以今望古，方知雅志。彼二子者，豈徒然哉！

[1]西京：指西漢都城長安，此指西漢時期。

[2]梁王：漢文帝子梁孝王劉武。傳見《漢書》卷四七。

[3]平臺：古臺名。在今河南商丘市東北，漢梁孝王築。　東苑：苑名。《漢書・梁孝王劉武傳》載：“孝王築東苑，方三百餘里，廣睢陽城七十里，大治宫室，爲復道，自宫連屬於平臺三十餘里。”

[4]馬卿：即司馬相如，字長卿。孝景帝時辭武騎常侍，從梁孝王劉武游。傳見《史記》卷一一七、《漢書》卷五七。

[5]枚乘：人名。漢景帝屬枚乘爲弘農都尉，枚乘稱病去官，從梁孝王游。傳見《漢書》卷五一。　弘農：郡名。治所在今河南靈寶市東南。

[6]棲遲：滯留。

　　足下博聞强記，鉤深致遠，視漢臣之三篋，[1]似涉蒙山，[2]對梁相之五車，[3]若吞雲夢。[4]吾兄欽賢重士，敬愛忘疲，先築郭隗之宮，[5]常置穆生之醴。[6]今者重開土宇，更誓山河，地方七百，牢籠曲阜，[7]城兼七十，包舉臨淄，[8]大啓南陽，[9]方開東閤。[10]想得奉飛蓋，曳長裾，藉玳筵，躡珠履，歌山桂之偃蹇，[11]賦池竹之檀欒。[12]其崇貴也如彼，其風流也如此，幸甚幸甚，何樂如之！高視上京，有懷德祖，[13]才謝天人，多慚子建，[14]書不盡意，寧俟繁辭。

　　[1]漢臣之三篋：西漢時張安世博學，有世書三箱，唯有張安世識之。典出《漢書》卷五九《張安世傳》。

　　[2]蒙山：在今山東蒙陰縣西南。

　　[3]梁相之五車：典出《莊子·天下》：“惠施多方，其書五車。”惠施，曾在梁國爲相。

　　[4]雲夢：古藪澤名。在今湖北江陵以東，江漢之間。

　　[5]郭隗：人名。燕昭王招賢，爲郭隗改築宮而師事之。事見《史記》卷三四《燕召公世家》。

　　[6]穆生：人名。漢楚元王劉交敬禮穆生，常爲設醴。事見《漢書》卷三六《楚元王傳》。

　　[7]曲阜：地名。在今山東曲阜市，春秋時魯國國都，此代指魯地。

　　[8]臨淄：地名。在今山東淄博市東北，春秋時齊國國都，此代指齊地。

　　[9]大啓南陽：此喻指重開封地。典出《左傳》僖公二十五

年，晋文公重耳始啓南陽之地。

[10]東閣：喻指招致款待賢士之所。典出《漢書》卷五八《公孫弘傳》：“（弘）數年至宰相封侯，於是起客館，開東閣以延賢人。”

[11]偓寒：高聳貌。

[12]檀欒：秀美貌。

[13]德祖：指楊脩，字德祖。傳見《後漢書》卷五四。

[14]子建：指曹植，字子建。傳見《三國志》卷一九。

贖答曰：

一昨伏奉教書，榮覼非恒，心靈自失。若乃理高《象》《繫》，管輅思而不解，[1]事富《山海》，郭璞注而未詳。[2]至於五色相宜，八音繁會，鳳鳴不足喻，龍章莫之比。吳札之論《周頌》，[3]詎盡揄揚，郢客之奏《陽春》，[4]誰堪赴節！伏惟令王殿下，禀潤天潢，承輝日觀，雅道貴於東平，[5]文藝高於北海。[6]漢則馬遷、蕭望，[7]晉則裴楷、張華，[8]雞樹騰聲，鵷池播美，望我清塵，悠然路絶。

[1]管輅：人名。三國魏術士。傳見《三國志》卷二九。

[2]郭璞：人名。兩晉時人，曾爲《山海經》做注。傳見《晉書》卷七二。

[3]吳札：春秋時吳公子季札，以博聞著稱。《周頌》：《詩經》篇章之一。

[4]郢客：指屈原。《陽春》：古代歌曲《陽春白雪》。

[5]東平：指東漢光武帝劉秀之子東平王劉蒼，曾主持修禮樂、定制度。傳見《後漢書》卷四二。

　　[6]北海：指漢末文學家孔融，曾任北海相，人稱孔北海。傳見《後漢書》卷七〇。

　　[7]馬遷：即司馬遷。傳見《史記》卷一三〇、《漢書》卷六二。　蕭望：即漢代名儒蕭望之。傳見《漢書》卷七八。

　　[8]裴楷：人名。曹魏及西晉時名士。《晉書》卷三五有附傳。張華：人名。曹魏及西晉著名文學家。傳見《晉書》卷三六。

　　祖瀋燕南贅客，河朔惰游，本無意於希顏，[1]豈有心於慕藺！[2]未嘗聚螢映雪，懸頭刺股，讀《論》唯取一篇，披《莊》不過盈尺。復况桑榆漸暮，藜藿屢空，[3]舉燭無成，穿楊盡棄。但以燕求馬首，[4]薛養鷄鳴，[5]謬齒鴻儀，虛班驥皂。挾太山而超北海，[6]比報德而非難，埋崑崙以爲池，[7]匹酬恩而反易。忽屬周桐錫瑞，唐水承家，門有將相，樹宜桃李。真龍將下，誰好有名，濫吹先逃，何須別聽！但慈旨抑揚，損上益下，江海所以稱王，丘陵爲之不逮。曹植儻預聞高論，則不隕令名，楊脩若切在下風，亦詎虧淳德。無任荷戴之至，謹奉啓以聞。

　　[1]顏：指孔子弟子顏回。此喻指安貧樂道。

　　[2]藺：指藺相如，此喻指建功立業。傳見《史記》卷八一。

　　[3]藜藿：粗劣飯菜。

　　[4]燕求馬首：戰國時郭隗以重金購馬首諷燕昭王納賢。典出《戰國策·燕策一》。

　　[5]薛養鷄鳴：戰國時孟嘗君田文封於薛，其蓄養之門人有鷄鳴狗盜者。事見《史記》卷七五《孟嘗君列傳》。

　　[6]太山：即泰山，在今山東泰安市境内。

[7]崐崘：指崑崙山，在今新疆與西藏之間。

豫章得書，賷米五十石，并衣服錢帛。

時晉邸文翰，多成其手。王入東宮，除太子齋帥，[1]俄遷舍人。[2]及元德太子薨，[3]以疾歸于家。後徵授起居舍人。[4]

[1]除：拜官、授職。　太子齋帥：官名。隋東宮門下坊有齋帥局，設太子齋帥四人，掌凡大祭祀、湯沐、灑掃、鋪陳之事。正七品下。按，“帥”字底本原作“師”，殿本、庫本同，然汲古閣本、中華本作“帥”。檢本書《百官志下》，隋東宮太子府置齋帥局，無“太子齋師”一職，今據改。

[2]舍人：官名。即太子舍人，隋東宮典書坊置八人，掌令書表啓之事。從六品下。

[3]元德太子：即隋煬帝長子楊昭。傳見本書卷五九、《北史》卷七一。

[4]起居舍人：官名。掌起居注，記錄皇帝言行以備修史。從六品。

大業四年，從駕汾陽宮，[1]次河陽鎮。[2]藍田令王曇於藍田山得一玉人，[3]長三尺四寸，著大領衣，冠幘，奏之。詔問群臣，莫有識者，磧答曰：“謹按漢文已前，[4]未有冠幘，即是文帝以來所制作也。臣見魏大司農盧元明撰《嵩高山廟記》云：[5]‘有神人，以玉爲形，像長數寸，或出或隱，出則令世延長。’伏惟陛下應天順民，定鼎嵩、雒，岳神自見，臣敢稱慶。”因再拜，百官畢賀，天子大悦，賜縑二百匹。從駕登太行山，[6]詔問𧫩曰：“何處有羊腸坂？”[7]𧫩對曰：“臣按《漢書·地理志》，上黨壺關縣有羊腸坂。”[8]帝曰：“不是。”又答曰：“臣按皇甫士安撰《地書》云：‘太原北九十里有羊腸坂。’”[9]帝曰：“是也。”因謂牛弘曰：[10]“崔祖濬所謂問一知二。”

[1]汾陽宮：宮名。煬帝大業四年（608）建，舊址在今山西寧武縣西南管涔山上。

[2]河陽鎮：地名。在今河北孟州市西南。

[3]藍田：縣名。治所在今陝西藍田縣。　王曇：人名。隋時任藍田令，其他事迹不詳。

[4]漢文：漢文帝劉恒。紀見《史記》卷一〇、《漢書》卷四。

[5]大司農：官名。北魏司農寺長官，掌錢穀、金帛及諸貨幣收儲支調。太和初爲二品上，後爲三品。　盧元明：人名。北魏時人。《魏書》卷四七、《北史》卷三〇有附傳。

[6]太行山：綿亘今山西、河南、河北三省界。

[7]羊腸坂：古坂道名。縈曲如羊腸，故名。一在今山西壺關縣東南，一在今山西晉城市南。

[8]上黨：郡名。治所在今山西長治市。　壺關：縣名。治所在今山西壺關縣東南。

[9]皇甫士安：人名。即皇甫謐。字士安，曹魏晋初人。傳見《晋書》卷五一。　太原：郡名。治所在今山西太原市。

[10]牛弘：人名。傳見本書卷四九、《北史》卷七二。

五年，受詔與諸儒撰《區宇圖志》二百五十卷，奏之。帝不善之，更令虞世基、許善心衍爲六百卷。[1]以父憂去職，[2]尋起令視事。遼東之役，[3]授鷹揚長史，[4]

置遼東郡縣名，皆贖之議也。奉詔作《東征記》。九年，除越王長史。[5]于時山東盜賊蜂起，[6]帝令撫慰高陽、襄國，[7]歸首者八百餘人。十二年，從駕江都。[8]宇文化及之弒帝也，[9]引爲著作郎，[10]稱疾不起。在路發疾，卒於彭城，[11]時年六十九。

[1]虞世基：人名。傳見本書卷六七、《北史》卷八三。　許善心：人名。傳見本書卷五八、《北史》卷八三。

[2]父憂：遭逢父親喪事。亦稱"丁父艱"。參前"丁母憂"條。

[3]遼東：地區名。泛指遼水以東地區。因高麗國位於遼東，故此"遼東之役"指隋征伐高麗之事。

[4]鷹揚長史：官名。隋文帝初，置左右衛等衛府，各領軍坊、鄉團，以統軍卒。後改置驃騎將軍府，府設長史，爲幕僚之長。煬帝大業三年改驃騎府爲鷹揚府，長史職能依舊。正七品。

[5]越王：即楊侗，元德太子楊昭次子，封越王。傳見本書卷五九、《北史》卷七一。　長史：官名。此爲王府佐官，總管府事。親王府長史爲從四品。

[6]山東：地區名。戰國秦漢時期，通稱華山或崤山以東爲山東。函括今河北、河南、山東等省。魏晉南北朝隋唐時期亦稱太行山以東地區爲山東。此處代指北齊所轄地區。

[7]高陽：郡名。治所在今河北定州市。　襄國：郡名。治所在今河北邢臺市。

[8]江都：郡名。治所在今江蘇揚州市。

[9]宇文化及：人名。傳見本書卷八五，《北史》卷九七有附傳。

[10]著作郎：官名。隋秘書省著作曹長官，置二員。掌碑志、祝文、祭文修撰之事。隋初爲從五品，大業三年升爲正五品，後又

降爲從五品。

　　[11]彭城：郡名。治所在今江蘇徐州市。

　　頤與洛陽元善、河東柳曾、太原王劭、吳興姚察、琅邪諸葛穎、信都劉焯、河間劉炫相善，[1]每因休假，清談竟日。所著詞賦碑誌十餘萬言，撰《洽聞志》七卷，《八代四科志》三十卷，未及施行，江都傾覆，咸爲煨燼。

　　[1]洛陽：郡名。治所在今河南洛陽市。　元善：人名。傳見本書卷七五、《北史》卷一六有附傳。　河東：郡名。治所在今山西永濟市西南。　柳曾：人名。傳見本書卷五八、《北史》卷八三。　王劭：人名。傳見本書卷六九，《北史》卷三五有附傳。按，“劭”字底本原作“邵”，他本均作“劭”，今據改。　吳興：郡名。治所在今浙江湖州市南。　姚察：人名。南朝陳時官至吏部尚書，入隋歷官秘書丞、太子內舍人，博學多聞，於當時禮樂制度多有議定。傳見《陳書》卷二七、《南史》卷六九。　琅邪：郡名。治所在今山東臨沂市西。　諸葛穎：人名。傳見本書卷七六、《北史》卷八三。　信都：郡名。治所在今河北冀州市。　劉焯：人名。傳見本書卷七五、《北史》卷八二。　河間：郡名。治所在今河北河間市。　劉炫：人名。傳見本書卷七五、《北史》卷八二。

徐則

　　徐則，[1]東海郯人也。[2]幼沈静，寡嗜欲。受業於周弘正，[3]善三玄，精於議論，聲擅都邑，則歎曰：“名者實之賓，吾其爲賓乎！”遂懷棲隱之操，杖策入縉雲山。[4]後學數百人，苦請教授，則謝而遣之。不娶妻，常服巾褐。陳太建時，[5]應召來憩於至真觀。[6]期月，又辭入天台山，[7]因絕穀養性，所資唯松术而已，[8]雖隆冬沍寒，不服綿絮。太傅徐陵爲之刊山立頌。[9]

[1]徐則：人名。傳另見《北史》卷八八。

[2]東海：郡名。秦置，治所在今山東郯城縣北，南朝宋移治今山東蒼山縣南，後廢。按，此言郡望以舊郡名。 郯（tán）：縣名。治所在今山東郯城縣北。

[3]周弘正：人名。南朝梁、陳時碩學名儒。傳見《陳書》卷二四，《南史》卷三四有附傳。

[4]縉雲山：今浙江縉雲縣東北仙都山。

[5]陳：即南朝陳（557—589），都建康（今江蘇南京市）。太建：南朝陳宣帝陳頊年號（569—582）。

[6]至真觀：道觀名。具體所指不詳。

[7]天台山：在今浙江天台縣北。

[8]术（zhú）：草名。根莖可入藥，傳云餌术黃精，可令人久壽。按，“术”字底本原作“水”。中華本《北史·徐則傳》改作“术”，其校勘記云：“諸本‘术’訛作‘水’，據《通志》卷一七八《徐則傳》改。‘飡松餌术’，見下文。”所言是，今據改。下文出現此字時徑改。

[9]太傅：官名。三師之一。名爲訓導之官，與天子坐而論道，實無具體職權。多贈與德高望重的元老大臣爲榮譽銜。南朝陳第一品。按，據《陳書》《南史》本傳所載，徐陵未曾擔任“太傅”，所任爲“太子少傅”。 徐陵：人名。南朝梁、陳時人，陳後主陳叔寶即位，任太子少傅。傳見《陳書》卷二六，《南史》卷六二有附傳。

　　初在縉雲山，太極真人徐君降之曰：[1]“汝年出八十，當爲王者師，然後得道也。”晉王廣鎮揚州，[2]知其名，手書召之曰：“夫道得衆妙，法體自然，包涵二儀，混成萬物，人能弘道，道不虛行。先生履德養空，宗玄齊物，深明義味，曉達法門。悅性沖玄，怡神虛白，餐松餌术，棲息煙霞。望赤城而待風雲，[3]游玉堂而駕龍鳳，[4]雖復藏名台岳，[5]猶且騰實江淮，[6]藉其嘉猷，有勞寤寐。欽承素道，久積虛襟，側席幽人，夢想巖穴。霜風已冷，海氣將寒，偃息茂林，道體休悆。[7]昔商山四皓，輕舉漢庭，淮南八公，[8]來儀藩邸。古今雖異，山谷不殊，市朝之隱，前賢已説，導凡述聖，非先生而誰！故遣使人，往彼延請，想無勞束帶，[9]賁然來思，不待蒲輪，[10]去彼空谷。希能屈己，竚望披雲。”則謂門人曰：“吾今年八十一，王來召我，徐君之旨，信而有徵。”於是遂詣揚州。

　　[1]徐君：即徐來勒。

　　[2]晉王廣：即楊廣，時爲晉王。紀見本書卷三、四，《北史》卷一二。　揚州：治所在今江蘇揚州市。

　　[3]赤城：山名。在今浙江天台縣北，爲天台山南門。

　　[4]玉堂：此指神仙居所。

　　[5]台岳：指天台山。

　　[6]江淮：指長江和淮河流域地區。

　　[7]悆：音 yù。

　　[8]淮南八公：指漢淮南王劉安八位門客：蘇非、李尚、左吳、田由、雷被、毛周、伍被、晉昌，稱爲“八公”。

　　[9]帶：汲古閣本、殿本、庫本作“帛”，中華本同底本。中

華書局新修訂本改作"帛",其校勘記云:"原作'帶',據至順本、汲本改。按,《北史》卷八八《隱逸‧徐則傳》、《册府》卷八二二《總録部‧尚黄老》亦作'帛'。"

　　[10]蒲輪:用蒲草裹輪的車子,古代常用於封禪或迎接賢士。

　　晋王將請受道法,則辭以時日不便。其後夕中,命侍者取香火,如平常朝禮之儀。至于五更而死,支體柔弱如生,停留數旬,顔色無變。晋王下書曰:"天台真隱東海徐先生,虛確居宗,沖玄成德,齊物處外,檢行安身。草褐蒲衣,餐松餌术,棲隱靈岳,五十餘年。卓矣仙才,飄然勝氣,千尋萬頃,莫測其涯。寡人欽承道風,久餐德素,頻遣使乎,遠此延屈,冀得虔受上法,式建良緣。至止甫爾,未淹旬日,厭塵羽化,反真靈府。[1]身體柔軟,顔色不變,經方所謂屍解地仙者哉!誠復師禮未申,而心許有在,雖忘怛化,[2]猶愴于懷,喪事所資,隨須供給。霓裳羽蓋,既且騰云,空椁餘衣,詎藉墳壟!但杖舄猶存,示同俗法,宜遣使人,送還天台定葬。"

　　[1]靈府:靈臺,神仙居所。
　　[2]怛(dá)化:人死。

　　是時自江都至於天台,在道多見則徒步,云得放還。至其舊居,取經書道法分遺弟子,仍令净掃一房,曰:"若有客至,宜延之於此。"然後跨石梁而去,不知所之。須臾,屍柩至,方知其靈化。時年八十二。晋王聞而益異之，賵物千段，遣畫工圖其狀貌，令柳䛒爲之讚曰："可道非道，常道無名。上德不德，至德無盈。玄風扇矣，而有先生。凤鍊金液，怡神玉清。石髓方軟，雲丹欲成。言追葛稚，[1]將侶茅嬴。[2]我王遥屬，爰感靈誠。柱下暫啓，[3]河上沉精。[4]留符告信，化杖飛聲。永思靈迹，曷用攄情？時披素繪，如臨赤城。"

[1]葛稚：人名。東晋方士葛洪，字稚川。傳見《晋書》卷七二。

[2]茅嬴：指西漢時道教茅山派創始人茅盈。

[3]柱下：相傳老子曾爲周柱下史，後以"柱下"代稱老子或《道德經》。

[4]河上：指漢時道家河上公，姓名不詳。

時有建安宋玉泉、會稽孔道茂、丹陽王遠知等，[1]亦行辟穀，以松术自給，皆爲煬帝所重。

[1]建安：郡名。治所在今福建福州市。　宋玉泉：人名。隋時隱士，具體事迹不詳。　會稽：郡名。治所在今浙江紹興市。孔道茂：人名。隋時隱士，具體事迹不詳。　丹陽：郡名。治所在今江蘇南京市。　王遠知：人名。隋時隱士，具體事迹不詳。

張文詡

張文詡，[1]河東人也。父琚，[2]開皇中爲洹水令，[3]以清正聞。有書數千卷，教訓子侄，皆以明經自達。文詡博覽文籍，特精《三禮》，其《周易》《詩》《書》及《春秋三傳》，並皆通習。每好鄭玄注解，[4]以爲通博，其諸儒異説，亦皆詳究焉。高祖引致天下名儒碩學之士，其房暉遠、張仲讓、孔籠之徒，[5]並延之於博士之位。文詡時游太學，[6]暉遠等莫不推伏之，學内翕然，咸共宗仰。其門生多詣文詡，請質凝滯，文詡輒博引證據，辨説無窮，唯其所擇。治書侍御史皇甫誕一時朝彦，[7]恒執弟子之禮。適至南臺，[8]遽飾所乘馬，就學邀屈。文詡每牽馬步進，意在不因人以自致也。右僕射蘇威聞其名而召之，[9]與語，大悦，勸令從官。文詡意不在仕，固辭焉。

[1]張文詡：人名。傳另見《北史》卷八八。

[2]琚：人名。即張琚。事另見《北史·張文詡傳》。

[3]洹水：縣名。治所在今河北魏縣西南。

[4]鄭玄：人名。東漢經學家，嘗遍注群經。傳見《後漢書》卷三五。

[5]房暉遠：人名。傳見本書卷七五、《北史》卷八二。　張仲讓：人名。隋時人，具體事迹不詳。　孔籠：人名。隋時人，具體事迹不詳。

[6]太學：學校名。爲隋中央僅次於國子學的學府。置博士、助教各五人，學生三百六十人。隋初隸國子寺，後有變化。

[7]治書侍御史：官名。隋御史臺副長官，實主臺務，並佐御史大夫掌彈劾百官。初爲從五品下，煬帝大業三年升爲正五品，五年又降爲從五品。　皇甫誕：人名。傳見本書卷七一，《北史》卷七〇有附傳。生平亦可見《皇甫誕墓碑》〔北京圖書館金石組編：《北京圖書館藏中國歷代石刻拓本匯編》（11），中州古籍出版社

1989 年版，第 117 頁〕。

　　[8]南臺：指御史臺，因在宮闕西南，故稱。

　　[9]右僕射：官名。隋於尚書省置左、右僕射各一人爲副貳，地位僅次於長官尚書令。但因隋代尚書令不常置，僕射則成爲尚書省的實際長官，是宰相之職。從二品。

　　仁壽末，[1]學廢，文詡策杖而歸，灌園爲業。州郡頻舉，皆不應命。事母以孝聞。每以德化人，鄉黨頗移風俗。嘗有人夜中竊刈其麥者，見而避之，盜因感悟，棄麥而謝。文詡慰諭之，自誓不言，固令持去。經數年，盜者向鄉人説之，始爲遠近所悉。鄰家築墻，心有不直，文詡因毀舊堵以應之。文詡嘗有腰疾，會醫者自言善禁，文詡令禁之，遂爲刃所傷，至於頓伏床枕。醫者叩頭請罪，文詡遽遣之，因爲其隱，謂妻子曰：“吾昨風眩，落坑所致。”其掩人之短，皆此類也。州縣以其貧素，將加振賙，輒辭不受。每閑居無事，從容長歎曰：“老冉冉而將至，恐修名之不立！”以如意擊几，皆有處所，時人方之閔子騫、原憲焉。[2]終於家，年四十。鄉人爲立碑頌，號曰張先生。

　　[1]仁壽：隋文帝楊堅年號（601—604）。

　　[2]閔子騫：人名。孔子弟子閔損，字子騫。事見《史記》卷六七《仲尼弟子列傳》。　原憲：人名。孔子弟子，字子思。事見《史記·仲尼弟子列傳》。

　　史臣曰：古之所謂隱逸者，非伏其身而不見也，非閉其言而不出也，非藏其智而不發也。蓋以恬淡爲心，不皦不昧，安時處順，與物無私者也。士謙等忘懷纓冕，畢志丘園，隱不違親，貞不絕俗，不教而勸，虛往實歸，愛之如父母，懷之如親戚，非有自然之純德，其孰能至於斯乎？然士謙聞譽不喜，文詡見傷無恤，徐則志在沉冥，不可親疏，莫能貴賤，皆抱樸之士矣。崔廓感於屈辱，遂以肥遯見稱，祖濬文籍之美，足以克隆先構，父子雖動静殊方，其於成名一也，美哉！

隋書　卷七八

列傳第四十三

藝術

　　夫陰陽所以正時日，順氣序者也；卜筮所以決嫌疑，定猶豫者也；醫巫所以禦妖邪，養性命者也；音律所以和人神，節哀樂者也；相術所以辯貴賤，明分理者也；技巧所以利器用，濟艱難者也。此皆聖人無心，因民設教，救恤灾患，禁止淫邪。自三、五哲王，[1]其所由來久矣。[2]

　　[1]三、五：指三皇五帝。
　　[2]久：汲古閣本、庫本、中華本同，殿本作“者”。

　　然昔之言陰陽者，則有箕子、裨竈、梓慎、子韋；[1]曉音律者，則師曠、師摯、伯牙、杜夔；[2]叙卜筮，則史扁、史蘇、嚴君平、司馬季主；[3]論相術，則內史叔服、姑布子卿、唐舉、許負；[4]語醫，則文摯、扁鵲、季咸、華陀；[5]其巧思，則奚仲、墨翟、張平子、馬德衡。[6]凡此諸君者，仰觀俯察，探賾索隱，咸詣幽微，思侔造化，通靈入妙，殊才絕技。或弘道以濟時，或隱身以利物，深不可測，固無得而稱焉。近古涉乎斯術者，鮮有存夫貞一，多肆其淫僻，厚誣天道。或變亂陰陽，曲成君欲，或假託神怪，熒惑民心。遂令時俗妖訛，不獲返其真性，身罹灾毒，莫得壽終而死。藝成而下，意在茲乎？

　　[1]箕子：人名。殷商時人。事見《史記》卷三八《宋微子世家》。　裨竈：人名。春秋時鄭國人。事見《左傳》襄公二十八年至昭公十八年。　梓慎：人名。春秋時魯國人。事見《左傳》昭公七年至昭公二十四年。　子韋：人名。春秋時宋國司星。事見《史記·宋微子世家》。

　　[2]師曠：人名。春秋時晉國樂師。事見《史記》卷三九《晉世家》。　師摯：人名。春秋時魯國太師，相傳東周末年，正樂廢弛，師摯識關雎之聲，首理其亂。　伯牙：人名。春秋時晉國上大夫，著名琴師。事見《呂氏春秋·本味》。　杜夔：人名。漢末三國曹魏時人，擅長音律，魏文帝時爲太樂令、協律都尉。傳見《三國志》卷二九。

　　[3]史扁：人名。傳爲周文王時卜者。事略見《文選》卷二五《重贈盧諶》引《六韜》。　史蘇：人名。春秋時晉國大夫。事見《左傳》僖公十五年。　嚴君平：人名。一名莊君平，西漢末年人，好黃老之學，嘗隱居於成都，以卜筮爲業。事見《漢書》卷七二《王貢兩龔鮑傳》。　司馬季主：人名。西漢初年楚國人，好黃老之學，通《易經》。事見《史記》卷一二七《日者列傳》。

　　[4]內史叔服：人名。春秋時周大夫。事見《左傳》文公元

年。　姑布子卿：人名。春秋時趙國人。事見《史記》卷四三《趙世家》及《荀子·非相》。　唐舉：人名。戰國時梁國人。事略見《荀子·非相》。　許負：人名。漢代善相老嫗，曾相周亞夫。事略見《史記》卷五七《絳侯周勃世家》。

[5]文摯：人名。戰國時宋國名醫。事見《呂氏春秋·至忠》。　扁鵲：人名。春秋戰國時神醫。傳見《史記》卷一〇五。　季咸：人名。古代傳説中的神巫。事見《莊子·應帝王》。　華陀：人名。東漢末年著名醫學家。傳見《三國志》卷二九。

[6]奚仲：人名。相傳爲夏朝車正，爲車的創造者。事略見《左傳》定公元年。　墨翟：人名。即墨子，戰國初人，精通手工技藝。其事迹存於《荀子》《韓非子》《莊子》《呂氏春秋》《淮南子》《墨子》等書。　張平子：人名。即張衡，東漢著名天文學家、文學家，相傳渾天儀、地動儀爲其發明。傳見《後漢書》卷五九。　馬德衡：人名。即馬鈞，東漢末曹魏時人，發明龍骨水車。事見《三國志》卷二九《魏書·杜夔傳》。

歷觀經史百家之言，無不存夫藝術，或叙其玄妙，或記其迂誕，非徒用廣異聞，將以明乎勸戒。是以後來作者，或相祖述，[1]故今亦採其尤著者，列爲《藝術篇》云。

[1]或：《北史》卷八九《藝術傳上》作“咸”。

庾季才 子質

庾季才，[1]字叔奕，新野人也。[2]八世祖滔，[3]隨晉元帝過江，[4]官至散騎常侍，[5]封遂昌侯，[6]因家于南郡江陵縣。[7] 祖詵,[8] 梁處士,[9] 與宗人易齊名。[10] 父曼倩,[11] 光禄卿。[12] 季才幼穎悟, 八歲誦《尚書》, 十二通《周易》, 好占玄象。居喪以孝聞。梁廬陵王續辟荆州主簿,[13] 湘東王繹重其術藝,[14] 引授外兵參軍。[15] 西臺建,[16] 累遷中書郎,[17] 領太史,[18] 封宜昌縣伯。[19] 季才固辭太史, 元帝曰:[20]“漢司馬遷歷世尸掌,[21] 魏高堂隆猶領此職,[22] 不無前例, 卿何憚焉。”帝亦頗明星歷, 因共仰觀, 從容謂季才曰:“朕猶慮禍起蕭墻, 何方可息?”季才曰:“頃天象告變, 秦將入郢,[23] 陛下宜留重臣, 作鎮荆陝,[24] 整旆還都, 以避其患。假令羯寇侵軼,[25] 止失荆湘,[26] 在於社稷, 可得無慮。必久停留, 恐非天意也。”帝初然之, 後與吏部尚書宗懍等議,[26] 乃止。俄而江陵陷滅, 竟如其言。

[1]庾季才: 人名。傳另見《北史》卷八九。

[2]新野: 郡名。治所在今河南新野縣。

[3]滔: 人名。即庾滔。事亦見《北史·庾季才傳》。

[4]晋元帝: 東晋元帝司馬睿。紀見《晋書》卷六。

[5]散騎常侍: 官名。掌侍從規諫, 選任甚重, 與侍中相當。東晋第三品。

[6]遂昌侯: 爵名。全稱爲遂昌縣侯, 晋十五等爵的第十等。第三品。

[7]南郡: 南朝梁時治所在今湖北江陵縣。　　江陵: 縣名。梁元帝在此即位稱帝, 後爲梁都城。治所在今湖北荆州市。

[8]詵: 人名。即庾詵。南朝梁處士。傳見《梁書》卷五一、《南史》卷七六。

[9]梁: 即南朝梁（502—557）, 或稱蕭梁, 都建康（今江蘇

南京市)。

[10]易：人名。即庾易。南朝齊高士。傳見《南齊書》卷五四、《南史》卷五〇。

[11]曼倩：人名。即庾曼倩。南朝梁時任諮議參軍。《梁書》卷五一、《南史》卷七六有附傳。

[12]光祿卿：官名。掌宮殿門户，統守宮、黄門、華林園、暴室等令。南朝梁官品第十一班。

[13]廬陵王續：據《梁書》卷二九、《南史》卷五三《高祖三王傳》載：梁高祖蕭衍有八子，第四子蕭績封南康簡王，未曾封廬陵王，封廬陵王的是第五子蕭續。且兩書均載蕭續大同三年（537）出任荆州刺史，蕭績則無荆州任職履歷。故此"績"應爲"續"之訛。　荆州：治所在今湖北江陵縣。　主簿：官名。州府屬官，掌省屬文書之事。南朝梁位不登二品者第七班。

[14]湘東王：爵名。南朝梁元帝蕭繹稱帝之前的封爵名，全稱是湘東郡王，爲梁十五等爵的第一等。　繹：人名。即梁元帝蕭繹。紀見《梁書》卷五、《南史》卷八。

[15]外兵參軍：官名。王府諸幕府僚屬之一，掌兵事。南朝梁品秩依府主地位不同而異。

[16]西臺：官署名。中書省的別稱。

[17]中書郎：官名。即中書侍郎，南朝梁中書省設四人，佐監、令掌出内帝命，功高者一人，主省内事。南朝梁官品第九班。

[18]太史：官署名。南朝梁隸屬太常寺，設令、丞，掌三辰時日，祥瑞妖災。

[19]宜昌縣伯：爵名。南朝梁十五等爵的第八等。

[20]元帝：即南朝梁元帝蕭繹。

[21]司馬遷：人名。西漢史官，著有《史記》。傳見《史記》卷一三〇、《漢書》卷六二。　尸掌：《北史》卷八九、《通志》卷一八三《庾季才傳》作"居掌"。按，"尸掌"古文中常用作貶義，如言"尸掌不專"，以"尸掌"形容太史令，與元帝本意不合，當

據《北史》作"居掌"。

[22]高堂隆：人名。三國曹魏時爲侍中、太史令。傳見《三國志》卷二五。

[23]秦將入郢：秦指西方，郢指南方，此意指西方軍隊將占領南方土地。

[24]荆陝：州名。即荆州，治所在今湖北江陵縣。梁以荆州在西，如周之分陝，故名。

[25]荆湘：地域名。相當於今長江中游江漢、洞庭湖平原一帶。

[26]吏部尚書：官名。尚書省下轄六部之一吏部的長官。掌全國文職官員銓選、考課等政令。南朝梁官品第十四班。　宗懍：人名。南朝梁元帝時任吏部尚書，後江陵陷，入於西魏。傳見《北史》卷七○，《梁書》卷四一有附傳。

　　周太祖一見季才，[1]深加優禮，令參掌太史。[2]每有征討，恒預侍從。賜宅一區，水田十頃，并奴婢牛羊什物等，謂季才曰："卿是南人，未安北土，故有此賜者，欲絕卿南望之心。宜盡誠事我，當以富貴相答。"初，郢都之陷也，[3]衣冠士人多没爲賤。季才散所賜物，購求親故。文帝問："何能若此？"季才曰："僕聞魏克襄陽，[4]先昭異度，[5]晋平建業，[6]喜得士衡，[7]伐國求賢，古之道也。今郢都覆敗，君信有罪，搢紳何咎，[8]皆爲賤隸！鄙人覊旅，不敢獻言，誠切哀之，故贖購耳。"太祖乃悟曰："吾之過也。微君遂失天下之望！"因出令免梁俘爲奴婢者數千口。

　　[1]周太祖：北周太祖宇文泰。紀見《周書》卷一、《北史》卷九。

　　[2]參掌：官制用語。指除本官職責之外，奉皇帝特敕兼管他職事務。

　　[3]郢都：此指江陵，其地爲春秋時楚國都城，故稱。

　　[4]襄陽：地名。三國時劉表都城，在今湖北襄樊市。

　　[5]異度：人名。漢末謀士蒯越，字異度，荆州劉表逝世後，與劉琮一起投降曹操。事見《後漢書》卷七四下《劉表傳》。

　　[6]建業：地名。三國吳都城，治所在今江蘇南京市。

　　[7]士衡：人名。西晉著名文學家陸機，字士衡，初仕孫吳，吳亡入晉。傳見《晉書》卷五四。

　　[8]揩：中華本同，汲古閣本、殿本、庫本作“繒”。

　　武成二年，[1]與王褒、庾信同補麟趾學士。[2]累遷稍伯大夫、車騎大將軍、儀同三司。[3]其後大冢宰宇文護執政，[4]謂季才曰：“比日天道，有何徵祥？”季才對曰：“荷恩深厚，若不盡言，便同木石。頃上台有變，[5]不利宰輔，公宜歸政天子，請老私門。此則自享期頤，而受旦、奭之美，[6]子孫藩屏，終保維城之固。不然者，非復所知。”護沈吟久之，謂季才曰：“吾本意如此，但辭未獲免耳。公既王官，可依朝例，無煩別參寡人也。”自是漸疏，不復別見。及護滅之後，閱其書記，武帝親自臨檢，[7]有假託符命，妄造異端者，皆致誅戮。唯得季才書兩紙，盛言緯候災祥，宜反政歸權。帝謂少宗伯斛斯徵曰：[8]“庾季才至誠謹愨，甚得人臣之禮。”因賜粟三百石，帛二百段。遷太史中大夫，[9]詔撰《靈臺秘苑》，加上儀同，[10]封臨潁伯，[11]邑六百户。[12]宣帝嗣位，[13]加驃騎大將軍、開府儀同三司，[14]增邑三百户。

[1]武成：北周明帝宇文毓年號（559—560）。

[2]王褒：人名。南北朝時著名文學家。初仕蕭梁，梁爲西魏所滅，遂由南入北。傳見《周書》卷四一、《北史》卷八三。　庾信：人名。南北朝時著名文學家，宮體詩代表人物，初仕蕭梁，梁爲西魏所滅，遂由南入北。傳見《周書》卷四一、《北史》卷八三。　補：官制用語。調選官吏補充某職官之缺位。　麟趾學士：官名。即麟趾殿學士。北周明帝即位後，集公卿以下有文學者八十餘人，入值宮内麟趾殿，掌著述、勘校經史、考校圖籍，稱爲麟趾殿學士。屬臨時差遣之職，品秩不固定。

[3]稍伯大夫：官名。北周地官府有稍伯中大夫，正五命；小稍伯下大夫，正四命（參見王仲犖《北周六典》卷三《地官府第八》，中華書局 1979 年版，第 96 頁）。　車騎大將軍：軍號名。儀同府長官軍號，以車騎將軍中資深者爲車騎大將軍。金印紫綬。典京師兵衛，掌宮衛。北周爲九命。　儀同三司：官名。亦簡稱儀同。周武帝建德四年（575）改稱儀同大將軍。屬勳官。北周府兵制中儀同府的長官均加此勳官名，可開府置官屬。九命。（參見王仲犖《北周六典》卷九《勳官第二十》，第 578 頁；谷霽光《府兵制度考釋》，上海人民出版社 1962 年版，第 51 頁）

[4]大冢宰：官名。全稱爲大冢宰卿。西魏恭帝三年（556）仿《周禮》建六官，置大冢宰卿一人，北周爲正七命，是天官冢宰府最高長官。掌邦治，以建邦之六典佐皇帝治邦國。北周沿置，然其權力却因人而異，若有“五府總於天官”之命，則稱冢宰，能總攝百官，實爲大權在握之宰輔；若無此命，稱太宰，與五卿並列，僅統本府官。　宇文護：人名。西魏權臣宇文泰之侄，北周建立，宇文護專政。傳見《周書》卷一一，《北史》卷五七有附傳。

[5]上台：星名。在文昌星之南。

[6]旦、奭：指周公旦與召公奭。

[7]武帝：北周武帝宇文邕。紀見《周書》卷五、六，《北史》卷一〇。

[8]少宗伯：官名。北周掌五禮之禁令與其用等，辨廟祧之昭穆，辨吉凶之五服，車旗宮室之禁。掌四時祭祀之序事與其禮。凡國之大禮，佐大宗伯；凡小禮，掌事如大宗伯之儀。正六命。（參見王仲犖《北周六典》卷四《春官府第九》，第 155 頁） 斛斯徵：人名。北周宣帝時官任大宗伯卿。傳見《周書》卷二六，《北史》卷四九有附傳。

[9]太史中大夫：官名。北周春官府設一人，掌曆家之法。正五命。（參見王仲犖《北周六典》卷四《春官府第九》，第 260 頁）

[10]上儀同：勳官名。全稱爲上儀同大將軍。北周武帝置。位在儀同大將軍上，授予有軍勳的功臣及其子弟，無具體職掌。九命。

[11]臨潁伯：爵名。全稱爲臨潁縣伯，北周十一等爵的第九等。正七命。

[12]邑：也稱食邑、封邑。是古代君王封賜給有爵位之人的一種食禄制度，受封者可徵收封地內的民户租税充作食禄。魏晉以後，食邑分爲虛封和實封兩類：虛封一般僅冠以“邑”或“食邑”之名，這祇是一種榮譽性加衘，受封者並不能獲得實際的食禄收入；而實封一般須冠以“真食”“食實封”等名，受封者可真正獲得食禄收入。

[13]宣帝：北周宣帝宇文贇。紀見《周書》卷七、《北史》卷一〇。

[14]驃騎大將軍：官名。屬軍號官。北周府兵制中二十四軍的每軍長官均帶此軍號。九命。 開府儀同三司：官名。亦簡稱開府，周武帝建德四年改稱開府儀同大將軍。屬勳官。北周府兵制中二十四軍的每軍長官均加此勳官名，可開府置官屬。九命。

及高祖爲丞相，[1]嘗夜召季才而問曰：“吾以庸虛，受兹顧命，天時人事，卿以爲何如？”季才曰：“天道精微，難可意察，切以人事卜之，符兆已定。季才縱言不可，公豈復得爲箕、潁之事乎？"[2]高祖默然久之，因舉首曰："吾今譬猶騎獸，誠不得下矣。"因賜雜彩五十匹，絹二百段，曰："愧公此意，宜善爲思之。"大定元年正月，[3]季才言曰："今月戊戌平旦，青氣如樓闕，見於國城之上，俄而變紫，逆風西行。《氣經》云：[4]'天不能無雲而雨，皇王不能無氣而立。'今王氣已見，須即應之。二月日出卯入西，居天之正位，謂之二八之門。日者，人君之象，人君正位，[5]宜用二月。其月十三日甲子，甲爲六甲之始，子爲十二辰之初，甲數九，子數又九，九爲天數。其日即是驚蟄，陽氣壯發之時。昔周武王以二月甲子定天下，享年八百，漢高帝以二月甲午即帝位，[6]享年四百，故知甲子、甲午爲得天數。今二月甲子，[7]宜應天受命。"上從之。

[1]高祖：隋文帝楊堅的廟號。紀見本書卷一、二，《北史》卷一一。　丞相：官名。此爲"左大丞相"或"大丞相"簡稱。北周靜帝大象二年（580）置左、右大丞相，以宗室親王宇文贊爲右大丞相，但僅有虛名；以外戚楊堅爲左大丞相，總攬朝政。旋又去左右之號，獨以楊堅爲大丞相。實爲控制北周朝廷的權臣。

[2]箕、潁：指箕山和潁水。相傳堯時，賢者許由曾隱居箕山之下、潁水之陽。後因以"箕潁"指隱居者或隱居之地。

[3]大定：北周靜帝宇文闡年號（581）。

[4]《氣經》：書名。所指不明。本書《經籍志三》載有《雜望氣經》八卷，爲天文曆法之書。

[5]正：汲古閣本、中華本同，殿本、庫本作"即"。

[6]漢高帝：漢高祖劉邦。紀見《史記》卷八、《漢書》卷一。

[7]甲子：汲古閣本、中華本同，殿本、庫本作“甲午”。按，
《北史》卷八九《庾季才傳》作“甲子”。據文意，作“甲子”是。

開皇元年，[1]授通直散騎常侍。[2]高祖將遷都，夜與
高熲、蘇威二人定議，[3]季才旦而奏曰：“臣仰觀玄象，
俯察圖記，龜兆允襲，必有遷都。且堯都平陽，[4]舜都
冀土，是知帝王居止，世代不同。且漢營此城，經今將
八百歲，水皆鹹鹵，不甚宜人。願陛下協天人之心，爲
遷徙之計。”高祖愕然，謂熲等曰：“是何神也！”遂發詔
施行，賜絹三百段，馬兩匹，進爵爲公。謂季才曰：“朕
自今已後，信有天道矣。”於是令季才與其子質撰《垂
象》《地形》等志。[5]上謂季才曰：“天地秘奧，推測多
途，執見不同，或致差舛。朕不欲外人干預此事，故使
公父子共爲之也。”及書成奏之，賜米千石，絹六百段。

[1]開皇：隋文帝楊堅年號（581—600）。

[2]通直散騎常侍：官名。隋門下省置四人，掌侍從規諫。正
四品。

[3]高熲：人名。傳見本書卷四一、《北史》卷七二。　蘇威：
人名。傳見本書卷四一，《北史》卷六三有附傳。

[4]平陽：地名。在今山西太原市。

[5]質：人名。即庾質。本卷、《北史》卷八九有附傳。

九年，[1]出爲均州刺史。[2]策書始降，將就藩，時議
以季才術藝精通，有詔還委舊任。季才以年老，頻表去
職，每降優旨不許。會張胄玄曆行，[3]及袁充言日景

長。[4]上以問季才，季才因言充謬。上大怒，由是免職，給半祿歸第。所有祥異，常使人就家訪焉。仁壽三年卒，[5]時年八十八。

[1]九年：底本、汲古閣本、殿本、庫本作“九月”。按，中華本及《北史》卷八九《庾季才傳》作“九年”。作“九年”是，據改。

[2]均州：開皇初以豐州改置，大業初廢，治所在今湖北丹江口市西北。

[3]張胄玄：人名。傳見本卷、《北史》卷八九。

[4]袁充：人名。傳見本書卷六九、《北史》卷七四。

[5]仁壽：隋文帝楊堅年號（601—604）。

季才局量寬弘，術業優博，篤於信義，志好賓游。常吉日良辰，與琅琊王褒、彭城劉毅、河東裴政及宗人信等，[1]爲文酒之會。次有劉臻、明克讓、柳䛒之徒，[2]雖爲後進，亦申游款。撰《靈臺秘苑》一百二十卷，[3]《垂象志》一百四十二卷，[4]《地形志》八十七卷，[5]並行於世。

[1]琅琊：郡名。亦作“琅邪”，治所在今山東臨沂市西。彭城：郡名。治所在今江蘇徐州市。　劉毅：人名。南朝梁時官至國子祭酒，後江陵陷，入西魏。《梁書》卷四一、《南史》卷五〇有附傳。　河東：郡名。治所在今山西永濟市西南。　裴政：人名。傳見本書卷六六、《北史》卷七七。　宗人信：即前文所言“庾信”。按，錢大昕《廿二史考異》云：前稱“庾信”，後又稱“宗人信”，與例未安。

[2]劉臻：人名。傳見本書卷七六、《北史》卷八三。事亦見
《大隋故儀同三司饒陽縣開國伯劉府君（大臻）墓誌》（載劉文
《陝西新見隋朝墓誌》一八，三秦出版社 2018 年版）。 明克讓：
人名。傳見本書卷五八、《北史》卷八三。事亦見《大隋儀同三司
太子内舍人歷城侯明府君墓誌銘序》（載劉文《陝西新見隋朝墓
誌》一六）。 柳䚞：人名。傳見本書卷五八、《北史》卷八三。

[3]一百二十卷：本書《經籍志三》載爲“一百一十五卷”，
然本書《天文志中》、《舊唐書·經籍志下》、《新唐書·藝文志三》
均載爲“一百二十卷”。

[4]《垂象志》一百四十二卷：本書《經籍志三》有“《垂象
志》一百四十八卷”，不載撰者。

[5]八十七卷：本書《經籍志三》載庾季才所撰《地形志》有
兩本，一爲八十七卷，一爲八十卷。

　　庾質，字行脩，少而明敏，早有志尚。八歲誦梁世
祖《玄覽》《言志》等十賦，[1]拜童子郎。[2]仕周齊煬王
記室。[3]開皇元年，除奉朝請，[4]歷鄢陵令，[5]遷隴州司
馬。[6]大業初，授太史令。[7]操履貞愨，立言忠鯁，每有
灾異，必指事面陳。而煬帝性多忌刻，[8]齊王暕亦被猜
嫌。[9]質子儉時爲齊王屬，[10]帝謂質曰：“汝不能一心事
我，乃使兒事齊王，何向背如此邪？”質曰：“臣事陛
下，子事齊王，實是一心，不敢有二。”帝怒不解，由
是出爲合水令。[11]

[1]《玄覽》：汲古閣本、中華本同，殿本、庫本作《玄象》。

[2]童子郎：漢魏時授予通曉儒經年幼者之稱號，南朝沿用。

[3]齊煬王：北周宇文憲。傳見《周書》卷一二、《北史》卷

五八。　記室：官名。全稱爲總管府記室參軍事，北周王府、總管府均設有記室，掌章表書記文檄。品秩不詳。

[4]除：拜官、授職。　奉朝請：官名。原指兩漢達官顯貴定期朝見皇帝的一種政治優待。東晉獨立爲官，亦作加官。南朝列爲散騎（集書）省屬官，安置閑散。北魏亦爲閑散官。北齊改爲職事官，掌獻納諫諍，隸集書省。從七品。

[5]鄢陵：縣名。治所在今河南鄢陵縣西北。

[6]隴州：治所在今陝西隴縣。　司馬：官名。隋州僚屬之一，開皇三年改治中爲司馬，名義上紀綱衆務，通判列曹，實無具體職任。上州正五品，中州從五品，下州正六品。

[7]太史令：官名。隋初於秘書省置太史曹，掌天文曆法之事。煬帝改爲太史監，長官爲令。隋初爲從七品下，大業三年（607）進爲從五品。

[8]煬帝：楊廣的諡號。紀見本書卷三、四，《北史》卷一二。

[9]齊王暕：隋煬帝楊廣第二子楊暕，封齊王。傳見本書卷五九、《北史》卷七一。

[10]儉：人名。即庾儉。事見《北史》卷八九《庾質傳》。

[11]合水：縣名。開皇十六年置，治所在今甘肅慶陽市。

八年，帝親伐遼東，[1]徵詣行在所。至臨渝謁見，[2]帝謂質曰：“朕承先旨，親事高麗，[3]度其土地人民，纔當我一郡，卿以爲剋不？”質對曰：“以臣管窺，伐之可剋，切有愚見，不願陛下親行。”帝作色曰：“朕今總兵至此，豈可未見賊而自退也？”質又曰：“陛下若行，慮損軍威。臣猶願安駕住此，命驍將勇士指授規模，倍道兼行，出其不意。事宜在速，緩必無功。”帝不悅曰：“汝既難行，可住此也。”及師還，授太史令。九年，復征高麗，又問質曰："今段復何如？"對曰："臣實愚迷，猶執前見。陛下若親動萬乘，糜費實多。"帝怒曰："我自行尚不能剋，直遣人去，豈有成功也！"帝遂行。既而禮部尚書楊玄感據黎陽反，[4]兵部侍郎斛斯政奔高麗，[5]帝大懼，遽而西還，謂質曰："卿前不許我行，當爲此耳。今者玄感其成事乎？"質曰："玄感地勢雖隆，德望非素，因百姓之勞苦，冀僥倖而成功。今天下一家，未易可動。"帝曰："熒惑入斗如何？"[6]對曰："斗，楚之分，玄感之所封也。今火色衰謝，終必無成。"

[1]遼東：地區名。泛指遼水以東地區。因高麗國位於遼東，故此指隋征伐高麗之事。

[2]臨渝：此指臨渝宮，在今河北撫寧縣東北。

[3]高麗：古國名。此時亦稱高句麗。故地在今朝鮮半島北部。傳見本書卷八一、《北史》卷九四、《舊唐書》卷一九九上、《新唐書》卷二二〇。

[4]禮部尚書：官名。尚書省所轄六部之一禮部的長官，掌禮儀、祭祀、宴享等政令，總判禮部、祠部、主客、膳部四曹。置一員，正三品。　楊玄感：人名。傳見本書卷七〇，《北史》卷四一有附傳。　黎陽：此指黎陽倉。在今河南浚縣西南。

[5]兵部侍郎：官名。隋文帝時於兵部四曹之一兵部曹置兵部侍郎一員，爲該曹長官，正六品。煬帝大業三年諸曹侍郎並改稱"郎"，又始置"侍郎"，爲尚書省下轄六部之副長官。此後，兵部侍郎纔成爲兵部副長官，協助長官兵部尚書掌全國軍衛武官選授之政令等。正四品。　斛斯政：人名。傳見本書卷七〇，《北史》卷四九有附傳。

[6]熒惑入斗：古人認爲預示"國敗，君亡"（參本書《天文

志》)。熒惑，古指火星。因隱現不定，令人迷惑，故名。斗，星名。即斗宿，有星六顆。在北斗星以南，形似斗，故稱。

十年，帝自西京將往東都，[1]質諫曰："比歲伐遼，民實勞敝，陛下宜鎮撫關内，[2]使百姓畢力歸農。三五年間，令四海少得豐實，然後巡省，於事爲宜。陛下思之。"帝不悦，質辭疾不從。帝聞之，怒，遣使馳傳，鎖質詣行在所。至東都，詔令下獄，竟死獄中。

[1]西京：此指隋都城長安，在今陝西西安市及其南郊。　東都：指洛陽。舊址在今河南洛陽市。

[2]關内：地區名。與"關中"意同。秦至唐時稱函谷或潼關以西、隴坂以東、終南山以北爲關中。

子儉，亦傳父業，兼有學識。仕歷襄武令、元德太子學士、齊王屬。[1]義寧初，[2]爲太史令，時有盧太翼、耿詢，並以星曆知名。

[1]襄武：縣名。治所在今甘肅隴西縣東南。　元德太子：指隋煬帝長子楊昭。傳見本書卷五九、《北史》卷七一。　太子學士：官名。亦即東宮學士，職掌東宮典禮、編纂、撰述等事，爲文學侍從之官。品秩不詳。

[2]義寧：隋恭帝楊侑年號（617—618）。

盧太翼

盧太翼，[1]字協昭，河間人也，[2]本姓章仇氏。七歲詣學，日誦數千言，州里號曰神童。及長，閑居味道，不求榮利。博綜群書，爰及佛道，皆得其精微。尤善占候、算曆之術。[3]隱於白鹿山，[4]數年徙居林慮山茱萸峴。[5]請業者自遠而至，初無所拒，後憚其煩，逃於五臺山。[6]地多藥物，與弟子數人廬於巖下，蕭然絕世，以爲神仙可致。皇太子勇聞而召之，[7]太翼知太子必不爲嗣，謂所親曰：“吾拘逼而來，不知所稅駕也！”及太子廢，坐法當死，高祖惜其才而不害，配爲官奴。久之，乃釋。其後目盲，以手摸書而知其字。仁壽末，高祖將避暑仁壽宮，[8]太翼固諫不納，至于再三。太翼曰：“臣愚豈敢飾詞，但恐是行鑾輿不反。”高祖大怒，繫之長安獄，期還而斬之。高祖至宮寢疾，臨崩，謂皇太子曰：[9]“章仇翼，非常人也，前後言事，未嘗不中。吾來日道當不反，今果至此，爾宜釋之。”

[1]盧太翼：人名。傳另見《北史》卷八九。

[2]河間：郡名。治所在今河北河間市。

[3]占候：觀測天象變化以附會人事、預測吉凶。

[4]白鹿山：在今河南獲嘉縣北。

[5]林慮山：在今河南林州市西。

[6]五臺山：今山西五臺縣西北五臺山。

[7]皇太子勇：即隋文帝長子楊勇。傳見本書卷四五、《北史》卷七一。

[8]仁壽宮：宮殿名。在今陝西麟游縣西天臺山上，冠山構殿，絕壑爲池。因其涼爽宜人，故爲消夏離宮。

[9]皇太子：此指楊廣，後來的煬帝。

及煬帝即位，漢王諒反，[1]帝以問之。答曰：“上稽玄象，下參人事，何所能爲？”未幾，諒果敗。帝常從容言及天下氏族，謂太翼曰：“卿姓章仇，四岳之胄，與盧同源。”於是賜姓爲盧氏。大業九年，從駕至遼東，太翼言於帝曰：“黎陽有兵氣。”後數日而玄感反書聞，帝甚異之，數加賞賜。太翼所言天文之事，不可稱數，關諸秘密，世莫得聞。後數載，卒於雒陽。

[1]漢王諒：隋文帝楊堅第五子楊諒，開皇元年封漢王。傳見本書卷四五、《北史》卷七一。

耿詢

耿詢，[1]字敦信，丹楊人也。[2]滑稽辯給，伎巧絶人。陳後主之世，[3]以客從東衡州刺史王勇於嶺南。[4]勇卒，詢不歸，遂與諸越相結，皆得其歡心。會郡俚反叛，推詢爲主。柱國王世積討禽之，[5]罪當誅。自言有巧思，世積釋之，以爲家奴。久之，見其故人高智寶以玄象直太史，[6]詢從之受天文算術。詢創意造渾天儀，不假人力，以水轉之，施於闇室中，使智寶外候天時，合如符契。世積知而奏之，高祖配詢爲官奴，給使太史局。後賜蜀王秀，[7]從往益州，[8]秀甚信之。及秀廢，復當誅，何稠言於高祖曰：[9]“耿詢之巧，思若有神，臣誠爲朝廷惜之。”上於是特原其罪。詢作馬上刻漏，[10]世稱其妙。

[1]耿詢：人名。傳另見《北史》卷八九。

[2]丹楊：郡名。即"丹陽"，治所在今江蘇南京市。

[3]陳後主：指南朝陳後主陳叔寶。紀見《陳書》卷六、《南史》卷一〇。

[4]東衡州：南朝陳時治所在今廣東韶關市南武水西。 王勇：人名。南朝陳大將，隋滅陳之際，爲東衡州刺史，都督衡、廣、交等二十四州軍事，平越中郎將。《陳書》卷一四有附傳。 嶺南：地區名。亦稱嶺外、嶺表。泛指五嶺以南地區，相當於今廣東、廣西兩省及越南北部一帶。

[5]柱國：官名。隋文帝因改北周十一等勳官之制形成十一等散實官，用以酬勤勞，無實際職掌。柱國爲第二等，可開府置僚佐。正二品。 王世積：人名。傳見本書卷四〇，《北史》卷六八有附傳。 禽：通"擒"。本卷下同。

[6]高智寶：人名。隋時任太史丞，事亦見本書卷六九及《北史》卷七四《袁充傳》、《册府元龜》卷九〇八《總録部·工巧》等。

[7]蜀王秀：隋文帝楊堅第四子楊秀，封蜀王。傳見本書卷四五、《北史》卷七一。

[8]益州：治所在今四川成都市。

[9]何稠：人名。傳見本書卷六八、《北史》卷九〇。

[10]刻漏：古計時器。

　　煬帝即位，進欹器，帝善之，放爲良民。歲餘，授右尚方署監事。[1]七年，車駕東征，詢上書曰："遼東不可討，師必無功。"帝大怒，命左右斬之，何稠苦諫得免。及平壤之敗，[2]帝以詢言爲中，以詢守太史丞。[3]宇文化及弑逆之後，[4]從至黎陽，謂其妻曰："近觀人事，遠察天文，宇文必敗，李氏當王，吾知所歸矣。"詢欲去之，爲化及所殺。著《鳥情占》一卷，行於世。

[1]右尚方署監事：官名。隋初太府寺領左右尚方等屬，各置令四人，煬帝大業五年分太府爲少府監，左右尚方署改隸少府，掌宫廷器物製造等事。尚方署令，正八品。

[2]平壤：地名。平壤城，爲隋時古高句麗國都城，舊址在今朝鮮平壤市大同江南岸。

[3]守：官制用語。指低官階署理高官階官職。　太史丞：官名。隋太史局（煬帝改爲太史監）次官，初置二人，煬帝大業三年減爲一人。正九品。

[4]宇文化及：人名。傳見本書卷八五，《北史》卷七九有附傳。

韋鼎

韋鼎，[1]字超盛，京兆杜陵人也。[2]高祖玄，[3]隱於商山，[4]因而歸宋。[5]祖叡，[6]梁開府儀同三司。父正，[7]黃門侍郎。[8]鼎少通倪，[9]博涉經史，明陰陽逆刺，尤善相術。仕梁，起家湘東王法曹參軍。[10]遭父憂，[11]水漿不入口者五日，哀毀過禮，殆將滅性。服闋，爲邵陵王主簿，[12]侯景之亂，[13]鼎兄昂卒於京城，[14]鼎負屍出，寄于中興寺。[15]求棺無所得，鼎哀憤慟哭，忽見江中有物，流至鼎所，鼎切異之。往見，乃新棺也，因以充殮。元帝聞之，以爲精誠所感。侯景平，司徒王僧辯以爲户曹屬，[16]歷太尉掾、大司馬從事、中書侍郎。[17]

[1]韋鼎：人名。《南史》卷五八有附傳。

〔2〕京兆：郡名。治所在今陝西西安市西北。　杜陵：縣名。治所在今陝西西安市長安區西北。

〔3〕玄：人名。即韋玄。具體事迹不詳。

〔4〕商山：在今陝西商洛市商州區東南。

〔5〕宋：即南朝宋（420—479），都建康（今江蘇南京市）。

〔6〕叡：人名。即韋叡。歷仕南朝宋、齊、梁三朝，開府儀同三司爲其贈官。傳見《梁書》卷一二、《南史》卷五八。

〔7〕正：人名。即韋正。南朝梁歷官給事黄門侍郎。《梁書》卷一二、《南史》卷五八有附傳。

〔8〕黄門侍郎：官名。隋初於門下省置給事黄門侍郎四員，爲門下省的次官，協助長官納言掌封駁制敕，參議政令的制定，正四品上。煬帝大業三年去“給事”之名，但稱“黄門侍郎”，並減置二員，正四品。《梁書·韋正傳》《南史·韋正傳》皆作“給事黄門侍郎”。

〔9〕侻：中華本同，汲古閣本、殿本、庫本作“脱”。

〔10〕起家：官制用語。從家中徵召出來，始授以官職。　法曹參軍：官名。南朝梁諸公王府皆置法曹，主刑法事，長官爲參軍事。

〔11〕父憂：遭逢父親喪事，亦稱“丁父艱”。古代喪服禮制規定，父母死後，子女須守喪，三年内不得做官、婚娶、赴宴、應考、舉樂，等等。

〔12〕邵陵王：南朝梁蕭綸封爵名，全稱是邵陵郡王。爲梁十五等爵的第一等。傳見《梁書》卷二九、《南史》卷五三。　主簿：官名。此爲王府屬官，掌省屬文書之事。南朝梁官品第五班。

〔13〕侯景之亂：南朝梁武帝末年東魏降將侯景發動的一場叛亂，歷時五年（548—552）。侯景，人名。傳見《梁書》卷五六、《南史》卷八〇。

〔14〕昂：人名。即韋昂。具體事迹不詳。　京城：《南史·韋鼎傳》作“京口”。據上下文，作“京城”是。

[15]中興寺：寺名。位於南朝都城建康（今江蘇南京市）。晋時，比丘竺法義入寂，弟子於墓所構舍宇，久之竟成佛寺。劉宋孝武帝孝建（454—456）年中，賜名中興寺。於大明至泰始（457—471）之世，爲建康之首刹。南朝梁時亦興盛。

[16]司徒：官名。三公之一。南朝梁官品第十八班。　王僧辯：人名。南朝梁大將，梁元帝蕭繹即位，進授司徒。傳見《梁書》卷四五，《南史》卷六三有附傳。　戶曹屬：官名。此爲司徒府屬官。梁時諸公及位從開府者，皆開府置僚屬，有掾屬從事中郎、列曹參軍等職。司徒屬，南朝梁官品第八班。

[17]太尉掾：官名。此爲太尉府屬官，參上條“戶曹屬”注。皇弟皇子公府掾屬，南朝梁官品第八班。　大司馬從事：官名。此爲大司馬府屬官，參上條“戶曹屬”注。皇弟皇子公府從事中郎，南朝梁官品第九班。　中書侍郎：官名。梁中書省設四人，佐監、令掌出内帝命，功高者一人，主省内事。南朝梁官品第九班。

　　陳武帝在南徐州，[1]鼎望氣知其當王，遂寄孥焉。因謂陳武帝曰：“明年有大臣誅死，後四歲，梁其代終，天之曆數當歸舜後。昔周滅殷氏，封嬀滿于宛丘，[2]其裔子孫因爲陳氏。僕觀明公天縱神武，繼絶統者，無乃是乎！”武帝陰有圖僧辯意，聞其言，大喜，因而定策。及受禪，拜黄門侍郎，俄遷司農卿、司徒右長史、貞威將軍，[3]領安右晋安王長史、行府國事，[4]轉廷尉卿。[5]太建中，[6]爲聘周主使，加散騎常侍。[7]尋爲秘書監、宣遠將軍，[8]轉臨海王長史，[9]行吳興郡事。[10]入爲太府卿。[11]至德初，[12]鼎盡質貨田宅，寓居僧寺。友人大匠卿毛彪問其故，[13]答曰：“江東王氣盡於此矣。[14]吾與爾當葬長安。期運將及，故破產耳。”

[1]陳武帝：南朝陳開國皇帝陳霸先。紀見《陳書》卷一、二，《南史》卷九。　南徐州：南朝陳時治所在今江蘇鎮江市。

[2]嬀滿：人名。事見《史記》卷三六《陳杞世家》。按，《南史》作"嬀汭"，據《史記·陳杞世家》載："陳胡公滿者，虞帝舜之後也。昔舜爲庶人時，堯妻之二女，居于嬀汭，其後因爲氏姓，姓嬀氏。"　宛丘：地名。在今河南淮陽縣東南。

[3]司農卿：官名。掌農功倉廩。南朝陳官品第三品。　司徒右長史：官名。陳司徒府置左右長史，總理府事。南朝陳官品第十班。　貞威將軍：官名。屬武官。南朝陳擬七品。

[4]安右晉安王：南朝陳文帝陳蒨第六子陳伯恭。傳見《陳書》卷二八、《南史》卷六五。按，檢《陳書》《南史》本傳及《陳書》卷六《後主紀》載，陳伯恭曾任"安前將軍""安南將軍"及"鎮右將軍"，未任"安右將軍"，此恐誤。　行：官制用語。指官闕未補，暫由他官兼攝其事。漢朝用此制較普遍，後朝也沿襲。唐時其義有不同。

[5]廷尉卿：官名。掌審獄定刑名，決疑案。南朝陳官品第三品。

[6]太建：南朝陳宣帝陳頊年號（569—582）。

[7]散騎常侍：官名。南朝陳集書省長官。掌侍從皇帝左右，獻納得失；省諸奏聞文書，意異者，隨事爲駁；常侍高功者一人爲祭酒，掌糾劾禁令。第三品。

[8]秘書監：官名。陳秘書省長官，掌國之圖書典籍。南朝陳官品第四品。　宣遠將軍：官名。屬武官。南朝陳官品若單作，減刺史一階；若有將軍，減將軍一階。

[9]臨海王：南朝陳廢帝陳伯宗，光大二年（568）廢爲臨海王。紀見《陳書》卷四、《南史》卷九。

[10]吳興：郡名。南朝陳時治所在今浙江湖州市南。

　　[11]太府卿：官名。掌金帛府帑。統左右藏令、上庫丞，掌太倉、南北市令。南朝陳正三品。

　　[12]至德：南朝陳後主陳叔寶年號（583—586）。

　　[13]大匠卿：官名。匠作寺長官，掌宮廟土木之功及道旁植樹。南朝陳正三品。　毛彪：人名。事迹不詳。

　　[14]江東：泛指長江下游以東地區。

　　初，鼎之聘周也，嘗與高祖相遇，鼎謂高祖曰："觀公容貌，故非常人，而神監深遠，亦非群賢所逮也。不久必大貴，貴則天下一家，歲一周天，老夫當委質。公相不可言，願深自愛。"及陳平，上馳召之，授上儀同三司，[1]待遇甚厚。上每與公王宴賞，鼎恒預焉。高祖嘗從容謂之曰："韋世康與公相去遠近？"[2]鼎對曰："臣宗族分派，南北孤絕，自生以來，未嘗訪問。"帝曰："公百世卿族，何得爾也。"乃命官給酒肴，遣世康與鼎還杜陵，樂飲十餘日。鼎乃考校昭穆，[3]自楚太傅孟以下二十餘世，[4]作《韋氏譜》七卷。時蘭陵公主寡，[5]上爲之求夫，選親衛柳述及蕭瑒等以示於鼎。[6]鼎曰："瑒當封侯，而無貴妻之相，述亦通顯，而守位不終。"上曰："位由我耳。"遂以主降述。上又問鼎："諸兒誰得嗣？"答曰："至尊、皇后所最愛者，即當與之，非臣敢預知也。"上笑曰："不肯顯言乎？"

　　[1]上儀同三司：官名。亦簡稱上儀同。隋文帝因改北周十一等勳官之制形成十一等散實官，用以酬勤勞，無實際職掌。上儀同三司是第七等，可開府置僚佐。從四品上。

［2］韋世康：人名。傳見本書卷四七，《北史》卷六四有附傳。

［3］昭穆：古代宗法制度中，宗廟或宗廟中神主的排列次序，始祖居中，以下父子（祖、父）遞爲昭穆，左爲昭，右爲穆。此指宗族關係。

［4］楚太傅孟：即韋孟，曾任楚元王太傅。事見《漢書》卷七三《韋賢傳》。

［5］蘭陵公主：隋文帝楊堅第五女。傳見本書卷八〇、《北史》卷九一。

［6］親衛：官名。隋中央左右衛各統親衛，掌從侍衛。　柳述：人名。本書卷四七、《北史》卷六四有附傳。　蕭瑒：人名。梁明帝蕭巋之子，隋煬帝蕭皇后之弟，其墓誌出土於洛陽（參見李春敏《隋蕭瑒墓誌考》，《考古與文物》1996 年第 1 期）。

　　開皇十二年，[1]除光州刺史，[2]以仁義教導，務弘清静。州中有土豪，外修邊幅，而内行不軌，常爲劫盜。鼎於都會時謂之曰：“卿是好人，那忽作賊？”因條其徒黨謀議逗留，其人驚懼，即自首伏。又有人客游，通主家之妾，及其還去，妾盜珍物，於夜亡，[3]尋於草中爲人所殺。主家知客與妾通，因告客殺之。縣司鞫問，具得姦狀，因斷客死。獄成，上於鼎，鼎覽之曰：“此客實姦，而殺非也。乃某寺僧誃妾盜物，令奴殺之，贜在某處。”即放此客，遣掩僧，並獲贜物。自是部内肅然不言，咸稱其有神，道無拾遺。尋追入京，以年老多病，累加優賜。頃之，卒，年七十九。

　　［1］十二年：各本均同，《南史》卷五八《韋鼎傳》、《通志》卷一四五《韋鼎》作“十三年”。

[2]光州：治所在今河南光山縣。

[3]於夜亡：汲古閣本、中華本同，殿本、庫本及《南史·韋鼎傳》作"於夜逃亡"。

來和

來和，[1]字弘順，京兆長安人也。少好相術，所言多驗。大冢宰宇文護引之左右，由是出入公卿之門。初爲夏官府下士，[2]累遷少卜上士，[3]賜爵安定鄉男。[4]遷畿伯下大夫，[5]進封洹水縣男。[6]

[1]來和：人名。傳另見《北史》卷八九。

[2]夏官府：官署名。長官爲大司馬卿，北周掌邦政，征伐敵國及四時治兵講武皆由其主持，大祭祀則掌宿衛，廟社則奉羊牲。

下士：此所指不詳。

[3]少卜上士：官名。協助太卜掌國之卜祀。北周正三命。

[4]安定鄉男：爵名。北周十一等爵的第十一等。品秩不詳。（參見王仲犖《北周六典》卷八《封爵第十九》，第557頁）

[5]畿伯下大夫：官名。北周以王畿千里之外爲畿，立畿伯之官，使各掌其畿之政令戒禁。正四命。（參見王仲犖《北周六典》卷三《地官府第八》，第98頁）

[6]洹水縣男：爵名。北周十一等爵的第十等。正五命。（參見王仲犖《北周六典》卷八《封爵第十九》，第556頁）

高祖微時，來詣和相，和待人去，謂高祖曰："公當王有四海。"及爲丞相，拜儀同，[1]既受禪，進爵爲子。[2]開皇末，和上表自陳曰：

　　[1]儀同：官名。北周府兵制中儀同府長官加此名，爲散實官。九命。

　　[2]子：爵名。全稱爲洹水縣子。隋九等爵的第八等。正四品下。

　　臣早奉龍顔，自周代天和三年已來，[1]數蒙陛下顧問，當時具言至尊膺圖受命，光宅區宇。此乃天授，非由人事所及。臣無勞效，坐致五品，二十餘年。臣是何人，敢不慚懼！愚臣不任區區之至，謹録陛下龍潛之時，臣有所言一得，書之秘府，死無所恨。

　　[1]天和：北周武帝宇文邕年號（566—572）。

　　昔陛下在周，嘗與永富公竇榮定語臣曰：[1]“我聞有行聲，即識其人。”臣當時即言公眼如曙星，無所不照，當王有天下，願忍誅殺。建德四年五月，[2]周武帝在雲陽宮，[3]謂臣曰：“諸公皆汝所識，隋公相禄何如？”[4]臣報武帝曰：“隋公止是守節人，可鎮一方。若爲將領，陳無不破。”臣即於宮東南奏聞。陛下謂臣，此語不忘。明年，烏丸軌言於武帝曰：[5]“隋公非人臣。”帝尋以問臣，臣知帝有疑，臣詭報曰：“是節臣，更無異相。”于時王誼、梁彦光等知臣此語。[6]大象二年五月，[7]至尊從永巷東門入，[8]臣在永巷門東，北面立，陛下問臣曰：“我無災障不？”臣奏陛下曰：“公骨法氣色相應，天命已有付屬。”未幾，遂總百揆。

　　[1]永富公：爵名。全稱爲永富縣公。北周命數不詳，王仲犖認爲“非正九命則當是九命爾”（參見王仲犖《北周六典》卷八《封爵第十九》，第 548 頁）。按，本書卷一《高祖紀上》開皇元年十一月載爲“永昌郡公”，《北史》卷一一《隋文帝紀》作“永富郡公”，本書及《北史》之《竇榮定傳》均作“永富縣公”。從本書《竇榮定傳》其前後爵位變化判斷，似“永富縣公”確。　竇榮定：人名。傳見本書卷三九，《北史》卷六一有附傳。

　　[2]建德：北周武帝宇文邕年號（572—578）。

　　[3]雲陽宮：宮名。在今陝西淳化縣西北甘泉山上。

　　[4]隋公：即隋國公，楊堅在北周所襲爵，此以爵代名。

　　[5]烏丸軌：人名。即北周名將王軌，烏丸爲其所改鮮卑姓。北周官至上大將軍，封郯國公。周宣帝即位不久被殺。傳見《周書》卷四〇、《北史》卷六二。生平亦可見《梁彦光墓誌》（載劉文《陝西新見隋朝墓誌》一四）。

　　[6]王誼：人名。傳見本書卷四〇，《北史》卷六一有附傳。
　梁彦光：人名。傳見《北史》卷八六。

　　[7]大象：北周靜帝宇文闡年號（579—580）。

　　[8]永巷：北周宮中長巷。

　　上覽之大悦，進位開府，賜物五百段，米三百石，地十頃。

　　和同郡韓則，[1]嘗詣和相，和謂之曰：“後四五當得大官。”人初不知所謂。則至開皇十五年五月而終，人問其故，和曰：“十五年爲三五，加以五月爲四五。大官，椁也。”和言多此類。著《相經》四十卷。

[1]韓則：人名。事迹不詳。

道士張賓、焦子順、雁門人董子華，[1]此三人，當高祖龍潛時，並私謂高祖曰："公當爲天子，善自愛。"及踐阼，以賓爲華州刺史，[2]子順爲開府，子華爲上儀同。

[1]張賓：人名。北周道士，隋朝建立任華州刺史，制定張賓曆，開皇四年頒行。事略見本書《律曆志中》。　焦子順：人名。隋代道士，隋朝建立授開府柱國，辭不受，於五通觀修行，號焦天師。事見《唐會要》卷五〇《尊崇道教·五通觀》。　雁門：郡名。隋大業三年改州置。治所在今山西代縣。按，底本、汲古閣本、殿本、庫本原作"應門"，中華本作"雁門"，其校勘記云："據《通志》一八三改。"今據改。　董子華：人名。北周、隋時道士，其他事迹不詳。
[2]華州：治所在今陝西華縣。

蕭吉

蕭吉，[1]字文休，梁武帝兄長沙宣武王懿之孫也。[2]博學多通，尤精陰陽算術。江陵陷，遂歸于周，[3]爲儀同。宣帝時，吉以朝政日亂，上書切諫。帝不納。及隋受禪，進上儀同，以本官太常考定古今陰陽書。[4]

[1]蕭吉：人名。傳另見《北史》卷八九。
[2]梁武帝：指南朝梁武帝蕭衍。紀見《梁書》卷一至三，《南史》卷六、七。　長沙宣武王懿：即蕭懿。天監元年（502）

追封長沙郡王，謚曰宣武。事見《梁書》卷二三《長沙嗣王業傳》，傳見《南史》卷五一。

　　[3]周：中華書局新修訂本校勘記云：“‘周’，《北史》卷八九《藝術上·蕭吉傳》、《通志》卷一八三《藝術·蕭吉傳》作‘魏’。按，陷江陵在西魏恭帝元年，三年，恭帝禪位宇文覺後，始改國號爲周。”所考是，《北史》所載更確。

　　[4]太常：官屬名。即太常寺，掌宗廟郊社禮樂事。

　　吉性孤峭，不與公卿相沉浮，又與楊素不協，[1]由是擯落於世，鬱鬱不得志。見上好徵祥之說，欲乾没自進，[2]遂矯其迹爲悦媚焉。開皇十四年上書曰：“今年歲在甲寅，十一月朔旦，以辛酉爲冬至。來年乙卯，正月朔旦，[3]以庚申爲元日，冬至之日，即在朔旦。《樂汁圖徵》云：‘天元十一月朔旦冬至，[4]聖王受享祚。’今聖主在位，居天元之首，而朔旦冬至，此慶一也。辛酉之日，即是至尊本命，辛德在丙，此十一月建丙子。酉德在寅，正月建寅爲本命，與月德合，而居元朔之首，此慶二也。庚申之日，即是行年，乙德在庚，卯德在申，來年乙卯，是行年與歲合德，而在元旦之朝，此慶三也。《陰陽書》云：‘年命與歲月合德者，必有福慶。’《洪範傳》云：‘歲之朝，月之朝，日之朝，主王者。’經書並謂三長應之者，延年福吉。況乃甲寅蔀首，[5]十一月陽之始，朔旦冬至，是聖王上元。正月是正陽之月，歲之首，月之先。朔旦是歲歲之元，月之朝，日之先，嘉辰之會。而本命爲九元之先，行年爲三長之首，並與歲月合德。所以《靈寶經》云：‘角音龍精，其祚日强。’來歲年命納音俱角，曆之與經，如合符契。又甲寅、乙卯，天地合也，甲寅之年，以辛酉冬至，來年乙卯，以甲子夏至。冬至陽始，郊天之日，即是至尊本命，此慶四也。夏至陰始，祀地之辰，即是皇后本命，此慶五也。至尊德並乾之覆育，皇后仁同地之載養，所以二儀元氣，並會本辰。”上覽之大悅，賜物五百段。

［1］楊素：人名。傳見本書卷四八，《北史》卷四一有附傳。

［2］乾没：投機圖利。

［3］朔旦：舊曆每月初一，亦專指正月初一。

［4］天元：周曆建子，以今十一月爲正月。後世以周曆得天之正道，謂之“天元”。

［5］蔀：汲古閣本、中華本同，殿本、庫本作‘部’。

房陵王時爲太子，[1]言東宮多鬼魅，鼠妖數見。上令吉詣東宮，禳邪氣。於宣慈殿設神坐，[2]有迴風從艮地鬼門來，掃太子坐。吉以桃湯葦火驅逐之，風出宮門而止。又謝土，於未地設壇，爲四門，置五帝坐。于時至寒，有蝦蟇從西南來，入人門，升赤帝坐，還從人門而出。行數步，忽然不見。上大異之，賞賜優洽。又上言太子當不安位，時上陰欲廢立，得其言是之。由此每被顧問。

［1］房陵王：隋文帝楊堅長子楊勇。傳見本書卷四五、《北史》卷七一。

［2］宣慈殿：此爲隋東宮主殿。

　　及獻皇后崩，[1]上令吉卜擇葬所，吉歷筮山原，至一處，云“卜年二千，卜世二百”，具圖而奏之。上曰：“吉凶由人，不在於地。高緯父葬，[2]豈不卜乎？國尋滅亡。正如我家墓田，若云不吉，朕不當爲天子；若云不凶，我弟不當戰没。”然竟從吉言。吉表曰：“去月十六日，皇后山陵西北，鷄未鳴前，有黑雲方圓五六百步，從地屬天。東南又有旌旗車馬帳幕，布滿七八里，并有人往來檢校，部伍甚整，日出乃滅，同見者十餘人。謹案《葬書》云：[3]‘氣王與姓相生，大吉。’今黑氣當冬王，與姓相生，是大吉利，子孫無疆之候也。”上大悦。其後上將親臨發殯，吉復奏上曰：“至尊本命辛酉，今歲斗魁及天岡，臨卯酉，謹按《陰陽書》，不得臨喪。”上不納。退而告族人蕭平仲曰：[4]“皇太子遣宇文左率深謝余云：[5]‘公前稱我當爲太子，竟有其驗，終不忘也。今卜山陵，務令我早立。我立之後，當以富貴相報。’吾記之曰：‘後四載，太子御天下。’今山陵氣應，上又臨喪，兆益見矣。且太子得政，隋其亡乎！當有真人出治之矣。吾前給云卜年二千者，是三十字也；卜世二百者，取三十二運也。吾言信矣，汝其誌之。”

　　[1]獻皇后：隋文帝文獻皇后，名獨孤伽羅。傳見本書卷三六、《北史》卷一四。

　　[2]高緯：人名。北齊後主。紀見《北齊書》卷八、《北史》卷八。

　　[3]《葬書》：舊題晋人郭璞撰，然《四庫全書》總纂官紀昀《葬書提要》認爲乃僞托之書。又檢今本《葬書》未載此句。

[4]蕭平仲：人名。事迹不詳。

[5]宇文左率：此指宇文述。楊廣爲太子，宇文述任太子左衛率。傳見本書卷六一、《北史》卷七九。

及煬帝嗣位，拜太府少卿，[1]加位開府。嘗行經華陰，[2]見楊素冢上有白氣屬天，密言於帝。帝問其故，吉曰："其候素家當有兵禍，滅門之象。改葬者，庶可免乎！"帝後從容謂楊玄感曰："公家宜早改葬。"玄感亦微知其故，以爲吉祥，託以遼東未滅，不遑私門之事。未幾而玄感以反族滅，帝彌信之。後歲餘，卒官。著《金海》三十卷，《相經要録》一卷，[3]《宅經》八卷，《葬經》六卷，《樂譜》二十卷及《帝王養生方》二卷，[4]《相手版要决》一卷，《太一立成》一卷，並行於世。

[1]太府少卿：官名。太府寺副長官，協助長官太府卿掌管倉儲出納及所轄各署事。隋初置一員，正四品上。煬帝增置二員，改從四品。

[2]華陰：縣名。隋治所在今陝西華陰市。

[3]一卷：本書《經籍志三》載："《相經要録》二卷，蕭吉撰。"

[4]《樂譜》二十：中華本同，汲古閣本、殿本、庫本作"《樂譜》十二"。按，本書《經籍志一》載蕭吉撰有《樂論》一卷，《樂譜集》二十卷。　《帝王養生方》：本書《經籍志三》作《帝王養生要方》。

時有楊伯醜、臨孝恭、劉祐，[1]俱以陰陽術數知名。

[1]楊伯醜：人名。傳見本卷、《北史》卷八九。　臨孝恭：人名。傳見本卷、《北史》卷八九。　劉祐：人名。傳見本卷、《北史》卷八九。

楊伯醜

楊伯醜，馮翊武鄉人也。[1]好讀《易》，隱於華山。[2]開皇初，被徵入朝，見公卿不爲禮，無貴賤皆汝之。人不能測也。高祖召與語，竟無所答。上賜之衣服，至朝堂，捨之而去。於是被髮陽狂，游行市里，形體垢穢，未嘗櫛沐。嘗有張永樂者，[3]賣卜京師，伯醜每從之游。永樂爲卦有不能決者，伯醜輒爲分析爻象，[4]尋幽入微。永樂嗟服，自以爲非所及也。

[1]馮翊：郡名。治所在今陝西大荔縣。　武鄉：縣名。治所在今陝西大荔縣。
[2]華山：在今陝西華陰市南。
[3]張永樂：人名。隋時卜者。
[4]爻象：《周易》中六爻相交成卦所表現的物象。

伯醜亦開肆賣卜。有人嘗失子，就伯醜筮者。卦成，伯醜曰：“汝子在懷遠坊南門道東北壁上，[1]有青裙女子抱之，可往取也。”如言果得。或者有金數兩，夫妻共藏之，於後失金，其夫意妻有異志，將逐之。其妻稱冤，以詣伯醜，爲筮之曰：“金在矣。”悉呼其家人，指一人曰：“可取金來！”其人赧然，應聲而取之。道士韋知常詣伯醜問吉凶，[2]伯醜曰：“汝勿東北行，必不得已，當早還。不然者，楊素斬汝頭。”未幾，上令知常事漢王諒。俄而上崩，諒舉兵反，知常逃歸京師。知常先與楊素有隙，及素平并州，[3]先訪知常，將斬之，賴此獲免。又人有失馬，來詣伯醜卜者。時伯醜爲皇太子所召，在塗遇之，立爲作卦，卦成，曰：“我不遑爲卿占之，卿且向西市東壁門南第三店，爲我買魚作膾，當得馬矣。”其人如此言，須臾，有一人牽所失馬而至，遂擒之。崖州嘗獻徑寸珠，[4]其使者陰易之，上心疑焉，召伯醜令筮。伯醜曰：“有物出自水中，質圓而色光，是大珠也。今爲人所隱。”具言隱者姓名容狀。上如言簿責之，果得本珠。上奇之，賜帛二十匹。國子祭酒何妥嘗詣之論《易》，[5]聞妥之言，倐然而笑曰：[6]“何用鄭玄、王弼之言乎！”久之，微有辯答，所説辭義，皆異先儒之旨，而思理玄妙，故論者以爲天然獨得，非常人所及也。竟以壽終。

[1]懷遠坊：隋國都大興城諸坊之一。

[2]道士韋知常：《北史》卷八九《楊伯醜傳》作“將軍許知常”。韋知常，人名。事亦見《北史·楊伯醜傳》。

[3]并州：治所在今山西太原市西南古城營。

[4]崖州：治所在今海南儋州市西北。

[5]國子祭酒：官名。爲國子寺長官，掌中央官學及儒學訓導之政。初隸太常寺，統國子、太學、四門、書算學。開皇十三年不隸太常寺，改爲國子學長官。仁壽元年罷，惟置太學，以博士領

卷七八

列傳第四十三

4853

之。大業三年改置國子監，依舊置祭酒爲長官。從三品。　何妥：人名。傳見本書卷七五、《北史》卷八二。

[6]倏然：各本均同，然《北史·楊伯醜傳》作"悠爾"。李慈銘《隋書札記》云："'悠'同'攸'。"

臨孝恭

臨孝恭，京兆人也。明天文、算術，高祖甚親遇之。每言灾祥之事，未嘗不中，上因令考定陰陽。官至上儀同。著《欹器圖》三卷，《地動銅儀經》一卷，《九宮五墓》一卷，《遁甲月令》十卷，[1]《元辰經》十卷，《元辰厄》一百九卷，《百怪書》十八卷，《禄命書》二十卷，《九宮龜經》一百一十卷，《太一式經》三十卷，《孔子馬頭易卜書》一卷，並行於世。

[1]《遁甲月令》：《北史》卷八九《臨孝恭傳》作"《遁甲録》"。又，本書《經籍志三》録有臨孝恭撰《遁甲立成法》一卷、《陰遁甲用局法》一卷。

劉祐

劉祐，滎陽人也。[1]開皇初，爲大都督，[2]封索盧縣公。[3]其所占候，合如符契，高祖甚親之。初與張賓、劉暉、馬顯定曆。[4]後奉詔撰兵書十卷，名曰《金韜》，上善之。復著《陰策》二十卷，《觀臺飛候》六卷，《玄象要記》五卷，《律曆術文》一卷，《婚姻志》三卷，《産乳志》二卷，《式經》四卷，《四時立成法》一卷，《安曆志》十二卷，《歸正易》十卷，並行於世。

[1]滎陽：郡名。治所在今河南滎陽市東北。

[2]大都督：官名。隋文帝時期有兩類大都督：一是在府兵系統中實際領兵、有固定職掌的團級軍官，隋煬帝大業三年改稱校尉；一是十一等散實官中的第九等，用以酬勤勞，無實際職掌，煬帝大業三年罷廢。兩類大都督均爲正六品上。

[3]索盧縣公：爵名。隋九等爵的第五等。從一品。

[4]劉暉：人名。隋初爲儀同、太史令，曾參與定曆。按，“暉”，底本、汲古閣本、殿本、庫本作“輝”。據本書《律曆志》、卷四一《高熲傳》，當作“暉”。　馬顯：人名。北周任太史上士，撰《丙寅元曆》《漏經》，隋初亦奉命定曆，事略見本書《律曆志》。

張胄玄

張胄玄，[1]渤海蓨人也。[2]博學多通，尤精術數。冀州刺史趙煚薦之，[3]高祖徵授雲騎尉，[4]直太史，[5]參議律曆事。時輩多出其下，由是太史令劉暉等甚忌之。然暉言多不中，胄玄所推步甚精密，上異之。令楊素與術數人立議六十一事，皆舊法久難通者，令暉與胄玄等辯析之。暉杜口一無所答，胄玄通者五十四焉。由是擢拜員外散騎侍郎，[6]兼太史令，[7]賜物千段，暉及黨與八人皆斥逐之。改定新曆，言前曆差一日，内史通事顏敏楚上言曰：[8]“漢時落下閎改《顓頊曆》作《太初曆》，[9]云後當差一日。八百年當有聖者定之。計今相去七百一十年，術者舉其成數，聖者之謂，其在今乎！"上大悅，漸見親用。

[1]張胄玄：人名。傳另見《北史》卷八九。

[2]渤海：郡名。治所在今山東陽信縣西南。　蓨（tiáo）：縣名。治所在今河北景縣南。

[3]冀州：治所在今河北冀州市。　趙㷿（jiǒng）：人名。傳見本書卷四六、《北史》卷七五。

[4]雲騎尉：官名。隋開皇三年於吏部別置朝議等八郎、旅騎等八尉，上階爲郎，下階爲尉。散官番直，常出使監檢。雲騎尉爲正九品下。

[5]直：官制用語。一般以他官臨時差遣處理本署事務。

[6]員外散騎侍郎：官名。屬散官，隋門下省置六人，掌部從朝直，並出使勞問。正五品。

[7]兼：官制用語。假職未真授之稱。

[8]內史通事：官名。此指隋初內史省屬官通事舍人，職掌導引宮臣辭見、承旨傳宣之事。從六品。按，本書《律曆志中》作"通事舍人"，《唐六典》卷一《尚書都省·主事》載其曾任"內史主事"。　顏敏楚：人名。北齊顏之推之子，文學名士。按，當作"顏愍楚"，錢大昕《廿二史考異》云："'敏'當作'愍'，即'愍'字。"

[9]落下閎：人名。西漢天文學家，造《太初曆》、渾天儀等。事略見《漢書·律曆志上》、本書《律曆志》等。

胄玄所爲曆法，與古不同者有三事：

其一，宋祖沖之於歲周之末，[1]創設差分，冬至漸移，不循舊軌。每四十六年，却差一度。至梁虞劇曆法，[2]嫌沖之所差太多，因以一百八十六年冬至移一度。

冑玄以此二術，年限懸隔，追檢古注，所失極多，遂折中兩家，以爲度法。冬至所宿，歲別漸移，八十三年却行一度，則上合堯時，日永星火，[3]次符漢曆，宿起牛初。[4]明其前後，並皆密當。

[1]祖沖之：人名。南朝宋、齊時期的天文學家、數學家。傳見《南齊書》卷五二、《南史》卷七二。

[2]虞劌：人名。據本書《天文志上》載，南朝梁大同十年曾任太史令，事迹不詳。

[3]日永星火：意思是夏至日，火星可見，是仲夏之節氣。語出《尚書·堯典》："日永，星火，以正仲夏。"

[4]宿起牛初：曆法上將冬至點定在牽牛初度，此時冬至點離牛宿距星的赤道宿度不到一度。

其二，周馬顯造《丙寅元曆》，有陰陽轉法，加減章分，進退蝕餘，[1]乃推定日，創開此數。當時術者，多不能曉。張賓因而用之，莫能考正。冑玄以爲加時先後，逐氣參差，就月爲斷，於理未可。乃因二十四氣列其盈縮所出，[2]實由日行遲則月逐日易及，令合朔加時早，日行速則月逐日少遲，令合朔加時晚。檢前代加時早晚，以爲損益之率。日行自秋分已後至春分，其勢速，計一百八十二日而行一百八十度。自春分已後至秋分，日行遲，計一百八十二日而行一百七十六度。[3]每氣之下，即其率也。

[1]餘：中華本及《北史》卷八九《張冑玄傳》同，汲古閣

本、殿本、庫本作“食”。

　　[2]二十四氣：即今二十四節氣。

　　[3]一百八十二日：底本原作“二百八十二日”，據汲古閣本、殿本、庫本、中華本改。

　　其三，自古諸曆，朔望値交，不問内外，入限便食。張賓立法，創有外限，應食不食，猶未能明。冑玄以日行黄道，[1]歲一周天，月行月道，[2]二十七日有餘一周天。月道交絡黄道，每行黄道内十三日有奇而出，又行黄道外十三日有奇而入，終而復始，月經黄道，謂之交，朔望去交前後各十五度已下，即爲當食。若月行内道，則在黄道之北，食多有驗。月行外道，在黄道之南也，雖遇正交，無由掩映，食多不驗。遂因前法，別立定限，隨交遠近，逐氣求差，損益食分，事皆明著。

　　[1]黄道：地球運行軌道與天球的交界面。從地球看，太陽似乎沿着黄道運行。

　　[2]月道：亦稱“白道”，月亮環繞地球作橢圓運動的軌道。按，月道，中華本及《北史》卷八九《張冑玄傳》同，汲古閣本、殿本、庫本作“日道”，誤。

　　其超古獨異者有七事：

　　其一，古曆五星行度皆守恒率，[1]見伏盈縮，悉無格准。冑玄推之，各得其真率，合見之數，與古不同。其差多者，至加減三十許日。即如熒惑平見在雨水氣，即均加二十九日，見在小雪氣，則均減二十五日。加減平見，以爲定見。諸星各有盈縮之數，皆如此例，但差數不同。特其積候所知，[2]時人不能原其意旨。

[1]曆：底本作"歷"，據文意改爲"曆"。　　五星：指水、木、金、火、土五大行星。

[2]積候：觀察天象。

其二，[1]辰星舊率，[2]一終再見，凡諸古曆，皆以爲然，應見不見，人未能測。胄玄積候，知辰星一終之中，有時一見，及同類感召，相隨而出。即如辰星平晨見在雨水氣者，應見即不見，若平晨見在啓蟄氣者，[3]去日十八度外，三十六度內，晨有木火土金一星者，亦相隨見。

[1]其二："其"字原缺，據《北史》卷八九《張胄玄傳》及上下文文意補。

[2]辰星：指水星。

[3]平晨：汲古閣本、中華本同，殿本、庫本作"不晨"。據上文及《北史·張胄玄傳》當爲"平晨"。

其三，古曆步術，[1]行有定限，自見已後，依率而推。進退之期，莫知多少。胄玄積候，知五星遲速留退真數皆與古法不同，多者至差八十餘日，留迴所在亦差八十餘度。即如熒惑前疾初見在立冬初，則二百五十日行一百七十七度，定見在夏至初，則一百七十日行九十二度。追步天驗，今古皆密。

[1]步：指天文、曆法方面的推測計算。

其四，古曆食分，依平即用，推驗多少，實數罕符。胄玄積候，知月從木、火、土、金四星行有向背。月向四星即速，背之則遲，皆十五度外，乃循本率。遂於交分，限其多少。

其五，古曆加時，朔望同術。胄玄積候，知日食所在，隨方改變，傍正高下，每處不同。交有淺深，遲速亦異，約時立差，皆會天象。

其六，古曆交分即爲食數，去交十四度者食一分，去交十三度食二分，去交十度食三分。每近一度，食益一分，當交即食既。其應少反多，應多反少，自古諸曆，未悉其原。胄玄積候，知當交之中，月掩日不能畢盡，其食反少，去交五六時，月在日內，掩日便盡，故食乃既。自此已後，更遠者其食又少。交之前後在冬至皆爾。若近夏至，其率又差。所立食分，最爲詳密。

其七，古曆二分，晝夜皆等。胄玄積候，知其有差，春秋二分，晝多夜漏半刻，皆由日行遲疾盈縮使其然也。

凡此胄玄獨得於心，論者服其精密。大業中卒官。

許智藏

許智藏，[1]高陽人也。[2]祖道幼，[3]嘗以母疾，遂覽醫方，因而究極，世號名醫。誡其諸子曰：“爲人子者，嘗膳視藥，不知方術，豈謂孝乎？”由是世相傳授。仕梁，官至員外散騎侍郎。父景，[4]武陵王諮議參軍。[5]

[1]許智藏：人名。傳另見《北史》卷九〇。

[2]高陽：郡名。治所在今河北高陽縣。

[3]道幼：人名。事另見《北史·許智藏傳》。

[4]景：人名。即許景。事另見《北史·許智藏傳》。

[5]武陵王：即蕭紀，梁武帝蕭衍第八子，武帝死後於成都自立爲帝。傳見《梁書》卷五五、《南史》卷五三。　諮議參軍：官名。王公軍府屬官，掌顧問詔對。皇弟皇子府諮議參軍，南朝梁官品第九班。

智藏少以醫術自達，仕陳爲散騎侍郎。[1]及陳滅，高祖以爲員外散騎侍郎，使詣揚州。[2]會秦孝王俊有疾，[3]上馳召之。俊夜中夢其亡妃崔氏泣曰：“本來相迎，如聞許智藏將至，其人若到，當必相苦，爲之奈何？”明夜，俊又夢崔氏曰：“妾得計矣，當入靈府中以避之。”及智藏至，爲俊診脉，曰：“疾已入心，郎當發癇，不可救也。”果如言，俊數日而薨。上奇其妙，賚物百段。煬帝即位，智藏時致仕于家，[4]帝每有所苦，輒令中使就詢訪，或以轝迎入殿，扶登御床。智藏爲方奏之，用無不效。年八十，卒于家。

[1]散騎侍郎：官名。屬散官，掌勸諫獻納。南朝陳第五品。

[2]揚州：治所在今江蘇揚州市。

[3]秦孝王俊：即隋文帝第三子，諡秦孝王。傳見本書卷四五、《北史》卷七一。

〔4〕致仕：官制用語。辭官退休。

　　宗人許澄，[1]亦以醫術顯。父奭，[2]仕梁太常丞、中軍長史。[3]隨柳仲禮入長安，[4]與姚僧垣齊名，[5]拜上儀同三司。澄有學識，傳父業，尤盡其妙。歷尚藥典御、諫議大夫，[6]封賀川縣伯。父子俱以藝術名重於周、隋二代。史失事，故附見云。

　　〔1〕許澄：人名。事另見《北史》卷九〇《許智藏傳》。
　　〔2〕奭：人名。即許奭。事亦見《北史·許智藏傳》。
　　〔3〕太常丞：官名。太常寺次官，佐卿掌宗廟郊社禮樂事。南朝梁官品第五班。　中軍長史：官名。軍府佐官，總管府事。領護軍府長史，南朝梁官品第六班。
　　〔4〕柳仲禮：人名。南朝梁大將，大寶元年（550）爲西魏大將楊忠所敗，入長安。《梁書》卷四三、《南史》卷三八有附傳。
　　〔5〕姚僧垣：人名。南北朝時名醫，初爲南朝梁宮廷御醫，江陵之戰後入西魏。傳見《周書》卷四七、《北史》卷九〇。按，“垣”原作“坦”，據《周書》《北史》改。
　　〔6〕尚藥典御：官名。隋初，門下省統尚藥等六局，以典御領之，煬帝以之隸殿內省，並改爲奉御。掌宮廷醫藥與疾病治療。正六品下。　諫議大夫：官名。隋初門下省置七人，掌顧問應對，煬帝廢。從四品。

　　萬寶常　王令言

　　萬寶常，[1]不知何許人也。父大通，[2]從梁將王琳歸于齊。[3]後復謀還江南，事泄，伏誅。由是寶常被配爲樂户，[4]因而妙達鍾律，遍工八音。造玉磬以獻于齊。又嘗與人方食，論及聲調。時無樂器，寶常因取前食器及雜物，以箸扣之，品其高下，宮商畢備，諧於絲竹，大爲時人所賞。然歷周洎隋，俱不得調。

[1]萬寶常：人名。傳另見《北史》卷九〇。

[2]大通：人名。即萬大通。事亦見《北史·萬寶常傳》。

[3]王琳：人名。南北朝時梁、北齊大將。傳見《北齊書》卷三二、《南史》卷六四。

[4]樂户：南北朝雜户之一。爲供奉皇室音樂之人家，地位較低微。

開皇初，沛國公鄭譯等定樂，[1]初爲黄鍾調。[2]寶常雖爲伶人，譯等每召與議，然言多不用。後譯樂成奏之，上召寶常，問其可不，寶常曰："此亡國之音，豈陛下之所宜聞！"上不悦。寶常因極言樂聲哀怨淫放，非雅正之音，請以水尺爲律，[3]以調樂器。上從之。

[1]沛國公：爵名。隋九等爵的第三等。從一品。　鄭譯：人名。北周時任内史下大夫，周宣帝病死，與劉昉矯詔引楊堅輔政，後任楊堅丞相府長史，入隋官至岐州刺史。傳見本書卷三八、《周書》卷三五，《北史》卷三五有附傳。

[2]黄鍾調：郭沫若云："據《音樂志》乃黄鐘宮調之意，宋以後人宮調稱宮，宮調以外之調稱調，隋唐代人不如是。"（郭沫若：《隋代大音樂家萬寶常》，載《歷史人物》，人民文學出版社 1979 年版，第 136 頁）

[3]水尺：萬寶常制律所用尺度。一說爲寶常所創。参本書

《律曆志》。

寶常奉詔，遂造諸樂器，其聲率下鄭譯調二律。並撰《樂譜》六十四卷，具論八音旋相爲宮之法，改絃移柱之變。爲八十四調，一百四十四律，變化終於一千八百聲。[1]時人以《周禮》有旋宮之義，自漢、魏已來，知音者皆不能通，見寶常特創其事，皆哂之。至是，試令爲之，應手成曲，無所凝滯，見者莫不嗟異。於是損益樂器，不可勝紀，其聲雅淡，不爲時人所好，太常善聲者多排毀之。

[1]一千八百聲：《北史》卷九〇《萬寶常傳》同。郭沫若認爲當作“一千八聲”，郭氏云：“‘一百四十四律，變化終於一千八聲’，這是說萬寶常把十二律更細分成十二倍，故爲一百四十四律（12×12＝144），因而八十四調也成爲十二倍的一千八聲（84×12＝1008）。”（郭沫若：《隋代大音樂家萬寶常》，第 136、159 頁）郭氏所證是。

又太子洗馬蘇夔以鍾律自命，[1]尤忌寶常。夔父威，方用事，凡言樂者皆附之，而短寶常。數詣公卿怨望，蘇威因詰寶常所爲何所傳受。有一沙門謂寶常曰：“上雅好符瑞，有言徵祥者，上皆悅之。先生當言就胡僧受學，云是佛家菩薩所傳音律，則上必悅。先生所爲，可以行矣。”寶常然之，遂如其言以答威。威怒曰：“胡僧所傳，乃是四夷之樂，[2]非中國所宜行也。”其事竟寢。寶常嘗聽太常所奏樂，泫然而泣。人問其故，寶常曰：

“樂聲淫厲而哀，天下不久相殺將盡。”時四海全盛，聞其言者皆謂爲不然。大業之末，其言卒驗。

[1]太子洗馬：官名。職掌東宮圖書經籍、釋典講經之事。太子不軌則行規諫之責。從五品上。　蘇夔：人名。本書卷四一、《北史》卷六三有附傳。

[2]四夷：古代華夏族對四方少數民族的統稱。

寶常貧無子，其妻因其卧疾，遂竊其資物而逃。寶常飢餒，無人贍遺，竟餓而死。將死也，取其所著書而焚之，曰：“何用此爲？”見者於火中探得數卷，見行於世，時論哀之。

開皇之世，有鄭譯、何妥、盧賁、蘇夔、蕭吉，並討論墳籍，[1]撰著樂書，皆爲當世所用。至於天然識樂，不及寶常遠矣。安馬駒、曹妙達、王長通、郭令樂等，[2]能造曲，爲一時之妙，又習鄭聲，[3]而寶常所爲，皆歸於雅。此輩雖公議不附寶常，然皆心服，謂以爲神。

[1]盧賁：人名。傳見本書卷三八，《北史》卷三〇有附傳。

[2]安馬駒：人名。北齊、隋時樂人，北齊時曾因善樂，後主高緯授其開府，爲世人所譏諷。事略見本書《音樂志中》。　曹妙達：人名。北齊、隋時樂人，北齊後主高緯曾封其爲王。事略見《北史》卷九二《恩倖傳》。　王長通：人名。北齊、隋、唐初樂人，北齊年十四五並假節通州刺史。事略見《北齊書》卷五〇、《北史》卷九二《恩倖傳》。　郭令樂：人名。北齊、隋時樂人。按，本書《音樂志下》作“郭金樂”。

〔3〕鄭聲：原指春秋戰國時鄭國之樂。因與孔子等提倡的雅樂不同，故受儒家排斥。此後，凡與雅樂相背者，甚至一般的民間音樂，均被崇"雅"黜"俗"者斥爲"鄭聲"。

時有樂人王令言，[1]亦妙達音律。大業末，煬帝將幸江都，[2]令言之子嘗從，於户外彈胡琵琶，作翻調《安公子曲》。令言時卧室中，聞之大驚，蹶然而起曰："變，變！"急呼其子曰："此曲興自早晚？"其子對曰："頃來有之。"令言遂歔欷流涕，謂其子曰："汝慎無從行，帝必不反。"子問其故，令言曰："此曲宫聲往而不反，宫者君也，吾所以知之。"帝竟被殺於江都。[3]

〔1〕王令言：人名。《北史》卷九〇有附傳。

〔2〕江都：郡名。治所在今江蘇揚州市。

〔3〕竟：底本原缺，據汲古閣本、殿本、庫本、中華本及《北史·王令言傳》補。

史臣曰：陰陽卜祝之事，聖人之教在焉，雖不可以專行，亦不可得而廢也。人能弘道，則博利時俗，行非其義，則咎悔及身，故昔之君子所以戒乎妄作。今韋、來之骨法氣色，庾、張之推步盈虚，雖落下、高堂、許負、朱建，[1]不能尚也。伯醜龜策，近知鬼神之情，耿詢渾儀，不差辰象之度，寶常聲律，動應宫商之和，雖不足遠擬古人，皆一時之妙也。許氏之運鍼石，世載可稱，蕭吉之言陰陽，近於誣誕矣。

[1]落下：此指西漢天文學家落下閎。　高堂：此指三國曹魏太史令高堂隆。　許負：人名。此指漢代善相老嫗。　朱建：此當指三國魏時相士朱建平。傳見《三國志》卷二九。

隋書 卷七九

列傳第四十四

外戚

　　歷觀前代外戚之家，乘母后之權以取高位厚秩者多矣，然而鮮有克終之美，必罹顛覆之患，何哉？皆由乎無德而尊，不知紀極，忽於滿盈之戒，罔念高危之咎，故鬼瞰其室，憂必及之。夫其誠著艱難，功宣社稷，不以謙沖自牧，未免顛蹶之禍，而況道不足以濟時，仁不足以利物，自矜於己，以富貴驕人者乎？此呂、霍、上官、閻、梁、竇、鄧所以繼踵而亡滅者也。[1]

　　[1]呂：指漢高祖呂皇后外戚。　霍：指漢宣帝霍皇后外戚。上官：指漢昭帝上官皇后外戚。　閻：指東漢安帝閻皇后外戚。梁：指東漢順帝梁皇后外戚。　竇：指東漢桓帝竇皇后外戚。鄧：指東漢桓帝鄧皇后外戚。

　　昔文皇潛躍之際，[1]獻后便相推轂，[2]煬帝大橫方兆，[3]蕭妃密勿經綸，[4]是以恩禮綢繆，始終不易。然內外親戚，莫預朝權，昆弟在位，亦無殊寵。至於居擅玉堂，家稱金穴，[5]暉光戚里，熏灼四方，將三司以比儀，[6]命五侯而同拜者，[7]終始一代，寂無聞焉。考之前王，可謂矯其弊矣。故雖時經擾攘，無有陷於不義，市朝遷貿，而皆得以保全。比夫憑藉寵私，階緣恩澤，乘其非據，旋就顛隕者，豈可同日而言哉！此所謂愛之以禮，能改覆車。輒敘其事，爲《外戚傳》云。

[1]文皇：隋文帝楊堅。紀見本書卷一、二，《北史》卷一一。

[2]獻后：隋文帝文獻皇后，名獨孤伽羅。傳見本書卷三六、《北史》卷一四。

[3]煬帝：隋煬帝楊廣。紀見本書卷三、四，《北史》卷一二。

[4]蕭妃：隋煬帝蕭皇后。傳見本書卷三六、《北史》卷一四。

[5]穴：底本、汲古閣本、殿本、庫本作“宂”。中華本及《北史》卷八〇《外戚傳》作“穴”。按，“宂”爲“冗”古字，無“金冗”一說。金穴，意指豪富之家，與本文意相同。今據改。

[6]三司：三公，古代中央三種最高官銜合稱。

[7]五侯：指公、侯、伯、子、男五種爵名。

高祖外家呂氏

高祖外家呂氏，其族蓋微，平齊之後，[1]求訪不知所在。至開皇初，[2]濟南郡上言，[3]有男子呂永吉，[4]自稱有姑字苦桃，爲楊忠妻。[5]勘驗知是舅子，始追贈外祖雙周爲上柱國、太尉、八州諸軍事、青州刺史，[6]封齊郡公，[7]謚曰敬，[8]外祖母姚氏爲齊敬公夫人。詔並改葬，於齊州立廟，[9]置守冢十家。以永吉襲爵，留在京師。大業中，[10]授上黨郡太守，[11]性識庸劣，職務不理。後去官，不知所終。

[1]齊：即北齊（550—577），或稱高齊，都鄴（今河北臨漳縣西南鄴鎮東）。

[2]開皇：隋文帝楊堅年號（581—600）。按，據《呂道貴墓誌》（載王其禕、周曉薇《隋代墓誌銘彙考》一一六，綫裝書局2007年版）"宣政二年，蒙補濟南郡太守"，則濟南郡上言應在北周末期。

[3]濟南郡：治所在今山東濟南市。

[4]呂永吉：人名。事亦見《北史》卷八〇《隋文帝外家呂氏傳》。

[5]忠：底本原缺，殿本、庫本作"諱"。中華本作"忠"，其校勘記云："'忠'原爲空格，各本多作'諱'，今補'忠'字。"今據補。

[6]雙周：人名。即呂雙周。事亦見《北史·隋文帝外家呂氏傳》。　上柱國：官名。贈官。從一品。　太尉：官名。三公之一。正一品。此爲贈官。　青州：治所在今山東青州市。

[7]齊郡公：爵名。隋九等爵的第四等。從一品。

[8]謚：上古有號無謚，周初始制謚法，秦始皇廢不用，自漢初恢復。帝王、貴族、大臣死後，據其生前事迹依謚法給予稱號。

[9]齊州：治所在今山東濟南市。

[10]大業：隋煬帝楊廣年號（605—618）。

[11]上黨郡：治所在今山西黎城縣南。

永吉從父道貴，[1]性尤頑騃，言詞鄙陋。初自鄉里徵入長安，[2]上見之悲泣。道貴略無戚容，但連呼高祖名，云：「種末定不可偷，大似苦桃姊。」是後數犯忌諱，動致違忤，上甚耻之。乃命高熲厚加供給，[3]不許接對朝士。拜上儀同三司，[4]出爲濟南太守，令即之任，斷其入朝。道貴還至本郡，高自崇重，每與人言，自稱皇舅。數將儀衛出入閭里，從故人游宴，官民咸苦之。後郡廢，終於家，子孫無聞焉。

[1]道貴：人名。即呂道貴。生平見《呂道貴墓誌》。

[2]長安：此指隋文帝所建的大興城，又稱「西京」。在今陝西西安市及其南郊。

[3]高熲：人名。傳見本書卷四一、《北史》卷七二。

[4]上儀同三司：據《呂道貴墓誌》，開皇四年加儀同三司，墓誌標題亦爲「儀同三司濟南郡守呂道貴墓銘」，則所任授爲「儀同三司」。隋文帝因改北周十一等勳官之制形成十一等散實官，用以酬勤勞，無實際職掌。儀同三司是第八等，可開府置僚佐。正五品上。

獨孤羅　弟陁

獨孤羅，[1]字羅仁，雲中人也。[2]父信，[3]初仕魏爲荆州刺史。[4]武帝之入關也，[5]信棄父母妻子西歸長安，歷職顯貴，羅由是遂爲高氏所因。[6]信後仕周爲大司馬。[7]及信爲宇文護所誅，[8]羅始見釋，寓居中山，孤貧無以自給。齊將獨孤永業以宗族之故，[9]見而哀之，爲買田宅，遺以資畜。初，信入關之後，復娶二妻，郭氏生子六人，善、穆、藏、順、陁、整，^[10]崔氏生獻皇后。及齊亡，高祖爲定州總管，^[11]獻皇后遣人尋羅，得之，相見悲不自勝，侍御者皆泣。於是厚遺車馬財物。未幾，周武帝以羅功臣子，久淪異域，徵拜楚安郡太守。^[12]以疾去官，歸于京師。^[13]諸弟見羅少長貧賤，每輕侮之，不以兄禮事也。然性長者，亦不與諸弟校競長短，后由是重之。

［1］獨孤羅：人名。《北史》卷六一有附傳。生平亦可見《獨孤羅墓誌》（載王其禕、周曉薇《隋代墓誌銘彙考》一七六）。

［2］雲中：郡名。漢初治所在今内蒙古托克托縣東北，漢末移治今山西原平市西南。按，此處因言杜氏郡望，故沿用漢郡名，隋時無雲中郡。

［3］信：人名。即獨孤信。北周八柱國之一。傳見《周書》卷一六、《北史》卷六一。

［4］魏：即北魏（386—557），亦稱後魏。初都平城（今山西大同市東北），公元494年遷都洛陽（今河南洛陽市東北白馬寺東）。公元534年分裂爲東魏和西魏兩個政權。東魏（534—550）都於鄴（今河北臨漳縣西南鄴鎮東），西魏（535—557）都於長安（今陝西西安市西北郊）。　荆州：北魏有二荆州，一俗稱西荆州，初治上洛縣（今陝西商洛市），太和中移治儴縣（今河南鄧州市）；二是太和十八年（494）置，治山北縣（今河南魯山縣東）。檢《周書·獨孤信傳》任荆州刺史在建明（530—531）以後，故此荆州爲前者。

［5］武帝：即魏孝武帝元脩，永熙三年（534）率衆入關投奔宇文泰。紀見《魏書》卷一一、《北史》卷五。

［6］高氏：此指東魏權臣高歡。

［7］周：即北周（557—581），都長安（今陝西西安市西北）。

　　大司馬：官名。此是北周大司馬卿的簡稱。西魏恭帝三年（556）仿《周禮》建六官，置大司馬卿爲夏官府最高長官。掌邦政，征伐敵國及四時治兵講武皆由其主持，大祭祀則掌宿衛，廟社則奉羊牲。北周正七命。

　　[8]宇文護：人名。西魏權臣宇文泰之侄。北周建立，宇文護專政。傳見《周書》卷一一，《北史》卷五七有附傳。

　　[9]獨孤永業：人名。北齊將領，封臨川王，後降北周。傳見《北齊書》卷四一、《北史》卷五三。

　　[10]善：人名。即獨孤善。周文帝時因獨孤信軍功封魏寧縣公，周武帝時任龍州刺史，隋時官至柱國。　穆：人名。即獨孤穆。周文帝時因獨孤信軍功封必要縣侯。　藏：人名。即獨孤藏。周文帝時因獨孤信軍功封義寧縣侯。　順：人名。即獨孤順。周文帝時因獨孤信軍功封武成縣侯。　陁：人名。即獨孤陁。本卷、《北史》卷六一有附傳。按，陁，底本原作“陀”，汲古閣本、中華本作“陁”，殿本、庫本二者並用，《北史》卷六一《獨孤陁傳》作“陁”。本卷統一作“陁”。　整：人名。即獨孤整。事見本卷及《北史·獨孤陁傳》。

　　[11]定州：治所在今河北定州市。　總管：官名。東魏孝敬帝武定六年（548）始置。西魏也置。北周明帝武成元年（559）正式改都督諸州軍事爲總管，總管之設乃成定制。北周之制，總管加使持節諸軍事。總管或單任，然多兼帶刺史。故總管職權雖以軍事爲主，實際是一地區若干州、防（鎮）的最高軍政長官。

　　[12]楚安郡：西魏所置廣安郡，避楊廣諱改。治所在今甘肅漳縣西南。

　　[13]京師：此指北周都城長安。

　　及高祖爲丞相，[1]拜儀同，[2]常置左右。既受禪，下詔追贈羅父信官爵曰：“襃德累行，往代通規，追遠慎終，前王盛典。故柱國信，[3] 風宇高曠，獨秀生民，睿哲居宗，清獻映世。[4] 宏謀長策，道著於弼諧，緯義經仁，事深於拯濟。方當宣風廊廟，亮采台階，而運屬艱危，功高弗賞，眷言令範，事切於心。今景運初開，椒闈肅建，載懷塗山之義，無忘褒、紀之典。可贈太師、上柱國、冀定等十州刺史、趙國公，[5] 邑萬戶。"[6] 其諸弟以羅母沒齊，先無夫人之號，不當承襲。上以問后，后曰："羅誠嫡長，不可誣也。"於是襲爵趙國公。以其弟善爲河內郡公，[7] 穆爲金泉縣公，[8] 藏爲武平縣公，陁爲武喜縣公，整爲千牛備身。[9] 擢拜羅爲左領左右將軍，[10] 尋遷左衛將軍，[11] 前後賞賜不可勝計。久而出爲涼州總管，[12] 進位上柱國。仁壽中，[13] 徵拜左武衛大將軍。[14] 煬帝嗣位，改封蜀國公。未幾，卒官，諡曰恭。[15]

[1] 丞相：官名。此爲"左大丞相"或"大丞相"簡稱。北周靜帝大象二年（580）置左、右大丞相，以宗室親王宇文贊爲右大丞相，但僅有虛名；以外戚楊堅爲左大丞相，總攬朝政。旋又去左右之號，獨以楊堅爲大丞相。實爲控制北周朝廷的權臣。

[2] 儀同：官名。據《獨孤羅墓誌》全稱是"儀同大將軍"。周武帝建德四年改"儀同三司"爲"儀同大將軍"，用以酬勤勞，無實際職權，可開府置官屬。九命。

[3] 柱國：官名。全稱爲柱國大將軍。北魏太武帝置，以爲開國元勳長孫嵩的加官。孝莊帝因尒朱榮有擁立之功，特置以授之，位在丞相上。西魏文帝以宇文泰有中興之功，又置此官授之。後凡屬功參佐命、望實俱重的，也得居之。自大統十六年（550）以前任此官的名義上有八人。北周武帝增置上柱國等官，並以上柱國大

將軍爲勳官之首。柱國大將軍次之，正九命。

[4]獻：中華本同，汲古閣本、殿本、庫本及《周書》卷一六《獨孤信傳》作"猷"，中華書局新修訂本改作"猷"並出校勘記。

[5]太師：官名。贈官。正一品。　上柱國：官名。隋文帝因改北周十一等勳官之制形成十一等散實官，用以酬勤勞，無實際職掌。柱國爲第二等，可開府置僚佐。從一品。　冀：州名。治所在今河北冀州市。　定：州名。治所在今河北定州市。　趙國公：爵名。隋九等爵的第三等。從一品。

[6]邑：也稱食邑、封邑。是古代君王封賜給有爵位之人的一種食禄制度，受封者可徵收封地内的民户租稅充作食禄。魏晋以後，食邑分爲虛封和實封兩類：虛封一般僅冠以"邑"或"食邑"之名，這祇是一種榮譽性加衔，受封者並不能獲得實際的食禄收入；而實封一般須冠以"真食""食實封"等名，受封者可真正獲得食禄收入。

[7]郡公：爵名。隋九等爵的第三等。從一品。

[8]縣公：爵名。隋九等爵的第五等。從一品。

[9]千牛備身：官名。隋初於左右領左右府置千牛備身十二人，掌供御弓箭，執千牛御刀侍衛皇帝左右，正六品下。煬帝大業三年改左右領左右府爲左右備身府，千牛備身則改名爲千牛左右，其職掌未變，員額增至十六人。正六品。

[10]左領左右將軍：官名。隋中央十二衛有左右領左右府，各置將軍二人，掌侍衛左右，供御備仗。從三品。

[11]左衛將軍：官名。隋文帝設左、右衛，掌宫掖禁禦，督攝仗衛。左衛將軍爲左衛屬官。從三品。

[12]凉州：治所在今甘肅武威市。按，汲古閣本、中華本同底本，殿本、庫本作"梁州"。檢本書《高祖紀》開皇十七年五月亦遣獨孤羅爲凉州總管。殿本、庫本誤。

[13]仁壽：隋文帝楊堅年號（601—604）。

[14]左武衛大將軍：官名。隋文帝設左武衛，置左武衛大將軍

一人爲其首，掌領外軍宿衛宮禁。正三品。

[15]卒官：據《獨孤羅墓誌》，其卒於開皇十九年二月六日，仁壽之前已去世。　謚曰恭：據《獨孤羅墓誌》謚曰“德”。

　　子纂嗣，仕至河陽郡尉。[1]纂弟武都，[2]大業末，亦爲河陽郡尉。[3]庶長子開遠，[4]宇文化及之弒逆也，[5]裴虔通率賊入成象殿，[6]宿衛兵士皆從逆，開遠時爲千牛，[7]與獨孤盛力戰於閣下，[8]爲賊所執，賊義而捨之。

　　[1]河陽：地名。在今河南孟州市西南。　郡尉：官名。按，汲古閣本、殿本、庫本、中華本皆同，《北史》卷六一《獨孤羅傳》作“都尉”。《通鑑》卷一八四《隋紀》義寧元年九月胡三省注云：“河陽非郡也。隋制，舊有兵處，州刺史帶諸軍事以統之。煬帝罷州置郡，別置都尉領兵，與郡不相知。‘郡尉’當作‘都尉’。”此説是，故此當作“都尉”。都尉，官名。大業三年，煬帝罷州置郡，郡置太守。並於諸郡別置都尉，正四品；副都尉，正五品。專掌軍事，與郡太守互不統轄。

　　[2]武都：人名。即獨孤武都。義寧二年（618）正月降於李密，後降王世充，因謀叛歸唐，爲王世充所殺。事亦見《北史·獨孤羅傳》。

　　[3]郡尉：汲古閣本、殿本、庫本、中華本，及本書卷五、《北史》卷一二《恭帝紀》皆同。然《北史》卷六一作“都尉”。“都尉”考據見前。

　　[4]開遠：人名。即獨孤開遠。隋煬帝時授朝散大夫、左千牛，入唐貞觀十四年授左衛將軍。其生平可見《獨孤開遠墓誌》（載孫蘭風、胡海帆主編《隋唐五代墓誌匯編》陝西卷第一冊，天津古籍出版社1992年版，第12頁）。

　　[5]宇文化及：人名。傳見本書卷八五，《北史》卷七九有

附傳。

〔6〕裴虔通：人名。傳見本書卷八五，《北史》卷七九有附傳。
成象殿：江都宮中的宮殿名。

〔7〕千牛：官名。千牛左右，注見上文"千牛備身"條。

〔8〕獨孤盛：人名。傳見本書卷七一，《北史》卷七三有附傳。

善後官至柱國卒。子覽嗣，[1]仕至左候衛將軍，[2]大業末卒。

〔1〕覽：人名。即獨孤覽。隋時官至左候衛將軍，其他事迹不詳。

〔2〕左候衛將軍：官名。隋文帝時設左右武候，置大將軍各一人爲長官。掌皇帝車駕出，先驅後殿，晝夜巡察，執捕奸非，烽候道路等；巡狩時則掌營禁。煬帝大業三年改左右武候名左右候衛，爲十二衛之一。左候衛將軍是左候衛大將軍的副貳。從三品。

獨孤陁，字黎邪。仕周胥附上士，[1]坐父徙蜀郡十餘年。宇文護被誅，始歸長安。高祖受禪，拜上開府、右領左右將軍。[2]久之，出爲鄲州刺史，[3]進位上大將軍，[4]累轉延州刺史。[5]

〔1〕胥附上士：官名。執掌不詳。北周正三命。（參見王仲犖《北周六典》卷七《六官餘録第十三》，中華書局1979年版，第512頁）

〔2〕上開府：官名。全稱是上開府儀同三司。隋文帝因改北周十一等勳官之制形成十一等散實官，用以酬勤勞，無實際職掌。上開府爲第五等，可開府置僚佐。從三品。　右領左右將軍：官名。

隋中央十二衛有左右領左右府，各置將軍二人，掌侍衛左右，供御備仗。從三品。

　　[3]郢州：治所在今湖北武漢市。

　　[4]上大將軍：官名。隋文帝因改北周十一等勳官之制形成十一等散實官，用以酬勤勞，無實際職掌。上大將軍是第三等，可開府置僚佐。從二品。

　　[5]延州：治所在今陝西延安市東北。

　　好左道。其妻母先事貓鬼，[1]因轉入其家。上微聞而不之信也。會獻皇后及楊素妻鄭氏俱有疾，[2]召醫者視之，皆曰：“此貓鬼疾也。”上以陁后之異母弟，陁妻楊素之異母妹，由是意陁所爲，陰令其兄穆以情喻之。上又避左右諷陁，陁言無有。上不悦，左轉遷州刺史。[3]出怨言。上令左僕射高熲、納言蘇威、大理正皇甫孝緒、大理丞楊遠等雜治之。[4]陁婢徐阿尼言，[5]本從陁母家來，常事貓鬼。每以子日夜祀之。言子者鼠也。其貓鬼每殺人者，所死家財物潛移於畜貓鬼家。陁嘗從家中索酒，其妻曰：“無錢可酤。”陁因謂阿尼曰：“可令貓鬼向越公家，[6]使我足錢也。”阿尼便呪之歸。數日，貓鬼向素家。十一年，[7]上初從并州還，[8]陁於園中謂阿尼曰：“可令貓鬼向皇后所，使多賜吾物。”阿尼復呪之，遂入宮中。楊遠乃於門下外省遣阿尼呼貓鬼。[9]阿尼於是夜中置香粥一盆，以匙扣而呼之曰：“貓女可來，無住宮中。”久之，阿尼色正青，若被牽曳者，云貓鬼已至。上以其事下公卿，奇章公牛弘曰：[10]“妖由人興，殺其人可以絶矣。”上令以犢車載陁夫妻，將賜死於其家。陁弟司勳侍中整詣闕求哀，[11]於是免陁死，除名爲民，以其妻楊氏爲尼。先是，有人訟其母爲人猫鬼所殺者，上以爲妖妄，怒而遣之。及此，詔誅被訟行猫鬼家。陁未幾而卒。

[1]妻母：中華本校勘記云："《北史·獨孤陁傳》作'其外祖母高氏'。"中華書局新修訂本校勘記補充云："《御覽》卷七三五《方術部一六·厭蠱》引《隋書》、《册府》卷九二一《總録部·妖妄》、《通志》卷一六五《外戚·獨孤羅傳附獨孤陁傳》作'外祖母高氏'。"

[2]楊素：人名。傳見本書卷四八，《北史》卷四一有附傳。

鄭氏：楊素妻鄭祁耶，生平見《大隋越國夫人鄭（祁耶）氏墓誌》（孫蘭風、胡海帆主編《隋唐五代墓誌匯編》陝西卷第三册，第6頁）。

[3]遷州：治所在今湖北房縣。

[4]左僕射：官名。隋尚書省置左、右僕射各一人，地位僅次於尚書令。由於隋尚書令不常置，僕射成爲尚書省實際長官，是宰相之職。從二品。　納言：官名。門下省長官，職掌封駁制敕，並參與軍國大政決策等，居宰相之職。置二員，正三品。　蘇威：人名。傳見本書卷四一，《北史》卷六三有附傳。　大理正：官名。掌參議刑獄，評議科條，通判大理寺事務。正六品。　皇甫孝緒：人名。隋文帝時任大理正，其他事迹不詳。　大理丞：官名。大理寺屬官，隋初置二人，僅掌寺務。煬帝改爲勾檢官，置六人，始分判獄事，據罪情以定刑之輕重。正七品下。　楊遠：人名。隋文帝時爲大理丞，能承順帝旨。事略見本書《刑法志》。

[5]徐阿尼：人名。事迹不詳。

[6]越公：此指楊素。

[7]十一年：檢本書卷二《高祖紀下》及《北史》卷一一《隋

文帝紀》開皇十年"二月庚申，幸并州。夏四月辛酉，至自并州"，十一年無幸并州記載。此"十一年"恐爲"十年"之誤。

[8]并州：治所在今山西太原市西南古城營。

[9]門下外省：官署名。北魏置，爲門下省設在宮外的衙署，被廢之帝、王多死於此。隋朝建立的禁省制度，在禁中設立已經屬於外廷的中書、門下兩省的內省。於是，中書、門下都有了內省、外省之分，兩省官員具有了內外朝官的雙重身份。

[10]奇章公：爵名。全稱爲奇章郡公。隋九等爵的第四等。牛弘：人名。傳見本書卷四九、《北史》卷七二。

[11]司勳侍中：《通鑑》卷一七八《隋紀》開皇十八年二月條載："陁弟司勳侍郎整詣闕求哀。"胡三省注云："司勳侍郎屬吏部尚書。"檢本書《百官志》隋代無"司勳侍中"。此誤，當爲"司勳侍郎"。司勳侍郎，官名。隋文帝置，煬帝改爲司勳郎，掌校訂勳績及授予勳官告身等事。從五品上。

煬帝即位，追念舅氏，聽以禮葬，乃下詔曰："外氏衰禍，獨孤陁不幸早世，遷卜有期。言念渭陽之情，[1]追懷傷切，宜加禮命，允備哀榮。可贈正議大夫。"[2]帝意猶不已，復下詔曰："舅氏之尊，戚屬斯重，而降年弗永，凋落相繼。緬惟先往，宜崇徽秩。復贈銀青光禄大夫。"[3]有二子：延福、延壽。[4]

[1]渭陽之情：典出《詩·秦風·渭陽》："送我舅氏，曰至渭陽。"後以"渭陽"表舅甥之情誼。

[2]正議大夫：官名。贈官。正四品。

[3]銀青光禄大夫：官名。贈官。隋初爲正三品，煬帝大業三年降爲從三品。

[4]延福：人名。即獨孤延福。事迹不詳。 延壽：人名。即

獨孤延壽。事迹不詳。

陁弟整，官至幽州刺史，[1]大業初卒，贈金紫光禄大夫、平鄉侯。[2]

[1]幽州：治所在今北京城西南。

[2]金紫光禄大夫：官名。贈官。隋初爲從二品，煬帝大業三年降爲正三品。

蕭巋

蕭巋，[1]字仁遠，梁昭明太子統之孫也。[2]父詧，[3]初封岳陽王，[4]鎮襄陽。[5]侯景之亂，[6]其兄河東王譽與其叔父湘東王繹不協，[7]爲繹所害。及繹嗣立，詧稱藩于西魏，乞師請討繹。周太祖以詧爲梁主，[8]遣柱國于謹等率騎五萬襲繹，[9]滅之。詧遂都江陵，[10]有荆郡、其西平州，[11]延袤三百里之地，稱皇帝於其國，車服節文一同王者。仍置江陵總管，以兵戍之。詧薨，巋嗣位，年號天保。[12]巋俊辯有才學，兼好内典。周武帝平齊之後，巋來賀，帝享之甚歡。親彈琵琶，令巋起舞，巋曰："陛下親御五絃，臣敢不同百獸！"[13]

[1]蕭巋：人名。《周書》卷四八有附傳。

[2]昭明太子統：南朝梁武帝蕭衍長子蕭統，謚號"昭明"。傳見《梁書》卷八、《南史》卷五三。

[3]詧：人名。即蕭詧。南朝後梁國（555—587）的第一代君

主，都於江陵（今湖北荆州市），臣屬西魏、北周，受封爲梁王。傳見《周書》卷四八、《北史》卷九三。

[4]岳陽王：爵名。南朝梁十五等爵的第一等。第十八班。

[5]襄陽：郡名。治所在今湖北襄樊市襄陽區。

[6]侯景之亂：南朝梁武帝末年東魏降將侯景發動的一場叛亂，歷時五年（548—552）。侯景，人名。傳見《梁書》卷五六、《南史》卷八〇。

[7]河東王譽：南朝梁河東王蕭譽。傳見《梁書》卷五五，《南史》卷五三有附傳。 湘東王：爵名。南朝梁元帝蕭繹稱帝之前的封爵名，全稱是湘東郡王。爲梁十五等爵的第一等。 繹：人名。即梁元帝蕭繹。紀見《梁書》卷五、《南史》卷八。

[8]周太祖：北周太祖宇文泰。紀見《周書》卷一、《北史》卷九。

[9]于謹：人名。北周武帝時官居太傅，爵封燕國公，爲北周八柱國之一。傳見《周書》卷一五，《北史》卷二三有附傳。

[10]江陵：地名。梁元帝在此即位稱帝，後爲梁都城。治所在今湖北荆州市。

[11]荆郡：《通鑑》卷一六五《梁紀》承聖三年十二月載："魏立梁王譽爲梁主，資以荆州之地，延袤三百里。"又《周書·蕭譽傳》載："及江陵平，太祖立譽爲梁主，居江陵東城，資以江陵一州之地。"檢本書《地理志》《通典·州郡典》南北朝時無荆郡之設，此當爲"荆州"之誤。 平州：北周置，治所在今湖北當陽市。

[12]天保：南朝後梁明帝蕭巋年號（562—585）。

[13]陛下親御五絃，臣敢不同百獸：比喻音樂和諧之音感動百獸相率起舞。典出《尚書·舜典》：夔擊石爲樂，百獸率舞。又漢時桓寬《鹽鐵論·相刺》載："師曠鼓琴，百獸率舞。"

高祖受禪，恩禮彌厚，遣使賜金五百兩，銀千兩，布帛萬匹，馬五百匹。巋來朝，上甚敬焉，詔巋位在王公之上。巋被服端麗，進退閑雅，天子矚目，百僚傾慕。賞賜以億計。月餘歸藩，帝親餞於滻水之上。[1]後備禮納其女爲晉王妃，[2]又欲以其子瑒尚蘭陵公主。[3]由是漸見親待。獻皇后言於上曰：“梁主通家，腹心所寄，何勞猜防也。”上然之，於是罷江陵總管，巋專制其國。歲餘，巋又來朝，賜縑萬匹，珍玩稱是。及還，上親執手曰：“梁主久滯荊楚，未復舊都，故鄉之念，良軫懷抱。朕當振旅長江，相送旋反耳。”巋拜謝而去。其年五月，寢疾，臨終上表曰：“臣以庸暗，曲荷天慈，寵冠外藩，恩逾連山，爰及子女，尚主婚王。每願躬擐甲胄，身先士卒，掃蕩逋寇，上報明時。而攝生乖舛，遘罹痼疾，屬纊在辰，[4]顧陰待謝。長違聖世，感戀嗚咽，遺嗣孤藐，特乞降慈。伏願聖躬與山岳同固，皇基等天日俱永，臣雖九泉，實無遺恨。”并獻所服金裝劍，上覽而嗟悼焉。巋在位二十三年，年四十四薨，梁之臣子諡曰孝明皇帝，廟號世宗。子琮嗣。巋著《孝經》《周易義記》及《大小乘幽微》十四卷，行於世。

[1]滻水：一作“產水”，今陝西灞河支流滻河。

[2]晉王妃：隋煬帝楊廣蕭皇后，時楊廣爲晉王。傳見本書卷三六、《北史》卷一四。

[3]瑒：人名。即蕭瑒。梁明帝蕭巋之子，隋煬帝蕭皇后之弟，其墓誌出土於洛陽（參見李春敏《隋蕭瑒墓誌考》，《考古與文物》1996年第1期）。　蘭陵公主：隋文帝楊堅第五女。傳見本書卷八

〇、《北史》卷九一。

　　[4]屬纊：臨終。

　　琮，字溫文，性寬仁，有大度，倜儻不羈，博學有文義。兼善弓馬，遣人伏地著帖，[1]琮馳馬射之，十發十中，持帖者亦不懼。初封東陽王，尋立爲梁太子。及嗣位，上賜璽書曰：“負荷堂構，其事甚重，雖窮憂勞，常須自力。輯諧内外，親任才良，聿遵世業，是所望也。彼之疆守，咫尺陳人，水潦之時，特宜警備。陳氏比日雖復朝聘相尋，疆場之間猶未清肅，唯當恃我必不可干，勿得輕人而不設備。朕與梁國，積世相知，重以親姻，情義彌厚。江陵之地，朝寄非輕，爲國爲民，深宜抑割，恒加饘粥，以禮自存。”又賜梁之大臣璽書，誠勉之。時琮年號廣運，[2]有識者曰：“運之爲字，軍走也，吾君將奔走乎？”

　　[1]帖：底本原缺，據汲古閣本、殿本、庫本、中華本補。
　　[2]廣運：南朝後梁莒公蕭琮年號（586—587）。

　　其年，琮遣大將軍戚昕以舟師襲陳公安，[1]不克而還。徵琮叔父岑入朝，[2]拜爲大將軍，[3]封懷義公，因留不遣。復置江陵總管以監之。琮所署大將軍許世武密以城召陳將宜黄侯陳紀，[4]謀洩，琮誅之。後二歲，上徵琮入朝，率其臣下二百餘人朝于京師，江陵父老莫不隕涕相謂曰：“吾君其不反矣！”上以琮來朝，遣武鄉公崔弘度將兵戍之。[5]軍至郢州，[6]琮叔父巖及弟瓛等懼弘度掩襲之，^[7]遂引陳人至城下，虜居民而叛，於是廢梁國。上遣左僕射高熲安集之，曲赦江陵死罪，^[8]給民復十年。梁二主各給守墓十戶。拜琮爲柱國，賜爵莒國公。

[1]大將軍：此爲領軍將領的通稱。　戚昕：人名。此爲南朝後梁大將，具體事迹不詳。按，《通鑑》卷一七六《陳紀》長城公禎明二年條載，隋開皇八年十二月大舉伐陳時，陳將有名"戚昕"者，不知是否即此人。　公安：縣名。治所在今湖北公安縣西。

[2]岑：人名。即蕭岑。蕭詧第八子，蕭琮即位因望高又不法，被隋文帝徵入朝。《周書》卷四八有附傳。

[3]大將軍：官名。隋文帝因改北周十一等勳官之制形成十一等散實官，用以酬勤勞，無實際職掌。大將軍爲第四等，可開府置僚佐。正三品。

[4]許世武：人名。南朝後梁大將，蕭巋八年曾與陳將章昭達作戰，其他事迹不詳。　宜黃侯：爵名。陳十二等爵的第六等。陳紀：人名。出身陳宗室，爵封宜黃縣侯，南陳末年官任荊州刺史，奉命鎮守長江上游要地公安，隋開皇九年正月楊素擊破呂仲肅後，懼而退逃。傳見《陳書》卷一五、《南史》卷六五。據《通鑑》卷一七六《陳紀》至德四年十月條載："梁大將軍許世武密以城召荊州刺史宜黃侯慧紀……慧紀，高祖之從孫也。"又《通鑑》卷一七四《陳紀》太建十二年八月條胡三省注："陳紀，即陳慧紀。"若此"陳紀"即"陳慧紀"。

[5]武鄉公：爵名。全稱爲武鄉郡公。隋九等爵的第四等。從一品。　崔弘度：人名。傳見本書卷七四，《北史》卷三二有附傳。

[6]郢州：治所在今湖北荊門市西北。

[7]巖：人名。即蕭巖。南朝後梁皇帝蕭琮的叔父。《周書》卷四八、《北史》卷九三有附傳。　瓛：人名。《周書》卷四八有附傳。

[8]曲赦：猶特赦。不普赦天下，而獨赦江陵，故曰曲赦。

　　煬帝嗣位，以皇后之故，甚見親重。拜内史令，[1]改封梁公。[2]琮之宗族，緦麻以上，並隨才擢用，於是諸蕭昆弟布列朝廷。琮性澹雅，不以職務自嬰，退朝縱酒而已。内史令楊約與琮同列，[3]帝令約宣旨誡勵，約復以私情喻之。琮答曰：“琮若復事事，則何異於公哉！”約笑而退。約兄素，時爲尚書令，[4]見琮嫁從父妹於鉗耳氏，[5]因謂琮曰：“公，帝王之族，望高戚美，何乃適妹鉗耳氏乎？”琮曰：“前已嫁妹於侯莫陳氏，[6]此復何疑！”素曰：“鉗耳，羌也，侯莫陳，虜也，何得相比！”素意以虜優羌劣。琮曰：“以羌異虜，未之前聞。”素慚而止。琮雖羈旅，見北間豪貴，無所降下。嘗與賀若弼深相友善，[7]弼既被誅，復有童謠曰：“蕭蕭亦復起。”帝由是忌之，遂廢於家，未幾而卒。贈左光禄大夫。[8]子鉉，[9]襄城通守。[10]復以琮弟子鉅爲梁公。

　　[1]内史令：官名。内史省長官，掌皇帝詔令出納宣行，居宰相之職。隋初内史省置監、令各一人，尋廢監，置令二人。正三品。

　　[2]梁公：爵名。全稱爲梁國公。隋九等爵的第三等。

　　[3]楊約：人名。本書卷四八、《北史》卷四一有附傳。

　　[4]尚書令：官名。尚書省長官，爲宰相之職。置一員，正二品。但隋因其位高權重，不常置。

　　[5]鉗耳：古代關西複姓。

　　[6]侯莫陳氏：北朝時期鮮卑族姓之一，後改爲陳氏。

　　[7]賀若弼：人名。傳見本書卷五二，《北史》卷六八有附傳。

[8]左光禄大夫：官名。贈官。隋文帝時左、右光禄大夫皆正二品；煬帝大業三年定令，“左”爲正二品，“右”爲從二品。

[9]鉉：人名。即蕭鉉。隋煬帝時爲襄城通守，其他事迹不詳。

[10]襄城：郡名。治所在今河南襄城縣。 通守：官名。煬帝於郡守下置通守一人，地位僅次於郡守，協掌本郡政務。品秩不詳。

鉅小名藏，煬帝甚昵之，以爲千牛，與宇文晶出入宮掖，[1]伺察内外。帝每有游宴，鉅未嘗不從焉，遂於宮中多行淫穢。江都之變，[2]爲宇文化及所殺。

[1]宇文晶：人名。隋初大將宇文慶之孫。事見本書卷五〇《宇文慶傳》。

[2]江都之變：大業十四年三月，禁軍將領宇文化及等於江都（今江蘇揚州市）發動兵變，縊殺隋煬帝。

瓛字欽文，少聰敏，解屬文。[1]在梁爲荆州刺史，頗有能名。崔弘度以兵至都州，瓛懼，與其叔父巖奔于陳。陳主以爲侍中、安東將軍、吳州刺史，[2]甚得物情，三吳父老皆曰：“吾君子也。”及陳亡，吳人推瓛爲主。吳人見梁武、簡文及誓、歸等兄弟並第三而踐尊位，[3]瓛自以歸之第三子也，深自矜負。有謝異者，[4]頗知廢興，梁、陳之際，言無不驗，江南人甚敬信之。[5]及陳主被擒，異奔於瓛，由是益爲衆所歸。褒國公宇文述以兵討之，[6]瓛遣王哀守吳州，[7]自將拒述。述遣兵別道襲吳州，哀懼，衣道士服，棄城而遁。瓛衆聞之，悉無鬭志，與述一戰而敗。瓛將左右數人逃于太湖，匿於民家，爲人所執，送於述所，斬之長安，時年二十一。

[1]屬（zhǔ）文：撰著文辭。

[2]陳主：此指陳後主陳叔寶。紀見《陳書》卷六、《南史》卷一〇。　侍中：官名。門下省官員，掌機要，儼如宰輔。南朝陳第三品。　安東將軍：官名。屬武官。南朝陳擬三品。　吳州：南朝陳時治所在今江蘇蘇州市。

[3]梁武：指南朝梁武帝蕭衍。紀見《梁書》卷一至三，《南史》卷六、七。　簡文：指南朝梁簡文帝蕭綱。紀見《梁書》卷四、《南史》卷八。

[4]謝異：人名。南朝陳術士。事迹不詳。

[5]江南：地區名。泛指長江以南地區。

[6]宇文述：人名。傳見本書卷六一、《北史》卷七九。

[7]王袞：人名。南朝陳大將。事迹不詳。《通鑑》卷一七七《隋紀》開皇九年二月條作“王褒”。

弟璟，爲朝請大夫、尚衣奉御。[1]瑒，歷衛尉卿、秘書監、陶丘侯。[2]瑀，歷內史侍郎、河池太守。[3]

[1]朝請大夫：官名。屬散官，隋煬帝大業三年置。正五品。尚衣奉御：官名。隋初設御府局，煬帝改爲尚衣局，設奉御二人，掌供皇帝冕服及朝會設案等。正五品。

[2]衛尉卿：官名。衛尉寺長官。掌軍器、儀杖、帳幕等，總判本寺諸署事務。置一員。隋初爲正三品，煬帝大業三年降爲從三品。　秘書監：官名。爲秘書省的長官，置一員，掌圖書經籍、天文曆法之事，統領著作、太史二曹。隋初爲正三品，煬帝大業三年降爲從三品，後又改稱爲秘書令。　陶丘侯：爵名。全稱爲陶丘縣

侯。隋九等爵的第六等。

　　[3]内史侍郎：官名。隋内史省副長官，佐宰相之職的本省長官内史監、令處理政務。初設四員，正四品下；大業三年減爲二員，正四品。　河池：郡名。治所在今甘肅徽縣西。

　　史臣曰：三、五哲王，防深慮遠，舅甥之國，罕執鈞衡，母后之家，無聞傾敗。爰及漢、晋，顛覆繼軌，皆由乎進不以禮，故其斃亦速。若使獨孤權侔呂、霍，必敗於仁壽之前，蕭氏勢均梁、竇，豈全於大業之後！今或不隕舊基，或更隆先構，豈非處之以道，不預權寵之所致乎！

隋書　卷八〇

列傳第四十五

列女

　　自昔貞專淑媛，布在方策者多矣。婦人之德，雖在於溫柔，立節垂名，咸資於貞烈。溫柔，仁之本也；貞烈，義之資也。非溫柔無以成其仁，非貞烈無以顯其義。是以詩書所記，風俗所在，圖像丹青，流聲竹素，莫不守約以居正，殺身以成仁者也。若文伯、王陵之母，[1]白公、杞植之妻，[2]魯之義姑，[3]梁之高行，[4]衛君靈主之妾，[5]夏侯文寧之女，[6]或抱信以含貞，或蹈忠而踐義，不以存亡易心，不以盛衰改節，其修名彰於既往，徽音傳於不朽，不亦休乎！或有王公大人之妃偶，肆情於淫僻之俗，雖衣繡衣，食珍膳，坐金屋，乘玉輦，不入彤管之書，不霑良史之筆，將草木以俱落，與麋鹿而同死，可勝道哉！永言載思，實庶姬之恥也。觀夫今之靜女，各勵松筠之操，甘於玉折而蘭摧，足以無絕今古。故述其雅志，以纂前代之列女云。

[1]文伯、王陵之母：文伯之母指魯定公時大夫公甫文伯之母。事見《史記》卷七六《平原君虞卿列傳》及《禮記·檀弓》。王陵之母爲使王陵能安心事漢王劉邦，爲項羽扣留後自刎而死。事見《漢書》卷四〇《王陵傳》。

[2]白公、杞植之妻：白公之妻指春秋時楚國白公勝之妻。事見劉向《列女傳·楚白貞姬》。杞植之妻指春秋時齊國大夫杞梁（名植或殖）之妻，或云孟姜。事見劉向《列女傳·齊杞梁妻》。

[3]魯之義姑：春秋時期，齊國攻打魯國，一婦人棄子携侄而逃，齊軍感義，退兵而回。事見劉向《列女傳·魯義姑姊》。

[4]梁之高行：春秋時梁國之寡婦高行，貞專精純。事見劉向《列女傳·梁寡高行》。

[5]衛君靈主之妾：春秋時衛靈王之傅妾，事見劉向《列女傳》卷四《衛宗二順》。按，“靈主”，《北史》卷九一《列女傳》作“靈王”。據劉向《列女傳　衛宗二順》：“衛宗二順者，衛宗室靈王之夫人及其傅妾也。”故“靈主”當作“靈王”。

[6]夏侯文寧之女：三國時曹爽從弟文叔之妻。事見《三國志》卷九《魏書·曹爽傳》裴松之注引皇甫謐《列女傳》。

蘭陵公主

蘭陵公主，[1]字阿五，高祖第五女也。[2]美姿儀，性婉順，好讀書，高祖於諸女中特所鍾愛。初嫁儀同王奉孝，[3]卒，適河東柳述，[4]時年十八。諸姊並驕貴，[5]主獨折節遵於婦道，事舅姑甚謹，遇有疾病，必親奉湯藥。高祖聞之大悅。由是述漸見寵遇。

[1]蘭陵公主：傳另見《北史》卷九一。

[2]高祖：隋文帝楊堅的廟號。紀見本書卷一、二，《北史》卷一一。

[3]儀同：官名。全稱是儀同三司。隋文帝因改北周十一等勳官之制形成十一等散實官，用以酬勤勞，無實際職掌。儀同三司是第八等，可開府置僚佐。正五品上。　王奉孝：人名。北周、隋大臣王誼之子，早卒，事迹不詳。

[4]河東：郡名。治所在今山西永濟市西南。　柳述：人名。本書卷四七、《北史》卷六四有附傳。

[5]貴：中華本同，汲古閣本、殿本、庫本及《北史·蘭陵公主傳》作“踞”。

　　初，晉王廣欲以主配其妃弟蕭瑒，[1]高祖初許之，後遂適述，晉王因不悦。及述用事，彌惡之。高祖既崩，述徙嶺表。煬帝令主與述離絶，將改嫁之。公主以死自誓，不復朝謁，上表請免主號，與述同徙。帝大怒曰：“天下豈無男子，欲與述同徙耶？”主曰：“先帝以妾適于柳家，今其有罪，妾當從坐，不願陛下屈法申恩。”帝不從，主憂憤而卒，時年三十二。臨終上表曰：“昔共姜自誓，[2]著美前詩，郮嫣不言，[3]傳芳往誥。妾雖負罪，竊慕古人。生既不得從夫，死乞葬於柳氏。”帝覽之愈怒，竟不哭，乃葬主於洪瀆川，資送甚薄。朝野傷之。

[1]晉王廣：隋煬帝楊廣，時爲晉王。紀見本書卷三、四，《北史》卷一二。　妃：此指蕭妃，煬帝蕭皇后。傳見本書卷三六、《北史》卷一四。　蕭瑒：人名。梁明帝蕭巋之子，隋煬帝蕭皇后

之弟。其墓誌出土於洛陽（參見李春敏《隋蕭瑒墓誌考》，《考古與文物》1996 年第 1 期）。

[2]共姜：周時衛世子共伯之妻，共伯早亡，共姜未改嫁。

[3]鄾嫚：人名。春秋時鄾侯夫人。楚文王滅鄾國，掠歸，生堵敖即成王。傳其因國亡夫死之痛，不與文王語。

南陽公主

南陽公主者，煬帝之長女也。美風儀，有志節，造次必以禮。年十四，嫁於許國公宇文述子士及，[1]以謹肅聞。及述病且卒，主親調飲食，手自奉上，世以此稱之。

[1]許國公：爵名。隋九等爵的第三等。從一品。　宇文述：人名。傳見本書卷六一、《北史》卷七九。　士及：人名。即宇文士及。隋任鴻臚少卿，後入唐，貞觀中官至中書令。傳見《舊唐書》卷六三、《新唐書》卷一〇〇。按，據《馬夫人（稱心）墓誌銘》：南陽公主出嫁許門時間在“開皇十九年”（參見王其禕、周曉薇《隋代墓誌銘彙考》四一七，綫裝書局 2007 年版）。

及宇文化及殺逆，[1]主隨至聊城，[2]而化及爲竇建德所敗，[3]士及自濟北西歸大唐。[4]時隋代衣冠並在其所，建德引見之，莫不惶懼失常，唯主神色自若。建德與語，主自陳國破家亡，不能報怨雪耻，淚下盈襟，聲辭不輟，情理切至。建德及觀聽者莫不爲之動容隕涕，咸肅然敬異焉。及建德誅化及，時主有一子，名禪師，[5]年且十歲。建德遣武賁郎將於士澄謂主曰：[6]“宇文化及躬行殺逆，人神所不容。今將族滅其家，公主之子，法當從坐，若不能割愛，亦聽留之。”主泣曰：“武賁既是隋室貴臣，此事何須見問！”建德竟殺之。主尋請建德削髮爲尼。

［1］宇文化及：人名。傳見本書卷八五、《北史》卷七九。

［2］聊城：地名。在今山東聊城市。

［3］寶建德：人名。隋末反隋主力之一。唐武德元年（618）於河北稱帝建立夏國。傳見《舊唐書》卷五四、《新唐書》卷八五。

［4］濟北：泛指濟水以北。

［5］禪師：人名。即宇文禪師。早卒。

［6］武賁郎將：官名。隋煬帝大業三年（607）改革官制，於十二衛每衛置護軍四人，掌貳將軍，尋又改護軍爲武賁郎將。正四品。　於士澄：人名。隋煬帝時爲上儀同、虎賁郎將。

及建德敗，將歸西京，[1]復與士及遇於東都之下，[2]主不與相見。士及就之，立於户外，請復爲夫妻。主拒之曰：“我與君讎家。今恨不能手刃君者，但謀逆之日，察君不預知耳。”因與告絶，訶令速去。士及固請之，主怒曰：“必欲就死，可相見也。”士及見其言切，知不可屈，乃拜辭而去。

［1］西京：此指都城長安。

［2］東都：指洛陽。舊址在今河南洛陽市。

襄城王恪妃

襄城王恪妃者，[1]河東柳氏女也。父旦，[2]循州刺史。[3]妃姿儀端麗，年十餘，以良家子合法相，[4]娉以爲妃。未幾而恪被廢，妃修婦道，事之愈敬。煬帝嗣位，恪復徙邊，帝令使者殺之於道。恪與辭訣，妃曰："若王死，妾誓不獨生。"於是相對慟哭。恪既死，棺斂訖，妃謂使者曰："妾誓與楊氏同穴。若身死之後得不別埋，君之惠也。"遂撫棺號慟，自經而卒。見者莫不爲之涕流。

[1]襄城王恪：即隋文帝長子楊勇之子楊恪。開皇十六年（596）封襄城王，大業元年爲隋煬帝所殺。

[2]旦：人名。即柳旦。隋時任循州刺史，其他事迹不詳。

[3]循州：治所在今廣東惠州市惠陽區東北。

[4]法相：古代皇室選擇嬪妃、宮女所規定的標準相貌。

華陽王楷妃

華陽王楷妃者，[1]河南元氏之女也。[2]父巖，[3]性明敏，有氣幹。仁壽中，[4]爲黃門侍郎，[5]封龍涸縣公。[6]煬帝嗣位，坐與柳述連事，除名爲民，徙南海。[7]後會赦，還長安。有人譖巖逃歸，收而殺之。妃有姿色，性婉順，初以選爲妃。未幾而楷被幽廢，妃事楷逾謹，每見楷有憂懼之色，輒陳義理以慰諭之，楷甚敬焉。及江都之亂，[8]楷遇宇文化及之逆，以妃賜其黨元武達。[9]武達初以宗族之禮，置之別舍，後因醉而逼之。妃自誓不屈，武達怒，撻之百餘，辭色彌厲。因取甓自毀其面，血淚交下，武達釋之。妃謂其徒曰："我不能早死，致令將見侵辱，我之罪也。"因不食而卒。

[1]華陽王楷：隋文帝之孫楊楷，開皇十年封華陽王。

[2]河南：郡名。治所在今河南洛陽市。

[3]巖：人名。即元巖。隋文帝末年官任給事黃門侍郎，深受文帝寵信；隋煬帝奪位時被執下獄，煬帝即位後被除名流徙南海，終被收殺。事亦見本書卷三六《宣華夫人陳氏傳》、卷四七《柳述傳》等。按，此元巖與本書卷六二、《北史》卷七五《元巖傳》所載之元巖，並非同一人。

[4]仁壽：隋文帝楊堅年號（601—604）。

[5]黃門侍郎：官名。隋初於門下省置給事黃門侍郎四員，爲門下省的次官，協助長官納言掌封駁制敕，參議政令的制定。正四品上。煬帝大業三年去"給事"之名，但稱"黃門侍郎"，並減置二員。正四品。

[6]龍涸縣公：爵名。隋九等爵的第五等。從一品。

[7]南海：地名。在今廣東廣州市。

[8]江都之亂：大業十四年三月，禁軍將領宇文化及等於江都（今江蘇揚州市）發動兵變，縊殺隋煬帝。

[9]元武達：人名。隋末爲禁軍校衛，參與縊殺隋煬帝的江都宮變，武德二年爲竇建德所殺。

譙國夫人

譙國夫人者，[1]高涼冼氏之女也。[2]世爲南越首領，[3]跨據山洞，部落十餘萬家。夫人幼賢明，多籌略，在父母家，撫循部衆，能行軍用師，壓服諸越。每勸親族爲善，由是信義結於本鄉。越人之俗，好相攻擊，夫人兄南梁州刺史挺，[4]恃其富強，侵掠傍郡，嶺表苦之。夫人多所規諫，由是怨隙止息，海南儋耳歸附者千餘洞。[5]梁大同初，[6]羅州刺史馮融聞夫人有志行，[7]爲其子高凉太守寶娉以爲妻。[8]融本北燕苗裔，[9]初，馮弘之投高麗也，[10]遣融大父業以三百人浮海歸宋，[11]因留于新會。[12]自業及融，三世爲守牧，他鄉羈旅，號令不行。至是，夫人誡約本宗，使從民禮。每共寶參決辭訟，首領有犯法者，雖是親族，無所舍縱。自此政令有序，人莫敢違。

[1]譙國夫人：傳另見《北史》卷九一。

[2]高凉：郡名。治所在今廣東陽江市西。

[3]南越：地名。亦作“南粵”，在今廣東、廣西一帶。

[4]南梁州：南朝梁有三個南梁州：一是以北梁州改名，治所在西城縣（今陝西安康市西北），西魏廢帝元年（552）改置東梁州；二是天監八年（509）置，治所在北巴西郡（今四川閬中市）；三是治所在南安縣（今四川劍閣縣）。後兩條可能性較大。　挺：人名。即洗挺。南朝梁時任南梁州刺史，其他事迹不詳。

[5]海南：史籍中不見嶺南曾設海南郡記載，此處之意有兩種可能：其一，泛指南方海濱地區。若此，則標點當爲“海南儋耳”。其二，爲“南海郡”之誤。據《通典》及本書《地理志》，秦漢置南海郡，治所在今廣東廣州市，隋開皇九年廢。南海、儋耳爲兩郡，均在嶺南地區，二者並列關係，如此標點爲“南海、儋耳”。第二種可能性較大。　儋耳：郡名。治所在海南儋州市西北。洞：南方邊遠地區各少數民族的聚居處。

[6]梁：即南朝梁（502—557），或稱蕭梁，都建康（今江蘇南京市）。　大同：南朝梁武帝蕭衍年號（535—546）。

[7]羅州：南朝梁時治所在今廣東化州市。　馮融：人名。事亦見《北史·譙國夫人傳》，其他事迹不詳。

[8]寶：人名。即馮寶。事亦見《北史·譙國夫人傳》，其他事迹不詳。

[9]北燕：十六國時期北燕（407—436）。

[10]馮弘：人名。十六國時期北燕君主。《魏書》卷九七、《北史》卷九三有附傳。　高麗：古國名。此時亦稱高句麗。故地在今朝鮮半島北部。傳見本書卷八一、《北史》卷九四、《舊唐書》卷一九九上、《新唐書》卷二二〇。

[11]業：人名。即馮業。北燕苗裔，南朝宋時爲羅州刺史。宋：此指南朝宋（420—479），都建康（今江蘇南京市）。

[12]新會：郡名。南朝宋時治所在今廣東江門市新會區。

遇侯景反，[1]廣州都督蕭勃徵兵援臺。[2]高州刺史李遷仕據大皋口，[3]遣召寶。寶欲往，夫人止之曰：“刺史無故不合召太守，必欲詐君共爲反耳。”寶曰：“何以知之？”夫人曰：“刺史被召援臺，乃稱有疾，鑄兵聚衆，而後喚君。今者若往，必留質，追君兵衆。此意可見，願且無行，以觀其勢。”數日，遷仕果反，遣主帥杜平虜率兵入灨石。[4]寶知之，遽告，夫人曰：“平虜，驍將也，領兵入灨石，即與官兵相拒，勢未得還。遷仕在州，無能爲也。若君自往，必有戰鬥。宜遣使詐之，卑辭厚禮，云：‘身未敢出，欲遣婦往參。’彼聞之喜，必無防慮。於是我將千餘人，步擔雜物，唱言輸賧，得至栅下，賊必可圖。”寶從之，遷仕果大喜，覘夫人衆皆擔物，不設備。夫人擊之，大捷。遷仕遂走，保于寧都。[5]夫人總兵與長城侯陳霸先會于灨石。[6]還謂寶曰：

“陳都督大可畏，極得衆心。我觀此人必能平賊，君宜厚資之。”

[1]侯景反：南朝梁武帝末年東魏降將侯景發動反叛，歷時五年（548—552）。侯景，人名。傳見《梁書》卷五六、《南史》卷八〇。

[2]廣州：南朝梁時治所在今廣東廣州市。　都督：官名。全稱爲都督諸州軍事，爲地方軍政長官，南朝梁時任刺史者加都督比單任刺史高一品。按，本書《地理志下》載：“南海郡，舊置廣州，梁、陳並置都督府。”然，《南史》卷五一《蕭勃傳》祇載其任“廣州刺史”，不載“都督”。據《梁書》卷四《簡文帝紀》、《南史》卷八《梁簡文帝紀》載：太清三年秋七月，陳霸先迎定州刺史蕭勃爲廣州刺史。又《梁書》卷五《元帝紀》：“十二月壬辰，以定州刺史蕭勃爲鎮南將軍、廣州刺史。”亦祇載其任刺史。　蕭勃：人名。南朝梁武帝之侄，封曲江鄉侯，太寶初年任廣州刺史。《南史》卷五一有附傳。

[3]高州：南朝梁時治所在今江西崇仁縣西南。　李遷仕：人名。南朝梁、陳時任高州刺史，大寶二年（551）爲陳將杜僧明擒斬。　大皋口：地名。在今江西吉安縣南。

[4]杜平虜：人名。李遷仕屬將，其他事迹不詳。　灘石：地名。在今贛州市與萬安縣之間贛江中。

[5]寧都：縣名。南朝梁時治所在今江西寧都縣北。

[6]長城侯：爵名。梁十五等爵的第十等。　陳霸先：人名。南朝陳開國皇帝。紀見《陳書》卷一、二，《南史》卷九。

　　及寶卒，嶺表大亂，夫人懷集百越，[1]數州晏然。至陳永定二年，[2]其子僕年九歲，[3]遣帥諸首領朝于丹陽，[4]起家拜陽春郡守。[5]後廣州刺史歐陽紇謀反，[6]召僕至高安，[7]誘與爲亂。僕遣使歸告夫人，夫人曰：“我爲忠貞，經今兩代，不能惜汝，輒負國家。”遂發兵拒境，帥百越酋長迎章昭達。[8]內外逼之，紇徒潰散。僕以夫人之功，封信都侯，[9]加平越中郎將，[10]轉石龍太守。[11]詔使持節册夫人爲中郎將、石龍太夫人，[12]賚繡幰油絡駟馬安車一乘，給鼓吹一部，并麾幢旌節，其鹵簿一如刺史之儀。至德中，[13]僕卒。後遇陳國亡，嶺南未有所附，數郡共奉夫人，號爲聖母，保境安民。

[1]百越：亦作“百粵”，中國古代南方越人的總稱。分布於今浙、閩、粵、桂等地，因部落衆多，故總稱百越。

[2]永定：南朝陳武帝陳霸先年號（557—559）。

[3]僕：人名。即馮僕。事另見《北史》卷九一《譙國夫人傳》。

[4]丹陽：郡名。在今江蘇南京市。

[5]起家：官制用語。從家中徵召出來，始授以官職。　陽春：南朝陳郡名。治所在今廣東陽春市。

[6]歐陽紇：人名。南朝陳時任廣州刺史、都督交廣等十九州諸軍事，太建元年（569）拒徵入朝，謀反伏誅。傳見《陳書》卷九，《南史》卷六六有附傳。

[7]高安：各本均同。《北史·譙國夫人傳》作“南海”，《通鑑》卷一七〇《陳紀》太建二年正月亦載：“歐陽紇召陽春太守馮僕至南海，誘與同反。”又本書《地理志下》載：“南海郡，舊置廣州。”“九真郡……隆安，舊曰高安，開皇十八年改名。”隆安縣治地在今越南清化省清化東南。歐陽紇以廣州刺史反，故召馮僕至“南海”更合理。

[8]章昭達：人名。南朝梁、陳大將。歐陽紇反，章昭達都督

諸軍討平，以功進車騎大將軍，進位司空。傳見《陳書》卷一一、《南史》卷六六。

［9］信都侯：爵名。南朝陳十二等爵的第六等。第三品。

［10］平越中郎將：官名。晋武帝始置，理廣州，主南越。南朝陳品秩不詳。

［11］石龍：州名。南朝陳時治所在今廣東化州市。

［12］使持節：漢朝官員奉使外出時，或由皇帝授予節杖，以提高其威權。魏、晋以後，凡重要軍事長官出征或出鎮時，加使持節，可誅殺二千石以下官員。皇帝派遣大臣出巡或祭吊等事時，也使持節，以表示權力和尊崇。　石龍太夫人：婦人封君號。秦漢以來婦人始有封君之號，然唐代以前史籍缺載，此石龍太夫人品秩不詳。按，《通鑑》卷一七〇《陳紀》太建二年正月同本書，然《北史・譙國夫人傳》及《通典》卷三四《職官十六・后妃》作“高凉郡太夫人”。中華書局新修訂本疑此有脱文，校勘記云：“疑本書及《北史》各有奪文。《通志》卷一八五《列女・譙國夫人洗氏傳》作‘詔使持節册夫人爲高凉郡中郎將石龍太夫人’。”

［13］至德：南朝陳後主陳叔寶年號（583—586）。

高祖遣總管韋洸安撫嶺外，^[1]陳將徐璒以南康拒守。^[2]洸至嶺下，逡巡不敢進。初，夫人以扶南犀杖獻于陳主，^[3]至此，晋王廣遣陳主遺夫人書，諭以國亡，令其歸化，并以犀杖及兵符爲信，夫人見杖，驗知陳亡，集首領數千，盡日慟哭。遣其孫魂帥衆迎洸，^[4]入至廣州，嶺南悉定。表魂爲儀同三司，册夫人爲宋康郡夫人。

［1］總管：官名。全稱是總管刺史加使持節。總管的統轄範圍

可達數州至十餘州，成一軍政管轄區。隋文帝在并、益、荊、揚四州置大總管，其餘州置總管。總管分上、中、下三等，品秩爲流內視從二品、正三品、從三品。　韋洸：人名。本書卷四七、《北史》卷六四有附傳。

[2]徐璒：人名。南朝陳末年官任豫章太守，隋開皇九年平陳後時降時叛，韋洸遣部將呂昂、馮世基率兵擊破之。事亦見本書卷四〇《王世積傳》、卷六六《柳莊傳》。　南康：縣名。治所在今江西南康市西南。

[3]扶南：古國名。在今柬埔寨境內。公元一世紀建國，七世紀中葉爲真臘所滅。

[4]魂：人名。即馮魂。其他事迹不詳。

　　未幾，番禺人王仲宣反，[1]首領皆應之，圍洸於州城，進兵屯衡嶺。[2]夫人遣孫暄帥師救洸。[3]暄與逆黨陳佛智素相友善，[4]故遲留不進。夫人知之，大怒，遣使執暄，繫於州獄。又遣孫盎出討佛智，[5]戰剋，斬之。進兵至南海，與鹿愿軍會，[6]共敗仲宣。夫人親被甲，乘介馬，張錦傘，領彀騎，衛詔使裴矩巡撫諸州，[7]其蒼梧首領陳坦、岡州馮岑翁、梁化鄧馬頭、藤州李光略、羅州龐靖等皆來參謁。[8]還令統其部落，嶺表遂定。高祖異之，拜盎爲高州刺史，仍赦出暄，拜羅州刺史。追贈寶爲廣州總管、譙國公，[9]册夫人爲譙國夫人。以宋康邑迴授僕妾洗氏。[10]仍開譙國夫人幕府，置長史以下官屬，[11]給印章，聽發部落六州兵馬，若有機急，便宜行事。降敕書曰：“朕撫育蒼生，情均父母，欲使率土清净，兆庶安樂。而王仲宣等輒相聚結，擾亂彼民，所以遣往誅剪，爲百姓除害。夫人情在奉國，深識正理，遂令孫盎斬獲佛智，竟破群賊，甚有大功。今賜夫人物五千段。暄不進愆，誠合罪責，以夫人立此誠效，故特原免。夫人宜訓導子孫，敦崇禮教，遵奉朝化，以副朕心。"皇后以首飾及宴服一襲賜之，夫人並盛於金篋，并梁、陳賜物各藏于一庫。每歲時大會，皆陳于庭，以示子孫，曰："汝等宜盡赤心向天子。我事三代主，唯用一好心。今賜物具存，[12]此忠孝之報也，願汝皆思念之。"

[1]番禺：縣名。隋開皇九年平陳後分南海縣置，尋又廢入南海縣。治所在今廣東廣州市番禺區。　王仲宣：人名。南陳末年嶺南地區的夷人酋長。隋開皇九年平陳後仍聚衆反抗隋朝的統治，發兵圍攻廣州，韋洸戰死，其後被多路隋軍擊敗潰散。事亦見本書卷六五《慕容三藏傳》、卷六七《裴矩傳》，《陳書》卷一四《王勇傳》。

[2]衡嶺：衡山。

[3]暄：人名。即馮暄。譙國夫人洗氏之孫，隋時任羅州刺史，唐武德六年以高州首領反。事亦見《北史》卷九一《譙國夫人傳》。

[4]陳佛智：人名。具體事迹不詳。

[5]盎：人名。即馮盎。事亦見《北史·譙國夫人傳》。

[6]鹿愿：人名。隋朝將領。平陳之後，與裴矩、譙國夫人共同平定王仲宣叛亂，隋煬帝大業五年，爲黔安夷帥向思多所殺。事亦見本書卷六四《王辯傳》、卷六五《周法尚傳》。

[7]裴矩：人名。傳見本書卷六七、《舊唐書》卷六三、《新唐書》卷一〇〇，《北史》卷三八有附傳。

[8]蒼梧：地名。在今湖南南部、廣東西北部及廣西東北部廣

大地區。　陳坦：人名。具體事迹不詳。　岡州：治所在今廣東江門市新會區。　馮岑翁：人名。具體事迹不詳。　梁化：郡名。隋初有兩梁化：一是南朝梁大同八年（542）置，治所在梁化縣（今廣西鹿寨縣北）；二是南朝梁置，治所在懷安縣（今廣東惠東縣西北）。　鄧馬頭：人名。具體事迹不詳。　藤州：隋開皇中以石州改名，治所在今廣西藤縣東北。　李光略：人名。具體事迹不詳。　龐靖：人名。具體事迹不詳。

[9]譙國公：爵名。隋九等爵的第三等。從一品。

[10]宋康：縣名。治所在今廣東陽江市西。

[11]長史：官名。此爲譙國夫人府佐官，總管府事。

[12]具：中華本同，汲古閣本、殿本、庫本作“俱”。

時番州總管趙訥貪虐，[1]諸俚獠多有亡叛。夫人遣長史張融上封事，[2]論安撫之宜，并言訥罪狀，不可以招懷遠人。上遣推訥，得其贓賄，竟致於法。降敕委夫人招慰亡叛。夫人親載詔書，自稱使者，歷十餘州，宣述上意，諭諸俚獠，所至皆降。高祖嘉之，賜夫人臨振縣湯沐邑一千五百户。[3]贈僕爲崖州總管、平原郡公。[4]仁壽初，卒，賻物一千段，謚爲誠敬夫人。[5]

[1]番州：隋仁壽元年改廣州置，治所在今廣東廣州市。　趙訥：人名。隋文帝時任番州總管，貪贓獲罪，其他事迹不詳。

[2]張融：人名。隋文帝時任譙國夫人府長史，其他事迹不詳。

[3]臨振：縣名。治所在今海南三亞市西北。　湯沐邑：指國君、皇后、公主等收取賦税的私邑。也稱食邑、封邑。是古代君王封賜給有爵位之人的一種食禄制度，受封者可徵收封地内的民户租税充作食禄。魏晋以後，食邑分爲虚封和實封兩類：虚封一般僅冠

以"邑"或"食邑"之名，這衹是一種榮譽性加銜，受封者並不能獲得實際的食禄收入；而實封一般須冠以"真食""食實封"等名，受封者可真正獲得食禄收入。

[4]崖州：治所在今海南儋州市西北。　平原郡公：爵名。隋九等爵的第四等。從一品。

[5]謚：上古有號無謚，周初始制謚法，秦始皇廢不用，自漢初恢復。帝王、貴族、大臣死後，據其生前事迹依謚法給予稱號。

鄭善果母

鄭善果母者，[1]清河崔氏之女也。[2]年十三，出適鄭誠，[3]生善果。而誠討尉迥，[4]力戰死于陣。母年二十而寡，父彦穆欲奪其志，[5]母抱善果謂彦穆曰："婦人無再見男子之義。且鄭君雖死，[6]幸有此兒。棄兒爲不慈，背死爲無禮。寧當割耳截髮以明素心。違禮滅慈，非敢聞命。"善果以父死王事，年數歲，拜使持節、大將軍，[7]襲爵開封縣公，邑一千户。開皇初，[8]進封武德郡公。年十四，授沂州刺史，[9]轉景州刺史，[10]尋爲魯郡太守。[11]

[1]鄭善果：人名。隋唐時人。隋煬帝時爲大理卿，唐貞觀初卒於江州刺史任。傳見《舊唐書》卷六二、《新唐書》卷一〇〇。

[2]清河：郡名。治所在今河北清河縣西北。

[3]鄭誠：人名。北周大將軍，封開封縣公。事略見《新唐書·鄭善果傳》。

[4]尉迥：人名。即尉遲迥。北周太祖宇文泰之甥，周宣帝時任大前疑、相州總管。傳見《周書》卷二一、《北史》卷六二。

　　[5]彥穆：人名。即崔彥穆。歷官西魏、北周。楊堅輔政從討司馬消難。傳見《周書》卷三六、《北史》卷六七。

　　[6]鄭：汲古閣本、中華本同，殿本、庫本作“郡”，誤。

　　[7]大將軍：官名。隋文帝因改北周十一等勳官之制形成十一等散實官，用以酬勤勞，無實際職掌。大將軍爲第四等，可開府置僚佐。正三品。

　　[8]開皇：隋文帝楊堅年號（581—600）。

　　[9]沂州：治所在今山東臨沂市。

　　[10]景州：據本書《地理志中》河間郡載：“長蘆，開皇初置，并立漳河郡，郡尋廢。十六年置景州，大業初州廢。”長蘆縣，治所在今河北滄州市西。

　　[11]魯郡：隋煬帝改魯州置，治所在今山東兗州市。

　　母性賢明，有節操，博涉書史，通曉治方。每善果出聽事，母恒坐胡床，於鄰後察之。聞其剖斷合理，歸則大悦，即賜之坐，相對談笑。若行事不允，或妄瞋怒，母乃還堂，蒙被而泣，終日不食。善果伏於床前，亦不敢起。母方起謂之曰：“吾非怒汝，乃愧汝家耳。吾爲汝家婦，獲奉灑掃，如汝先君，忠勤之士也，在官清恪，未嘗問私，以身徇國，繼之以死，吾亦望汝副其此心。汝既年小而孤，吾寡婦耳，有慈無威，使汝不知禮訓，何可負荷忠臣之業乎？汝自童子承襲茅土，[1]位至方伯，[2]豈汝身致之邪？安可不思此事而妄加瞋怒，心緣驕樂，墮於公政！内則墜爾家風，或亡失官爵，外則虧天子之法，以取罪戾。吾死之日，亦何面目見汝先人於地下乎？”

[1]茅土：指王侯的封爵。

[2]方伯：商、周時期地方諸侯之長，後泛指地方長官。按，《北史》卷九一《鄭善果母傳》作"方嶽"。

母恒自紡績，夜分而寐。善果曰："兒封侯開國，位居三品，秩俸幸足，母何自勤如是邪？"答曰："嗚呼！汝年已長，吾謂汝知天下之理，今聞此言，故猶未也。至於公事，何由濟乎？今此秩俸，乃是天子報爾先人之徇命也。當須散贍六姻，[1]爲先君之惠妻子，奈何獨擅其利，以爲富貴哉！又絲枲紡織，婦人之務，上自王后，下至大夫士妻，各有所製。若墮業者，是爲驕逸。吾雖不知禮，其可自敗名乎？"自初寡，便不御脂粉，常服大練。性又節儉，非祭祀賓客之事，酒肉不妄陳於前。靜室端居，未嘗輒出門閤。內外姻戚有吉凶事，但厚加贈遺，皆不詣其家。非自手作及莊園祿賜所得，雖親族禮遺，悉不許入門。

[1]六姻：六親。

善果歷任州郡，唯內自出饌，於衙中食之，公廨所供，皆不許受，悉用修治廨宇及分給僚佐。善果亦由此克己，號爲清吏。煬帝遣御史大夫張衡勞之，[1]考爲天下最。徵授光祿卿。[2]其母卒後，善果爲大理卿，[3]漸驕恣，清公平允遂不如疇昔焉。

[1]御史大夫：官名。御史臺長官，職掌國家刑憲典章之政令，

司彈劾糾察百官等。置一員。其品級，隋大業五年（按，此據本書
《百官志下》，而《唐六典》卷一三《御史臺》爲"大業八年"）
前是從三品，此年降爲正四品。　張衡：人名。傳見本書卷五六、
《北史》卷七四。

[2]光祿卿：官名。爲光祿寺長官。掌祭祀、朝會、宴饗之供
設，政令仰承禮部。隋初爲正三品，煬帝降爲從三品。

[3]大理卿：官名。大理寺長官。掌審獄定刑名，決疑案。置
一員，正三品。

孝女王舜

孝女王舜者，[1]趙郡王子春之女也。[2]子春與從兄長
忻不協，[3]屬齊滅之際，[4]長忻與其妻同謀殺子春。舜時
年七歲，有二妹，粲年五歲，[5]璠年二歲，[6]並孤苦，寄
食親戚。舜撫育二妹，恩義甚篤。而舜陰有復讎之心，
長忻殊不爲備。姊妹俱長，親戚欲嫁之，輒拒不從。乃
密謂其二妹曰："我無兄弟，致使父讎不復。吾輩雖是
女子，何用生爲？我欲共汝報復，汝意如何？"二妹皆
垂泣曰："唯姊所命。"是夜，姊妹各持刀逾牆而入，手
殺長忻夫妻，以告父墓。因詣縣請罪，姊妹爭爲謀首，
州縣不能決。高祖聞而嘉歎，特原其罪。

[1]王舜：人名。傳另見《北史》卷九一。

[2]趙郡：治所在今河北趙縣。　王子春：人名。事亦見《北
史·孝女王舜傳》。其他事迹不詳。

[3]長忻：人名。即王長忻。事亦見《北史·孝女王舜傳》。
其他事迹不詳。

[4]齊：即北齊（550—577），都鄴（今河北臨漳縣西南鄴鎮東）。

[5]粲：人名。即王粲。事亦見《北史・孝女王舜傳》。其他事迹不詳。

[6]璠：人名。即王璠。事亦見《北史・孝女王舜傳》。其他事迹不詳。

韓覬妻

韓覬妻者，[1]洛陽于氏女也，字茂德，父實，[2]周大左輔。[3]于氏年十四，適于覬。雖生長膏腴，家門鼎盛，而動遵禮度，躬自儉約，宗黨敬之。年十八，覬從軍戰没，于氏哀毀骨立，慟感行路。每至朝夕奠祭，皆手自捧持。及免喪，其父以其幼少無子，將嫁之。誓無異志。復令家人敦喻，于氏晝夜涕泣，截髮自誓。其父喟然傷感，遂不奪其志焉。因養夫之孽子世隆爲嗣，[4]身自撫育，愛同己生，訓導有方，卒能成立。自孀居已後，唯時或歸寧，至於親族之家，絕不來往。有尊卑就省謁者，送迎皆不出户庭。蔬食布衣，不聽聲樂，以此終身。高祖聞而嘉歎，下詔褒美，表其門閭，長安中號爲節婦閭。終于家，年七十二。

[1]韓覬妻：傳另見《北史》卷九一。

[2]實：人名。即于寔。北周八柱國于謹之子。《周書》卷一五、《北史》卷二三有附傳。按，《北史・韓覬妻傳》爲“寔”。“實”爲“寔”之誤（參見王化昆《〈隋書〉勘誤四則》，《中國史研究》2002 年第 3 期）。

[3]周：即北周（557—581），都長安（今陝西西安市西北）。

大左輔：官名。北周宣帝大成元年（579）置四輔官（大前疑、大右弼、大左輔、大後丞），爲主要執政大臣，大左輔爲其中之一。

[4]孽子：庶子，非正妻所生之子。按，殿本、庫本、中華本同，汲古閣本作“弟子”，又中華書局新修訂本校勘記指出“《御覽》卷四三九《人事部八〇·貞女上》引《隋書》亦作‘弟子’”。 世隆：人名。即韓世隆。事迹不詳。

陸讓母

陸讓母者，[1]上黨馮氏女也。[2]性仁愛，有母儀，讓即其孽子也。仁壽中，爲番州刺史，數有聚斂，贓貨狼籍，爲司馬所奏。[3]上遣使按之皆驗，於是囚詣長安，親臨問。讓稱冤，上復令治書侍御史撫按之，[4]狀不易前。乃命公卿百僚議之，咸曰“讓罪當死”。詔可其奏。

[1]陸讓母：傳另見《北史》卷九一。

[2]上黨：郡名。治所在今山西長治市。

[3]司馬：官名。隋州僚屬之一，開皇三年改治中爲司馬，名義上紀綱衆務，通判列曹，實無具體職任。上州正五品，中州從五品，下州正六品。

[4]治書侍御史：官名。隋御史臺副長官，實主臺務，並佐御史大夫掌彈劾百官。初爲從五品下，煬帝大業三年升爲正五品，五年又降爲從五品。

讓將就刑，馮氏蓬頭垢面詣朝堂數讓曰：“無汗馬之勞，致位剌史，不能盡誠奉國，以答鴻恩，而反違犯憲章，贓貨狼籍。若言司馬誣汝，百姓百官不應亦皆誣汝。若言至尊不憐愍汝，何故治書覆汝？豈誠臣？豈孝子？不誠不孝，何以爲人！”於是流涕嗚咽，親持盂粥勸讓令食。既而上表求哀，詞情甚切，上愍然爲之改容。獻皇后甚奇其意，[1]致請於上。治書侍御史柳彧進曰：[2]“馮氏母德之至，有感行路。如或殺之，何以爲勸？”上於是集京城士庶於朱雀門，[3]遣舍人宣詔曰：[4]“馮氏以嫡母之德，足爲世范，慈愛之道，義感人神，特宜矜免，用獎風俗。讓可減死，除名爲民。”復下詔曰：“馮氏體備仁慈，夙閑禮度。孽讓非其所生，往犯憲章，宜從極法。躬自詣闕，爲之請命，匍匐頓顙。朕哀其義，特免死辜。使天下婦人皆如馮者，豈不閨門雍睦，風俗和平！朕每嘉歎不能已。宜摽揚優賞，[5]用章有德。可賜物五百段。”集諸命婦，與馮相識，以寵異之。

[1]獻皇后：隋文帝文獻皇后，名獨孤伽羅。傳見本書卷三六、《北史》卷一四。

[2]柳彧：人名。傳見本書卷六二、《北史》卷七七。

[3]朱雀門：隋都城長安大興皇城正南門。

[4]舍人：官名。此或指通事舍人，隋初爲内史省屬官，職掌導引宮臣辭見，承旨傳宣之事。從六品上。煬帝大業三年改名通事謁者，隸謁者臺，品秩不變。

[5]摽：汲古閣本、中華本同底本，殿本、庫本作“標”。

劉昶女

劉昶女者，[1]河南長孫氏之婦也。昶在周，尚公主，官至柱國、彭國公，[2]數爲將帥，位望隆顯。與高祖有舊。及受禪，甚親任，歷左武衛大將軍、慶州總管。[3]其子居士，[4]爲太子千牛備身，[5]聚徒任俠，不遵法度，數得罪。上以昶故，每輒原之。居士轉恣，每大言曰："男兒要當辮頭反縛，篷篨上作獠倡。"[6]取公卿子弟膂力雄健者，輒將至家，以車輪括其頸而棒之。殆死能不屈者，稱爲壯士，釋而與交。黨與三百人，其趫捷者號爲餓鶻隊，武力者號爲蓬轉隊。每轉鷹絏犬，[7]連騎道中，歐擊路人，多所侵奪。長安市里無貴賤，見之者皆辟易，至於公卿妃主，莫敢與校者。其女則居士之姊也，每垂泣誨之，殷勤懇惻。居士不改，至破家産。昶年老，奉養甚薄。其女時寡居，哀昶如此，每歸寧于家，躬勤紡績，以致其甘脆。

[1]劉昶：人名。北周時尚周文帝女西河長公主，大象中位柱國。《北史》卷六五有附傳。

[2]柱國：官名。全稱爲柱國大將軍。北魏太武帝置，以爲開國元勳長孫嵩的加官。孝莊帝因尒朱榮有擁立之功，特置以授之，位在丞相上。西魏文帝以宇文泰有中興之功，又置此官授之。後凡屬功參佐命、望實俱重的，也得居之。自大統十六年（550）以前任此官的名義上有八人。北周武帝增置上柱國等官，並以上柱國大將軍爲勳官之首。柱國大將軍次之，正九命。　彭國公：爵名。北周十一等爵的第四等。正九命。

[3]左武衛大將軍：官名。隋文帝設左武衛，置左武衛大將軍一人爲其首。掌領外軍宿衛宮禁。正三品。　慶州：治所在今甘肅慶陽市。

[4]居士：人名。即劉居士。隋上柱國彭公劉昶之子，任太子千牛備身，後因犯法被誅。事略見《通鑑》卷一七八《隋紀》開皇十七年及《北史》卷九一《劉昶女傳》。

[5]太子千牛備身：官名。隋東宮左右内率府置八人，掌執千牛刀宿衛侍從太子。正七品下。隋煬帝大業三年改稱爲司仗左右。

[6]簟篨：粗竹席。

[7]韝（gōu）鷹紲犬：指臂套上蹲着鷹，手里牽着狗。借指紈袴子弟放浪游樂的生活。

有人告居士與其徒游長安城，登故未央殿基，[1]南向坐，前後列隊，意有不遜，每相約曰：“當爲一死耳。”又時有人言居士遣使引突厥令南寇，[2]當於京師應之。上謂昶曰：[3]“今日之事，當復如何？”昶猶恃舊恩，不自引咎，直前曰：[4]“黑白在于至尊。”上大怒，下昶獄，捕居士黨與，治之甚急。憲司又奏昶事母不孝。[5]其女知昶必不免，不食者數日，每親調飲食，手自捧持，詣大理餉其父。[6]見獄卒，長跪以進，歔欷鳴咽，見者傷之。居士坐斬，昶竟賜死于家。詔百僚臨視。時其女絶而復蘇者數矣，公卿慰諭之。其女言父無罪，坐子以及於禍。詞情哀切，人皆不忍聞見。遂布衣蔬食以終其身。上聞而歎曰：“吾聞衰門之女，興門之男，固不虛也！”

[1]未央殿：宮殿名。漢未央宮，漢高帝七年建。故址在今陝

西西安市西北長安故城内西北隅。

[2]突厥：古族名、國名。廣義包括突厥、鐵勒諸部落，狹義專指突厥。公元六世紀時游牧於金山（今阿爾泰山）以南，因金山形似兜鍪，俗稱“突厥”，遂以名部落。西魏廢帝元年，土門自號伊利可汗，建立突厥汗國，樹庭於鬱督軍山（今杭愛山東段，鄂爾渾河左岸）。隋開皇二年西面可汗達頭與大可汗沙鉢略不睦，分裂爲西突厥、東突厥兩個汗國。傳見本書卷八四、《周書》卷五〇、《北史》卷九九、《舊唐書》卷一九四、《新唐書》卷二一五。

[3]上：汲古閣本、中華本同底本，殿本、庫本作“帝”。

[4]前：汲古閣本、中華本同底本，殿本、庫本作“答”。

[5]憲司：魏晉以來對御史的通稱。

[6]大理：官署名。即大理寺，掌審獄定刑名，決疑案。

鍾士雄母

鍾士雄母者，[1]臨賀蔣氏女也。[2]士雄仕陳爲伏波將軍。[3]陳主以士雄嶺南酋帥，慮其反覆，每質蔣氏於都下。及晉王廣平江南，[4]以士雄在嶺表，欲以恩義致之，遣蔣氏歸臨賀。既而同郡虞子茂、鍾文華等作亂，[5]舉兵攻城，遣人召士雄，士雄將應之。蔣氏謂士雄曰：“我前在揚都，[6]備嘗辛苦。今逢聖化，母子聚集，没身不能上報，焉得爲逆哉！汝若禽獸其心，背德忘義者，我當自殺於汝前。”士雄於是遂止。蔣氏復爲書與子茂等，諭以禍福。子茂不從，尋爲官軍所敗。上聞蔣氏，甚異之，封爲安樂縣君。[7]

[1]鍾士雄母：傳另見《北史》卷九一。

［2］臨賀：郡名。治所在今廣西賀州市東南。

［3］陳：即南朝陳（557—589），都建康（今江蘇南京市）。
伏波將軍：官名。屬武官。南朝陳擬八品。

［4］江南：地區名。泛指長江以南地區。

［5］虞子茂：人名。其他事迹不詳。　鍾文華：人名。其他事
迹不詳。

［6］揚都：地名。南北朝時建康別稱，治所在今江蘇南京市。

［7］安樂縣君：婦人封君號。唐制五品以上母妻爲縣君。

　　時尹州寡婦胡氏者，[1]不知何氏妻也，甚有志節，
爲邦族所重。當江南之亂，諷諭宗黨，皆守險不從叛
逆，封爲密陵郡君。[2]

［1］尹州：開皇中以南定州改名，治所在今廣西貴港市東南。

［2］密陵郡君：婦人封君號。唐制四品以上母妻爲郡君。

孝婦覃氏

　　孝婦覃氏者，上郡鍾氏婦也。[1]與其夫相見未幾而
夫死，時年十八。事後姑以孝聞。數年之間，姑及伯叔
皆相繼而死，覃氏家貧，無以葬。於是躬自節儉，晝夜
紡績，稸財十年，[2]而葬八喪，爲州里所敬，上聞而賜
米百石，表其門閭。

［1］上郡：治所在今陝西富縣。

［2］稸：汲古閣本、中華本作“蓄”，殿本、庫本同底本。

元務光母

元務光母者，[1]范陽盧氏女也。[2]少好讀書，造次以禮。盛年寡居，諸子幼弱，家貧不能就學，盧氏每親自教授，勖以義方，世以此稱之。仁壽末，漢王諒舉兵反，[3]遣將綦良往山東略地。[4]良以務光爲記室。[5]及良敗，慈州刺史上官政簿籍務光之家，[6]見盧氏，悦而逼之，盧氏以死自誓。政爲人凶悍，怒甚，以燭燒其身。盧氏執志彌固，竟不屈節。

[1]元務光母：傳亦見《北史》卷九一。

[2]范陽：郡名。治所在今河北涿州市。

[3]漢王諒：即隋文帝楊堅第五子楊諒，開皇元年封漢王。傳見本書卷四五、《北史》卷七一。

[4]綦良：人名。漢王楊諒部將。事略見本書卷六三《史祥傳》、《通鑑》卷一八〇《隋紀》高祖仁壽四年。

[5]記室：官名。隋王府、總管府均設有記室，掌章表書記文檄。品秩不詳。

[6]慈州：治所在今河北磁縣。按，據本書《地理志中》魏郡滏陽條：“後周置，開皇十年置慈州，大業初州廢。” 上官政：人名。隋仁壽末爲慈州刺史，煬帝即位坐事貶嶺南。《金石録》卷三有“隋西平太守上官政墓誌（大業六年三月）”，則其官終西平太守。其事略見本書卷四〇《元胄傳》、卷五六《薛胄傳》。

裴倫妻

裴倫妻，[1]河東柳氏女也，少有風訓。大業末，[2]倫爲渭源令。[3]屬薛舉之亂，[4]縣城爲賊所陷，倫遇害。柳時年四十，有二女及兒婦三人，皆有美色。柳氏謂之曰：“我輩遭逢禍亂，汝父已死，我自念不能全汝。我門風有素，義不受辱於群賊，我將與汝等同死，如何？”其女等皆垂泣曰：“唯母所命。”柳氏遂自投于井，其女及婦相繼而下，皆重死於井中。

[1]裴倫妻：人名。傳另見《北史》卷九一。

[2]大業：隋煬帝楊廣年號（605—618）。

[3]渭源：縣名。治所在今甘肅渭源縣東北渭河北岸。

[4]薛舉：人名。隋煬帝時任金城校尉，大業十三年四月舉兵反隋，自稱西秦霸王，建元“秦興”。傳見《舊唐書》卷五五、《新唐書》卷八六。

趙元楷妻

趙元楷妻者，[1]清河崔氏之女也。父儦，[2]在《文學傳》。家有素範，子女皆遵禮度。元楷父爲僕射，[3]家富於財，重其門望，厚禮以聘之。元楷甚敬崔氏，雖在宴私，不妄言笑，進止容服，動合禮儀。

[1]趙元楷：人名。事見本書卷四六、《北史》卷七五《趙芬傳》。

[2]儦：人名。即崔儦。傳見本書卷七六，《北史》卷二四有附傳。

[3]元楷父：即趙芬，開皇初拜尚書左僕射。傳見本書卷四六、《北史》卷七五。　　僕射：官名。隋尚書省置左、右僕射各一人，

地位僅次於尚書令。由於隋尚書令不常置，僕射成爲尚書省實際長官，是宰相之職。從二品。

化及之反也，元楷隨至河北，[1]將歸長安。至滏口，[2]遇盜攻掠，元楷僅以身免。崔氏爲賊所拘，賊請以爲妻，崔氏謂賊曰：“我士大夫女，爲僕射子妻，今日破亡，自可即死。遣爲賊婦，終必不能。”群賊毀裂其衣，形體悉露，縛於牀簀之上，將淩之。崔氏懼爲所辱，詐之曰：“今力已屈，當聽處分，不敢相違，請解縛。”賊遽釋之。崔因著衣，取賊佩刀，倚樹而立曰：“欲殺我，任加刀鋸。若覓死，可來相逼！”賊大怒，亂射殺之。元楷後得殺妻者，支解之，以祭崔氏之柩。

[1]河北：泛指黃河以北地區。
[2]滏口：地名。“太行八陘”之一，在今河北磁縣西北、武安市南石鼓山。

史臣曰：夫稱婦人之德，皆以柔順爲先，斯乃舉其中庸，未臻其極者也。至於明識遠圖，貞心峻節，[1]志不可奪，唯義所在，考之圖史，亦何世而無哉！蘭陵主質邁寒松，南陽主心逾匪石，冼媪、孝女之忠壯，崔、馮二母之誠懇，足使義勇慚其志烈，蘭玉謝其貞芳。襄城、華陽之妃，裴倫、元楷之婦，時逢艱阻，事乖好合，甘心同穴，顛沛靡它，志勵冰霜，言逾皎日，雖《詩》詠共姜之自誓，[2]《傳》述伯姬之守死，[3]其將復何以加焉！

〔1〕貞：中華本同底本，汲古閣本、殿本、庫本作“真”。

〔2〕共姜之自誓：典出《詩·鄘風·柏舟序》：“柏舟，共姜自誓也。”

〔3〕伯姬之守死：典出《穀梁傳》襄公三十年：五月，宋國宮殿失火，伯姬不避禍被焚死。伯姬，春秋魯宣公之女，宋共公夫人，亦稱共姬、恭伯姬。

隋書　卷八一

列傳第四十六

東夷

高麗

高麗之先，[1]出自夫餘。[2]夫餘王嘗得河伯女，[3]因閉於室内，爲日光隨而照之，感而遂孕，生一大卵，有一男子破殼而出，[4]名曰朱蒙。[5]夫餘之臣以朱蒙非人所生，咸請殺之，王不聽。及壯，因從獵，所獲居多，又請殺之。其母以告朱蒙，朱蒙棄夫餘東南走。遇一大水，深不可越。朱蒙曰："我是河伯外孫，日之子也。今有難，而追兵且及，如何得渡？"[6]於是魚鱉積而成橋，朱蒙遂渡。追騎不得濟而還。

[1]高麗：古國名。亦稱高句麗、高句驪。漢魏南北朝至隋唐時位於今朝鮮半島北部及遼河以東一帶。傳亦見《後漢書》卷八五、《三國志》卷三〇、《魏書》卷一〇〇、《周書》卷四九、《北

[2]夫餘：古族名、國名。亦作扶餘、鳧臾。兩漢時位於今松花江中游平原一帶，以今吉林農安縣爲中心，南迄今遼寧北境，北臨今黑龍江，東接挹婁，西接鮮卑。魏晋南北朝時屢遭鮮卑慕容氏、高句麗、勿吉等族國侵襲，勢力漸衰，居民分散遷徙。傳見《後漢書》卷八五、《三國志》卷三〇、《晋書》卷九七。

[3]河伯：古代傳説中的河神。

[4]觳（què）：卵殼。按，"觳"字底本、殿本、庫本皆同，中華本作"殼"。

[5]朱蒙：人名。相傳爲高麗國的始祖。事亦見《魏書・高句麗傳》《周書・高麗傳》《北史・高麗傳》等。

[6]如何得渡："渡"字底本原作"度"，殿本、庫本與底本同，今據中華本改。按，下文凡"度"字改作"渡"者皆同，不再出注。

朱蒙建國，自號高句麗，以高爲氏。朱蒙死，子閭達嗣。[1]至其孫莫來興兵，[2]遂并夫餘。至裔孫位宫，[3]以魏正始中入寇西安平，[4]毌丘儉拒破之。[5]位宫玄孫之子曰釗，[6]爲慕容氏所破，[7]遂入丸都，[8]焚其宫室，大掠而還。釗後爲百濟所殺。[9]其曾孫璉，[10]遣使後魏。[11]璉六世孫湯，[12]在周遣使朝貢，[13]武帝拜湯上開府、遼東郡公、遼東王。[14]高祖受禪，[15]湯復遣使詣闕，[16]進授大將軍，[17]改封高麗王。歲遣使朝貢不絶。

[1]閭達：人名。漢時高句麗國王。事亦見《魏書》卷一〇〇《高句麗傳》、《北史》卷九四《高麗傳》。

[2]莫來：人名。漢時高句麗國王。事亦見《魏書・高句麗

傳》、《周書》卷四九《高麗傳》、《北史・高麗傳》。

[3]位宮：人名。三國時高句麗國王。事亦見《三國志》卷二八《魏書・冊丘儉傳》、卷三〇《魏書・高句麗傳》，《魏書・高句麗傳》，《北史・高麗傳》等。

[4]正始：三國魏齊王曹芳年號（240—249）。　西安平：縣名。三國魏時治所在今遼寧寬甸滿族自治縣南鴨綠江北岸。

[5]冊（guàn）丘儉：人名。三國時魏將。齊王曹芳正始年間官任幽州刺史，因當時高句麗屢侵邊境，遂率軍萬人東討，結果大破高句麗，致使其國王位宮逃奔買溝。傳見《三國志》卷二八。

[6]釗：人名。十六國時高句麗國王。事亦見《晉書》卷一〇九《慕容皝載記》、《魏書》卷九五《慕容元真傳》及卷一〇〇《高句麗傳》、《北史》卷九三《慕容皝傳》及卷九四《高麗傳》等。按，“釗”底本原作“昭列帝”，殿本、庫本、中華本與底本同。考《魏書・高句麗傳》載：“其（位宮）玄孫乙弗利，利子釗，烈帝時與慕容氏相攻擊。建國四年，慕容元真率衆伐之……遂入丸都，釗單馬奔竄。元真掘釗父墓……焚其宮室，毀丸都城而還。……釗後爲百濟所殺。”《北史・高麗傳》所載略同。由此可知，“昭”當是“釗”之音誤，“列帝”係因《魏書》“烈帝”而錯衍，今據以改删“昭列帝”作“釗”。下文“釗”字亦同此而改。（參見唐華全《中華書局點校本〈隋書〉質疑二十九則》，《河北師範大學學報》2012 年第 1 期）

[7]慕容氏：十六國時前燕、後燕、西燕、南燕四國王室的姓氏。此指前燕君主慕容皝。載記見《晉書》卷一〇九，《魏書》卷九五、《北史》卷九三有附傳。

[8]丸都：城名。故址在今吉林集安市西北。公元 209 年高句麗自國内城移都於此，至 427 年又自此遷都平壤。

[9]百濟：古國名。故地在今朝鮮半島西南部。相傳公元前 18 年由朱蒙子温祚創立，都於今漢江南岸慰禮城。公元四世紀後逐漸强大，與高句麗、新羅鼎足争雄。傳見本卷、《魏書》卷一〇〇、

《周書》卷四九、《北史》卷九四、《舊唐書》卷一九九上、《新唐書》卷二二〇。

[10]璉：人名。北魏時高句麗國王。事亦見《魏書》卷七下《高祖紀下》及卷一〇〇《高句麗傳》、《周書·高麗傳》、《北史》卷四〇《程駿傳》及卷九四《高麗傳》等。

[11]遣使後魏："遣"字底本、中華本皆同，殿本、庫本作"通"。後魏，又稱北魏，或單稱魏（386—557）。初都平城（今山西大同市東北），公元494年遷都洛陽（今河南洛陽市東北白馬寺東）。公元534年分裂爲東魏和西魏兩個政權。東魏（534—550）都於鄴（今河北臨漳縣西南鄴鎮東），西魏（535—557）都於長安（今陝西西安市西北郊）。

[12]湯：人名。即高湯。北朝末期至隋初高麗國王。事亦見《北齊書》卷五《廢帝紀》、《周書·高麗傳》、《北史》卷七《齊廢帝紀》及卷九四《高麗傳》等。按，"湯"字各本皆同，但本書卷一《高祖紀上》及卷二《高祖紀下》、《北史》卷一一《隋文帝紀》作"陽"，疑訛。

[13]周：即北周（557—581），都於長安（今陝西西安市西北郊）。

[14]武帝：即北周武帝宇文邕。紀見《周書》卷五、六，《北史》卷一〇。　上開府：官名。全稱是上開府儀同大將軍。北周武帝建德四年（575）始置，爲北周十一等勳官的第五等，可開府置官屬。九命。　遼東郡公：爵名。北周時爲十一等爵的第五等。正九命。

[15]高祖：隋文帝楊堅的廟號。紀見本書卷一、二，《北史》卷一一。　受禪：中國古代王朝更迭時，新皇帝承受舊皇帝讓給的帝位，即稱受禪。此指楊堅於公元581年廢北周靜帝，即位稱皇帝，正式建立隋王朝。

[16]復：底本、庫本、中華本皆同，但殿本作"後"，疑訛。詣闕：此指赴朝廷拜謁皇帝。按，"闕"字底本原作"闗"，當

訛，今據殿本、庫本、中華本及《北史·高麗傳》改。

[17]大將軍：官名。隋文帝因改北周十一等勳官之制形成十一等散實官，用以酬勤勞，無實際職掌。大將軍是第四等，可開府置僚佐。正三品。

　　其國東西二千里，南北千餘里。都於平壤城，[1]亦曰長安城，東西六里，隨山屈曲，南臨浿水。[2]復有國內城、漢城，[3]並其都會之所，其國中呼爲“三京”。與新羅每相侵奪，[4]戰争不息。官有太大兄，次大兄，次小兄，次對盧，[5]次意侯奢，[6]次烏拙，次太大使者，次大使者，次小使者，次褥奢，次翳屬，次仙人，凡十二等。復有内評、外評、五部褥薩。人皆皮冠，使人加插鳥羽。[7]貴者冠用紫羅，飾以金銀。服大袖衫，大口褲，素皮帶，黄革屦。婦人裙襦加襈。[8]兵器與中國略同。每春秋校獵，王親臨之。人税布五匹，穀五石。游人則三年一税，[9]十人共細布一匹。租戶一石，次七斗，下五斗。[10]反逆者縛之於柱，爇而斬之，[11]籍没其家。盗則償十倍。用刑既峻，罕有犯者。樂有五弦、琴、筝、篳篥、横吹、簫、鼓之屬，[12]吹蘆以和曲。[13]每年初，聚戲於浿水之上，王乘腰輿，[14]列羽儀以觀之。事畢，王以衣服入水，分左右爲二部，以水石相濺擲，喧呼馳逐，再三而止。俗好蹲踞，潔净自喜，以趨走爲敬，[15]拜則曳一脚，立各反拱，行必摇手。[16]性多詭伏。[17]父子同川而浴，共室而寢。婦人淫奔，[18]俗多游女。有婚嫁者，取男女相悦，然即爲之，男家送猪酒而已，無財聘之禮。或有受財者，人共耻之。死者殯於屋内，經三年，擇吉日而葬。居父母及夫之喪，服皆三年，[19] 兄弟三月。初終哭泣，葬則鼓舞作樂以送之。[20] 埋訖，悉取死者生時服玩車馬置於墓側，會葬者爭取而去。敬鬼神，多淫祠。[21]

[1]平壤城：城名。亦稱長安城。故址在今朝鮮平壤。公元427年高麗自丸都城遷都於此。

[2]浿水：古水名。即今朝鮮大同江。

[3]國内城：城名。故址在今吉林集安市東。公元3年高句麗在此建都，至209年移都於丸都城。國内、丸都兩城相距甚近，古時或視同一地。　漢城：城名。故址在今朝鮮信川一帶。

[4]新羅：古國名。亦稱斯羅。故地在今朝鮮半島東南部，本辰韓十二國中之斯盧國。相傳公元前57年由朴赫居世所建，都於金城（今韓國慶州）。公元四世紀後逐漸强大，與高麗、百濟鼎足爭雄。傳見本卷、《梁書》卷五四、《北史》卷九四、《舊唐書》卷一九九上、《新唐書》卷二二〇等。

[5]對盧：《周書》卷四九、《北史》卷九四《高麗傳》所載高麗十二等官中無“對盧”，但有“大對盧”，位列“太大兄”之上，並稱“其大對盧，則以强弱相陵奪而自爲之，不由王之署置也”。

[6]意侯奢：各本皆同，但《周書·高麗傳》作“意俟奢”，《北史·高麗傳》作“竟侯奢”。

[7]使人：各本皆同，但《北史·高麗傳》作“士人”，《周書·高麗傳》作“有官品者”。

[8]裙襦：由裙子和短襖組成的套裝。　襈：衣服的緣邊裝飾。

[9]游人：指無產業的流民。

[10]次七斗，下五斗：此處“次”“下”是指按家庭貧富程度所劃分的户等，即次等户、下等户。

[11]爇（ruò）：焚燒，烘烤。

〔12〕五弦：古樂器名。即五弦琵琶。屬撥弦樂器，隋唐時極爲流行。　篳篥：古樂器名。亦作觱篥。屬簧管樂器，以竹爲管，管口插有蘆製哨子，有九孔。本出西域龜茲，後傳入内地，隋唐時甚爲流行。　横吹：古樂器名。即今七孔横笛。與古笛之直吹者相對而言，故名横吹。

〔13〕蘆：此指蘆笳。古樂器名。屬簧管樂器，以蘆葉爲管，管口有哨簧，管面有音孔，下端範銅爲喇叭嘴狀，吹時用指啓閉音孔，以調音節。隋唐時在北方少數民族及高麗等國中甚爲流行。

〔14〕腰輿：古時用人手挽抬的一種便輿。因高僅及腰，故名。

〔15〕趨走：古時一種拜謁之禮。即小步疾行，以示莊敬。

〔16〕摇手：各本皆同，但《北史・高麗傳》作“插手”。

〔17〕詭伏：即奸詐而隱藏不露。

〔18〕淫奔：古時指男女私相奔就，自行結合。多指女方往就男方。

〔19〕服：此指服喪期。

〔20〕鼓舞：即擊鼓跳舞。

〔21〕淫祠：古時指不合禮制而設置的祠廟。

　　開皇初，[1]頻有使入朝。及平陳之後，[2]湯大懼，治兵積穀，爲守拒之策。十七年，[3]上賜湯璽書曰：[4]

〔1〕開皇：隋文帝楊堅年號（581—600）。

〔2〕陳：即南朝陳（557—589），都於建康（今江蘇南京市）。

〔3〕十七年：“十七”底本、庫本、中華本及《北史》卷九四《高麗傳》皆同，但殿本作“七十”，誤倒。又按，本書卷二《高祖紀下》及《北史》卷一一一《隋文帝紀》均載隋文帝開皇九年初平陳，開皇十年七月高麗王高陽（“陽”疑爲“湯”之訛，參見前注）卒，因而隋文帝不可能在其人已亡之後的開皇十七年仍賜湯璽

書。再以情理推之，隋開皇九年平陳後，高麗王湯懼怕隋朝威勢，遂治兵積穀爲守拒之策，而隋文帝得知高麗有此背離之舉後，理當快速做出反應警告之，絕不會拖延八年而遲至開皇十七年纔賜湯璽書警告之。故疑此處"十七年"當是"十年"之衍誤，抑或是"十年七月"之脱誤。（參見唐華全《〈隋書〉勘誤18則》，《南昌航空大學學報》2012年第2期）

　　[4]璽書：皇帝的詔書。

　　朕受天命，愛育率土，[1]委王海隅，宣揚朝化，欲使圓首方足各遂其心。[2]王每遣使人，歲常朝貢，雖稱藩附，誠節未盡。王既人臣，須同朕德，而乃驅逼靺鞨，[3]固禁契丹。[4]諸藩頓顙，[5]爲我臣妾，[6]忿善人之慕義，何毒害之情深乎？太府工人，[7]其數不少，王必須之，自可聞奏。昔年潛行財貨，利動小人，私將弩手逃竄下國。[8]豈非修理兵器，意欲不臧，[9]恐有外聞，故爲盜竊？時命使者，撫慰王藩，本欲問彼人情，教彼政術。王乃坐之空館，嚴加防守，使其閉目塞耳，永無聞見。有何陰惡，[10]弗欲人知，禁制官司，[11]畏其訪察？又數遣馬騎，殺害邊人，屢騁姦謀，動作邪説，心在不賓。[12]

　　[1]率土：語出《詩·小雅·北山》："率土之濱，莫非王臣。"後因以"率土"指境域之内或普天下之民衆。

　　[2]圓首方足：喻指人衆、人類。

　　[3]靺鞨：古族名。周時稱肅慎，漢魏時稱挹婁，南北朝時稱勿吉，隋唐時稱靺鞨。分布在今松花江、牡丹江流域及黑龍江下游，東至日本海。部落衆多，互不統屬。傳見本卷、《北史》卷九

四、《舊唐書》卷一九九下、《新唐書》卷二一九。

[4]契丹：古族名。源出東胡。南北朝至隋唐時分布在今遼河上游及内蒙古西拉木倫河一帶。傳見本書卷八四、《魏書》卷一〇〇、《北史》卷九四、《舊唐書》卷一九九下、《新唐書》卷二一九。

[5]頓顙：即屈膝下拜，以額角觸地。多表示請罪或投降。

[6]臣妾：古時對奴隸的稱謂，男曰臣，女曰妾。後亦泛指統治者所役使的民衆和藩屬。

[7]太府：官署名。即太府寺。爲隋九寺之一，掌管全國財貨、廩藏、貿易及工程製造等事務，政令仰承尚書省户部。隋初統領左藏、左尚方、内尚方、右尚方、司染、右藏、黄藏、掌冶、甄官等署；隋煬帝大業三年（607）從中析置少府監，分其工程製造之職，本寺但領京都五市、平準、左右藏等八署。長官爲太府卿，次官爲太府少卿，屬官有丞、主簿等。

[8]下國：即藩國，小國。此指高麗國。

[9]不臧：不善，不良。

[10]陰惡：即陰謀；掩藏的惡事惡行。

[11]官司：此指隋朝派往高麗的使者官員。

[12]不賓：不臣服，不歸順。

朕於蒼生悉如赤子，賜王土宇，授王官爵，深恩殊澤，彰著遐邇。[1]王專懷不信，恒自猜疑，常遣使人密覘消息，純臣之義豈若是也？[2]蓋當由朕訓導不明，王之愆違，[3]一已寬恕，今日以後，[4]必須改革。守藩臣之節，奉朝正之典，自化爾藩，勿忤他國，則長享富貴，實稱朕心。彼之一方，雖地狹人少，然普天之下，皆爲朕臣。今若黜王，不可虛置，終須更選官屬，就彼安撫。王若洒心易行，[5]率由憲章，[6]即是朕之良臣，何勞別遣才彥也？[7]昔帝王作法，仁信爲先，有善必賞，有惡必罰，四海之内，具聞朕旨。王若無罪，朕忽加兵，自餘藩國謂朕何也！王必虛心納朕此意，慎勿疑惑，更懷異圖。

[1]遐邇：即遠近之地。

[2]純臣：忠純篤實之臣。

[3]愆違：過失，罪過。

[4]今日以後："以"字底本、中華本皆同，殿本、庫本作"已"，二字相通。

[5]洒（xǐ）心：意謂蕩滌心中的雜念，徹底悔改。洒，同"洗"。

[6]憲章：指朝廷的法度典章。

[7]才彥：才子賢士。此指取代高麗王湯的賢能之人。

往者陳叔寶代在江陰，[1]殘害人庶，驚動我烽候，[2]抄掠我邊境。朕前後誡敕，經歷十年，彼則恃長江之外，聚一隅之衆，惛狂驕傲，不從朕言。故命將出師，除彼凶逆，來往不盈旬月，[3]兵騎不過數千。歷代逋寇，[4]一朝清蕩，遐邇乂安，[5]人神胥悦。聞王歎恨，獨致悲傷，黜陟幽明，[6]有司是職，[7]罪王不爲陳滅，賞王不爲陳存，樂禍好亂，何爲爾也？王謂遼水之廣何如長江？[8]高麗之人多少陳國？朕若不存含育，[9]責王前愆，命一將軍，何待多力！殷勤曉示，許王自新耳。宜得朕懷，自求多福。

[1]陳叔寶：人名。即南朝陳末代皇帝。紀見《陳書》卷六、《南史》卷一〇。　江陰：地區名。亦稱江外、江表、江南。泛指長江以南地區。

[2]烽候：古代設在邊境地帶用以瞭望和傳遞敵情的烽火臺。

[3]來往：底本、中華本皆同，殿本、庫本作"往來"。

[4]逋寇：即逃寇，流寇。此指南朝陳。

[5]乂安：太平，安定。

[6]黜陟幽明：黜退昏愚的官員而晋升賢明的官員。

[7]有司：此指朝廷中主管賞罰黜陟的部門和官員。

[8]遼水：古水名。即今遼寧境内的遼河。

[9]含育：包容化育。

湯得書惶恐，將奉表陳謝，會病卒。子元嗣立。[1]高祖使使拜元爲上開府儀同三司，[2]襲爵遼東郡公，[3]賜衣一襲。元奉表謝恩，并賀祥瑞，因請封王。高祖優册元爲王。

[1]元：人名。即高元。隋中後期高麗國王。事亦見本書卷二《高祖紀下》、卷三《煬帝紀上》、卷四《煬帝紀下》，《北史》卷一一《隋文帝紀》、卷一二《隋煬帝紀》、卷九四《高麗傳》等。

[2]上開府儀同三司：官名。亦簡稱"上開府"。爲隋十一等散實官的第五等，可開府置僚佐。從三品。按，中華本在"上開府"和"儀同三司"中間標有頓號，斷爲兩個官名，實誤（參見唐華全《中華書局點校本〈隋書〉質疑二十九則》）。

[3]遼東郡公：爵名。爲隋九等爵的第四等。從一品。

明年，元率靺鞨之衆萬餘騎寇遼西，[1]營州總管韋沖擊走之。[2]高祖聞而大怒，命漢王諒爲元帥，[3]總水陸討之，下詔黜其爵位。時饋運不繼，六軍乏食，[4]師出臨渝關，[5]復遇疾疫，王師不振。及次遼水，元亦惶懼，遣使謝罪，上表稱“遼東糞土臣元”云云。[6]上於是罷兵，待之如初，元亦歲遣朝貢。

[1]遼西：地區名。指今遼寧省遼河以西之地。

[2]營州：隋初置總管府，煬帝大業初府廢。治所在今遼寧朝陽市。 總管：官名。全稱是總管刺史加使持節。北周始置諸州總管，隋承繼，又有增置。總管的統轄範圍可達數州至十餘州，實爲一軍政轄區的最高長官。隋文帝在并、益、荊、揚四州置大總管，其餘州置總管。總管分上、中、下三等，品秩分別爲流内視從二品、視正三品、視從三品。 韋沖：人名。本書卷四七、《北史》卷六四有附傳。

[3]漢王諒：即隋文帝第五子楊諒。傳見本書卷四五、《北史》卷七一。 元帥：此指行軍元帥。隋時出征軍的統帥名。根據需要臨時差遣任命，事罷則廢。

[4]六軍：本指周天子所統領的六軍之師。後因以爲國家軍隊的統稱。 乏食：“乏”字底本、殿本、中華本及《北史》卷九四《高麗傳》皆同，但庫本作“之”，當訛。

[5]臨渝關：關隘名。亦稱渝關、臨間關、臨榆關。隋開皇三年築，爲東北邊防重鎮。故址在今河北撫寧縣東北榆關鎮；一説故址即今河北秦皇島市東山海關。

[6]遼東：地區名。泛指今遼河以東地區。隋時高麗國在遼東，故亦代指高麗。 糞土：比喻鄙賤下劣的事物或人物。此處用作自貶之詞。

煬帝嗣位，[1]天下全盛，高昌王、突厥啓人可汗並親詣闕貢獻，[2]於是徵元入朝。元懼，藩禮頗闕。大業七年，[3]帝將討元之罪，車駕度遼水，上營於遼東城，[4]分道出師，各頓兵於其城下。高麗率兵出拒，戰多不利，於是皆嬰城固守。帝令諸軍攻之，又敕諸將："高麗若降者，即宜撫納，不得縱兵。"城將陷，賊輒言請降，諸將奉旨不敢赴機，[5]先令馳奏。比報至，賊守禦亦備，隨出拒戰。如此者再三，帝不悟。由是食盡師老，轉輸不繼，諸軍多敗績，於是班師。是行也，唯於遼水西拔賊武厲邏，[6]置遼東郡及通定鎮而還。[7]

[1]煬帝：即隋煬帝楊廣。紀見本書卷三、四，《北史》卷一二。

[2]高昌：古國名。故地在今新疆吐魯番市東，本漢時車師前部之地。隋時其國王姓麴氏，臣服於隋朝。傳見本書卷八三、《魏書》卷一〇一、《周書》卷五〇、《北史》卷九七、《舊唐書》卷一九八、《新唐書》卷二二一上。　突厥：古族名、國名。公元六世紀初興起於今阿爾泰山西南麓，552 年在今鄂爾渾河流域建立突厥汗國，此後其勢力擴展至大漠南北，橫跨蒙古高原，隋開皇二年分裂爲東、西兩部。傳見本書卷八四、《周書》卷五〇、《北史》卷九九、《舊唐書》卷一九四、《新唐書》卷二一五。　啓人可汗："人"應作"民"，唐人避諱改。啓民可汗是隋時東突厥的可汗，名染干。事亦見本書卷八四、《北史》卷九九《突厥傳》等。

[3]大業：隋煬帝楊廣年號（605—618）。

[4]遼東城：城名。故址在今遼寧遼陽市。

[5]赴機：投入戰鬥，參與戰事。

[6]武厲邏：隋時高麗國軍鎮名。故址在今遼寧新民市東北。

[7]遼東郡：治所在今遼寧新民市東北。　通定鎮：軍鎮名。故址在今遼寧瀋陽市。

　　九年，帝復親征之，乃敕諸軍以便宜從事。[1]諸將分道攻城，賊勢日蹙。會楊玄感作亂，[2]反書至，帝大懼，即日六軍並還。兵部侍郎斛斯政亡入高麗，[3]高麗具知事實，悉銳來追，殿軍多敗。[4]十年，又發天下兵，會盜賊蜂起，人多流亡，所在阻絕，軍多失期。[5]至遼水，高麗亦困弊，遣使乞降，囚送斛斯政以贖罪。帝許之，頓於懷遠鎮，[6]受其降款。仍以俘囚軍實歸。[7]至京師，以高麗使者親告於太廟，[8]因拘留之。仍徵元入朝，元竟不至。帝敕諸軍嚴裝，更圖後舉，會天下大亂，遂不克復行。

　　[1]便宜從事：亦作“便宜行事”。古代重要軍政長官出征、出使或出鎮時，由皇帝授予的一種職權特令。即可斟酌情勢，不拘規制條文，不須請示，自行處理前方軍政事務。

　　[2]楊玄感：人名。傳見本書卷七〇，《北史》卷四一有附傳。

　　[3]兵部侍郎：官名。隋初於尚書省兵部下轄四曹之一兵部曹置兵部侍郎二人，爲該曹長官，掌武官勳禄品級、軍籍及軍隊調遣等政令。正六品上，開皇三年升爲從五品。隋煬帝大業三年改諸曹侍郎爲“郎”，而又於尚書省所轄六部各置“侍郎”一人，爲六部之次官，協助六部尚書掌理六部政務。正四品。此後，兵部侍郎就成爲兵部的副長官，而原兵部侍郎則改稱爲兵曹郎。　斛斯政：人名。傳見本書卷七〇，《北史》卷四九有附傳。

　　[4]殿軍：指行軍時走在最後的部隊。

　　[5]失期：未能按照規定的期限行動。

　　[6]懷遠鎮：鎮、城名。故址在今遼寧遼陽縣西北。隋煬帝三征高麗時常駐蹕於此。

　　[7]軍實：泛指軍用器械和糧餉。亦特指戰爭所獲得的俘虜和

財物等戰果。

[8]親告：指古代天子親自祭告天地或祖先。　太廟：古代帝王供奉和祭祀祖先的宗廟。

百濟

百濟之先，出自高麗國。[1]其國王有一侍婢，忽懷孕，王欲殺之。婢云："有物狀如鷄子，來感於我，故有娠也。"王捨之。後遂生一男，棄之厠溷，[2]久而不死，以爲神，命養之，名曰東明。[3]及長，高麗王忌之，東明懼，逃至淹水，[4]夫餘人共奉之。東明之後，有仇台者，[5]篤於仁信，始立其國于帶方故地。[6]漢遼東太守公孫度以女妻之，[7]漸以昌盛，爲東夷强國。[8]初以百家濟海，因號百濟。歷十餘代，代臣中國，前史載之詳矣。開皇初，其王餘昌遣使貢方物，[9]拜昌爲上開府、帶方郡公、百濟王。[10]

[1]高麗國：各本皆同，但《北史》卷九四《百濟傳》作"索離國"。中華本校勘記指出："索"當是"櫜"之訛，"櫜"音"高"，"櫜離"即"高麗"也。

[2]厠溷（hùn）：即厠所。

[3]東明：人名。傳説爲夫餘始祖。事亦見《後漢書》卷八五《夫餘傳》、《三國志》卷三〇《魏書·夫餘傳》注引《魏略》、《梁書》卷五四《高句驪傳》、《北史·百濟傳》。

[4]淹水：古水名。《北史·百濟傳》作"淹滯水"，《後漢書·夫餘傳》作"掩淲水"，李賢注："今高麗中有蓋斯水，疑此水是也。"約當今遼河上游之東遼河。

[5]仇台：人名。亦作“尉仇台”。漢末夫餘王，百濟奉其爲始祖。事亦見《後漢書·夫餘傳》、《三國志·魏書·夫餘傳》、《周書》卷四九《百濟傳》、《北史·百濟傳》等。

[6]帶方：郡名。東漢獻帝時公孫康分樂浪郡南部置。治所在今朝鮮鳳山附近。轄境約當今朝鮮黃海南道、黃海北道一帶。

[7]遼東：郡名。東漢時治所在今遼寧遼陽市。　公孫度：人名。東漢獻帝時官任遼東郡太守，以武力攻城略地，成爲遼東地區的割據統治者。傳見《三國志》卷八。

[8]東夷：古代對中國東部各少數民族及各鄰國的統稱。

[9]餘昌：人名。全稱“扶餘昌”。北朝末至隋前期百濟國王。事亦見本書卷一《高祖紀上》、《北齊書》卷八《後主紀》、《周書·百濟傳》、《北史》卷八《齊後主紀》及卷九四《百濟傳》等。

[10]帶方郡公：爵名。爲隋九等爵的第四等。從一品。

其國東西四百五十里，南北九百餘里，南接新羅，[1]北拒高麗。其都曰居拔城。[2]官有十六品：長曰左平，[3]次大率，[4]次恩率，次德率，[5]次杆率，[6]次奈率，次將德，服紫帶；次施德，皁帶；次固德，赤帶；次李德，[7]青帶；次對德以下，皆黃帶；次文督，[8]次武督，次佐軍，次振武，次剋虞，皆用白帶。其冠制並同，唯奈率以上飾以銀花。長史三年一交代。[9]畿內爲五部，[10]部有五巷，士人居焉。五方各有方領一人，[11]方佐貳之。[12]方有十郡，郡有將。其人雜有新羅、高麗、倭等，[13]亦有中國人。其衣服與高麗略同。婦人不加粉黛，女辮髮垂後，[14]已出嫁則分爲兩道，盤於頭上。俗尚騎射，讀書史，能吏事，亦知醫藥、蓍龜、占相之術。[15]以兩手據地爲敬。有僧尼，多寺塔。有鼓角、箜

筬、箏、竽、箎、笛之樂，[16] 投壺、圍棋、樗蒱、握
槊、弄珠之戲。[17] 行宋《元嘉曆》，[18] 以建寅月爲歲
首。[19] 國中大姓有八族，沙氏、燕氏、刕氏、解氏、貞
氏、國氏、木氏、苜氏。[20] 婚娶之禮，略同於華。[21] 喪
制如高麗。有五穀、牛、猪、鷄，多不火食。[22] 厥田下
濕，[23] 人皆山居。有巨栗。[24] 每以四仲之月，[25] 王祭天
及五帝之神。[26] 立其始祖仇台廟於國城，歲四祠之。國
西南人島居者十五所，皆有城邑。

[1]南接新羅：《周書》卷四九《百濟傳》、《北史》卷九四
《百濟傳》均作"東極新羅"。

[2]居拔城：城名。亦稱固麻城。南北朝至隋時百濟都於此。
故址在今韓國公州西南。

[3]左平：各本皆同，《周書·百濟傳》《北史·百濟傳》亦
同，但《通典》卷一八五《邊防典一·東夷上·百濟》作"左
率"。

[4]大率：各本皆同，但《周書·百濟傳》、《北史·百濟傳》、
《通典》卷一八五《邊防典一·東夷上·百濟》均作"達率"。

[5]次德率：底本、中華本皆同，殿本、庫本脱"次"字。

[6]杅率：底本、中華本及《北史·百濟傳》皆同，但殿本、
庫本作"杆率"，《周書·百濟傳》、《通典》卷一八五《邊防典
一·東夷上·百濟》又作"扞率"。

[7]李德：各本皆同，但《周書·百濟傳》、《北史·百濟傳》、
《通典》卷一八五《邊防典一·東夷上·百濟》均作"季德"。

[8]皆黃帶；次文督：《周書·百濟傳》、《北史·百濟傳》、
《通典》卷一八五《邊防典一·東夷上·百濟》均載"皆黃帶"在
"文督"之下。

[9]長史：各本皆同，但《北史·百濟傳》作"長吏"。按，

長史是百濟依中國古代官制而置的國王之僚佐官，長吏則泛指各級官員，而據上下文意，此處應以"長吏"爲是，泛指上列百濟十六品官。

〔10〕畿內：古時指都城及其周圍一帶的地區。

〔11〕方領：百濟在其東、西、南、北、中五方轄境所置的各方軍政長官，以大率（或作達率）充任之。

〔12〕方佐：百濟在其五方轄境所置的各方軍政副長官，輔佐方領統率一方。　貳之："貳"字底本、中華本皆同，殿本、庫本作"一"。

〔13〕倭：中國古代對日本人及其國家的稱呼。傳見本卷、《後漢書》卷八五、《三國志》卷三〇、《晋書》卷九七、《宋書》卷九七、《梁書》卷五四、《南史》卷七九、《北史》卷九四、《舊唐書》卷一九九上、《新唐書》卷二二〇等。按，"倭"字底本原作"俀"，殿本、庫本與底本同，中華本改作"倭"，其校勘記云："古從'委'和從'妥'的字，有時可以通用。如'桵'或作'桵'，'綏'或作'綏'。'俀'應是'倭'字的別體。本書《煬帝紀上》作'倭'。本卷和他處作'俀'者，今一律改爲'倭'。"今從改。下同。

〔14〕女辮髮垂後：底本、中華本及《北史·百濟傳》皆同，殿本、庫本脱"女"字。

〔15〕蓍龜：古時用蓍草與龜甲預測凶吉禍福的一種占卜術。占相：古時通過觀察某些自然現象或人的面貌、氣色等以推斷吉凶禍福的一種相術。

〔16〕箜篌：古樂器名。屬撥弦樂器，有竪式和卧式兩種。　篪（chí）：古樂器名。亦作"竾"。爲一種竹製的管樂器，像笛，有八孔，橫吹。

〔17〕投壺：古代宴會中舉行的一種娱樂游戲。賓主依次用矢投向盛酒的壺口，以投中多少決定勝負，負者飲酒。　樗（chū）蒲：亦作樗蒲、摴蒲。古代一種賭博游戲，盛行於漢魏時期。博具

有子，有馬，有五木（骰子）等。人執六馬，用五木擲采；采有十種，以盧、雉、犢、白爲貴采，餘爲雜采。貴采得連擲、打馬、過關，雜采則否。　握槊：古代一種賭博游戲。相傳由天竺傳入，盛行於南北朝，後演變爲雙陸之戲。其法是設局如棋盤，左右各有六路；馬作椎形，黑白各十五枚。兩人相博，以骰子擲采行馬，白馬從左到右，黑馬反之，先出完者獲勝。　弄珠：亦稱弄丸、跳丸。古代一種民間雜技。表演者兩手玩弄許多個彈珠，上下拋接，不使其落地。

[18]宋：即南朝宋（420—479），都於建康（今江蘇南京市）。《元嘉曆》：南朝宋國子博士何承天所創制的一部曆法，頒行於宋文帝元嘉二十二年（445）。

[19]建寅月：即夏曆正月。

[20]劦（lí）氏："劦"字各本皆同，《北史·百濟傳》亦同，但《通典》卷一八五《邊防典一·東夷上·百濟》作"荔"。　貞氏："貞"字各本皆同，但《北史·百濟傳》、《通典》卷一八五《邊防典一·東夷上·百濟》均作"真"。　苩（bó）氏："苩"字底本原作"苗"，殿本、庫本及《北史·百濟傳》與底本同，中華本據《通典》卷一八五《邊防典一·東夷上·百濟》改作"苩"，應是，今從改。

[21]華：即"華夏"的簡稱。指中國。

[22]火食：吃熟食。

[23]厥田下濕：此句底本、中華本皆同，殿本、庫本脱"濕"字。

[24]有巨栗："栗"字底本原作"粟"，當訛，今據殿本、庫本、中華本及《北史·百濟傳》改。

[25]四仲之月：指農曆四季中每季的第二個月，即仲春二月、仲夏五月、仲秋八月、仲冬十一月。

[26]五帝：此指東、西、南、北、中五方之天帝。

　　平陳之歲，有一戰船漂至海東耽牟羅國，[1]其船得還，經于百濟，昌資送之甚厚，并遣使奉表賀平陳。高祖善之，下詔曰：“百濟王既聞平陳，遠令奉表，往復至難，若逢風浪，便致傷損。百濟王心迹淳至，朕已委知。[2]相去雖遠，事同言面，何必數遣使來相體悉。[3]自今以後，不須年別入貢，[4]朕亦不遣使往，王宜知之。”使者舞蹈而去。[5]

　　[1]耽牟羅國：古國名。亦作𨈭牟羅國、𨈭羅國。故地在今韓國濟州島。

　　[2]朕已委知：“委”字底本、殿本、中華本皆同，庫本作“悉”。

　　[3]體悉：意謂體念而知其衷曲。

　　[4]年別：即每年、每歲。

　　[5]舞蹈：古代臣下朝見帝王時表達敬意或頌揚的一種禮節。

　　開皇十八年，昌使其長史王辯那來獻方物，[1]屬興遼東之役，[2]遣使奉表，請爲軍導。帝下詔曰：“往歲爲高麗不供職貢，[3]無人臣禮，故命將討之。高元君臣恐懼，畏服歸罪，朕已赦之，不可致伐。”厚其使而遣之。高麗頗知其事，以兵侵掠其境。

　　[1]王辯那：人名。隋文帝時爲百濟國王扶餘昌屬下長史之官，開皇十八年奉使入隋進獻方物。事亦見《北史》卷九四《百濟傳》。

　　[2]遼東之役：此指隋開皇十八年漢王楊諒統軍征討高麗之戰。

　　[3]職貢：古代指藩屬或外國向朝廷按時納貢。

昌死，子餘宣立，[1]死，子餘璋立。[2]

　　[1]餘宣：人名。全稱"扶餘宣"。隋中期百濟國王。事亦見《欽定滿洲源流考》卷三《部族三·百濟》。

　　[2]餘璋：人名。全稱"扶餘璋"。隋後期至唐初百濟國王。事亦見《北史》卷九四《百濟傳》、《舊唐書》卷三《太宗紀下》及卷一九九上《百濟傳》、《新唐書》卷二二〇《百濟傳》等。按，《北史·百濟傳》載稱："餘昌死，子餘璋立。"中間無餘宣一代，疑有脫誤。

　　大業三年，璋遣使者燕文進朝貢。[1]其年，又遣使者王孝鄰入獻，[2]請討高麗。煬帝許之，令覘高麗動静。然璋内與高麗通和，挾詐以窺中國。七年，帝親征高麗，璋使其臣國智牟來請軍期。[3]帝大悦，厚加賞錫，[4]遣尚書起部郎席律詣百濟，[5]與相知。明年，六軍度遼，璋亦嚴兵於境，聲言助軍，實持兩端。[6]尋與新羅有隙，[7]每相戰争。十年，復遣使朝貢。後天下亂，使命遂絶。

　　[1]燕文進：人名。隋時百濟國人，隋煬帝大業三年奉使入隋朝貢。事亦見《北史》卷九四《百濟傳》。

　　[2]王孝鄰：人名。隋時百濟國人，隋煬帝大業三年奉使入隋進獻方物，並請求隋朝出兵征討高麗，煬帝許之。事亦見《北史·百濟傳》。

　　[3]國智牟：人名。隋時百濟國大臣，隋煬帝大業七年奉使入隋請告攻打高麗的軍期，煬帝悦而賞之。事亦見《北史·百濟傳》。

［4］賞錫：即賞賜。錫，通"賜"。

［5］尚書起部郎：官名。隋初於尚書省工部下轄四曹之一工部曹置工部侍郎二人爲該曹長官，掌百工徒役、土木營造之政令。正六品上，開皇三年升爲從五品。隋煬帝大業三年改諸曹侍郎爲"郎"，而又於尚書省所轄六部各置"侍郎"一人爲六部之次官。此後，工部侍郎就成爲工部的副長官，正四品；而原工部侍郎則改稱爲"起部郎"，以別於六部侍郎之名，從五品。　席律：人名。隋煬帝大業七年官任尚書起部郎，奉使百濟通告攻打高麗的軍期，並約請百濟助攻。事亦見《北史·百濟傳》。

［6］持兩端：意謂態度猶豫不決，懷有二心。

［7］隙：嫌隙；怨恨。

其南海行三月，有躭牟羅國，南北千餘里，東西數百里，土多獐鹿，附庸於百濟。百濟自西行三日，至貊國云。[1]

［1］貊國：漢時對高句麗國的別稱。此指高麗。按，"貊國"底本、中華本皆同，殿本、庫本作"貊"，脱"國"字。

新羅

新羅國，在高麗東南，居漢時樂浪之地，[1]或稱斯羅。[2]魏將毌丘儉討高麗，破之，奔沃沮。[3]其後復歸故國，留者遂爲新羅焉。故其人雜有華夏、高麗、百濟之屬，兼有沃沮、不耐、韓、獩之地。[4]其王本百濟人，自海逃入新羅，遂王其國。傳祚至金真平，[5]開皇十四年，遣使貢方物。高祖拜真平爲上開府、樂浪郡公、新羅王。[6]其先附庸於百濟，後因百濟征高麗，高麗人不堪戎役，相率歸之，遂致强盛，因襲百濟附庸於迦羅國。[7]

[1]樂浪：郡名。漢武帝元封三年（前 108）置。治所在今朝鮮平壤市南。

[2]斯羅：各本皆同，《北史》卷九四《新羅傳》作“斯盧”。

[3]沃沮：古國名。漢魏時位於今朝鮮半島東北部一帶，後屬高句麗。傳見《後漢書》卷八五、《三國志》卷三〇。

[4]不耐：縣名。漢時爲樂浪郡東部都尉的治所，故地在今朝鮮德源、永興一帶。　韓：古國名。漢魏時位於今朝鮮半島南部，包括馬韓、辰韓、弁辰（亦稱弁韓）三部，各有若干屬國，統稱爲“三韓”。後分屬百濟、新羅。傳見《後漢書》卷八五、《三國志》卷三〇、《晋書》卷九七。　獩：古國名。正作“濊”。漢魏時位於今朝鮮東部一帶，北接高句麗、沃沮，南接辰韓，東至大海，西至樂浪郡。後分屬高句麗、新羅。傳見《後漢書》卷八五、《三國志》卷三〇。

[5]傳祚：即傳位，傳國。　金真平：人名。隋至唐初新羅國王。事亦見《北史·新羅傳》、《舊唐書》卷一《高祖紀》及卷一九九上《新羅傳》、《新唐書》卷二二〇《新羅傳》等。

[6]樂浪郡公：爵名。爲隋九等爵的第四等。從一品。

[7]因襲百濟附庸於迦羅國：中華本校勘記稱：“《通典》一八五作‘因襲加羅、任那諸國滅之’。據《三國史記》，有金官、古寧諸加邪國，均爲新羅所併，疑‘於’字是‘諸’字之訛。”當從之。迦羅國，古國名。故地約在今韓國南部沿海一帶。

其官有十七等：其一曰伊罰干，[1]貴如相國；[2]次伊尺干，次迎干，次破彌干，次大阿尺干，[3]次阿尺干，次乙吉干，次沙咄干，次及伏干，次大奈摩干，次奈摩，^[4]次大舍，次小舍，次吉士，^[5]次大烏，次小烏，次造位。^[6]外有郡縣。其文字、甲兵同於中國。選人壯健者悉入軍，烽、戍、邏俱有屯管部伍。^[7]風俗、刑政、衣服，略與高麗、百濟同。每正月旦相賀，^[8]王設宴會，班賚群官。^[9]其日拜日月神。至八月十五日，設樂，令官人射，賞以馬布。其有大事，則聚群官詳議而定之。服色尚素。婦人辮髮繞頭，^[10]以雜彩及珠爲飾。婚嫁之禮，唯酒食而已，輕重隨貧富。新婚之夕，女先拜舅姑，^[11]次即拜夫。^[12]死有棺斂，葬起墳陵。王及父母妻子喪，持服一年。田甚良沃，水陸兼種。其五穀、果菜、鳥獸、物産，略與華同。大業以來，歲遣朝貢。新羅地多山險，雖與百濟構隙，^[13]百濟亦不能圖之。

[1]伊罰干："干"字底本、中華本及《北史》卷九四《新羅傳》皆同，但殿本、庫本作"千"，下列各官名之"干"字殿本、庫本亦均作"千"，疑訛；又《通典》卷一八五《邊防典一·東夷上·新羅》作"于"，下列各官名之"干"字《通典》亦均作"于"，疑訛。

[2]相國：官名。春秋戰國時始置，爲百官之長。秦漢以後時置時廢，權力則因時因人而異。後亦用爲宰相的尊稱。

[3]大阿尺干："阿"字各本皆同，《北史·新羅傳》亦同，但《通典》卷一八五《邊防典一·東夷上·新羅》作"河"，又下"阿尺干"之"阿"字《通典》亦作"河"，疑訛。

[4]奈摩：《通典》卷一八五《邊防典一·東夷上·新羅》無"奈摩"，並稱新羅"官有十六等"，與本傳及《北史·新羅傳》所載有異。

[5]吉土：各本皆同，《通典》卷一八五《邊防典一·東夷上·新羅》亦同，但中華本校勘記稱“《三國史記》三八作‘吉士’”，而《北史·新羅傳》亦作“吉士”。

[6]造位：各本皆同，《北史·新羅傳》亦同，但《通典》卷一八五《邊防典一·東夷上·新羅》作“達位”。

[7]烽：古代設在邊境地帶用以瞭望和傳遞敵情的烽火臺。戍：古代在邊境地帶設置的邊防軍事據點。　邏：古代在邊境地帶設置的巡邏哨卡。　屯管部伍：“管”字各本皆同，但《北史·新羅傳》、《通典》卷一八五《邊防典一·東夷上·新羅》均作“營”，當是。

[8]正月旦：即正月初一。按，“正月旦”各本皆同，但《北史·新羅傳》作“月旦”，疑有脫誤。

[9]班賚：頒賜；分賞。

[10]辮髮繞頭：“頭”字各本皆同，但《北史·新羅傳》作“頸”，疑訛。

[11]舅姑：古時婦女對夫之父母的稱謂。俗稱公婆。

[12]次即拜夫：《北史·新羅傳》“夫”上有“大兄”。

[13]構隙：結怨、結仇。

靺鞨

靺鞨，在高麗之北，邑落俱有酋長，[1]不相總一。[2]凡有七種：其一號粟末部，[3]與高麗相接，勝兵數千，多驍武，每寇高麗中。其二曰伯咄部，[4]在粟末之北，勝兵七千。其三曰安車骨部，[5]在伯咄東北。其四曰拂涅部，在伯咄東。其五曰號室部，在拂涅東。其六曰黑水部，在安車骨西北。其七曰白山部，[6]在粟末東南。

勝兵並不過三千，而黑水部尤爲勁健。自拂涅以東，矢
皆石鏃，[7] 即古之肅慎氏也。[8] 所居多依山水，渠帥曰大
莫弗瞞咄，[9] 東夷中爲强國。有徒太山者，[10] 俗甚敬畏，
上有熊羆豹狼，皆不害人，人亦不敢殺。地卑濕，築土
如堤，鑿穴以居，開口向上，以梯出入。相與偶耕，[11]
土多粟、麥、穄。水氣鹹，生鹽於木皮之上。其畜多
猪。嚼米爲酒，飲之亦醉。婦人服布，男子衣猪狗皮。
俗以溺洗手面，[12] 於諸夷最爲不絜。其俗淫而妒，其妻
外淫，人有告其夫者，夫輒殺妻，殺而後悔，必殺告
者，由是姦淫之事終不發揚。人皆射獵爲業，角弓長三
尺，箭長尺有二寸。常以七八月造毒藥，傅矢以射禽
獸，中者立死。

［1］酋長：古代對少數民族部落首領的稱謂。

［2］總一：統一。

［3］粟末：底本原作“粟未”，殿本、庫本與底本同，中華本
據《册府元龜》卷九五六《外臣部・種族》、《新唐書》卷二一九
《黑水靺鞨傳》及《渤海傳》、《通鑑》卷一八九《唐紀》武德四年
胡三省注改作“粟末”，《北史》卷九四《勿吉傳》亦作“粟末”，
今從中華本及《北史》改。下同。

［4］伯咄：各本皆同，《北史・勿吉傳》亦同，但《新唐書・
黑水靺鞨傳》、《册府元龜》卷九五六《外臣部・種族》均作“汨
咄”。

［5］安車骨：各本皆同，《北史・勿吉傳》及《册府元龜》卷
九五六《外臣部・種族》亦同，但《新唐書・黑水靺鞨傳》作
“安居骨”。

［6］白山：底本、庫本、中華本皆同，《北史・勿吉傳》《新唐

書·黑水靺鞨傳》及《册府元龜》卷九五六《外臣部·種族》亦同，但殿本作“白水”，當誤。

[7]石鏃：石製的箭頭。

[8]肅慎氏：古族名。即肅慎。亦作息慎、稷慎。商周時分布在今長白山以北至黑龍江中下游一帶，東濱大海。秦漢以後的挹婁、勿吉、靺鞨、女真等族都與其有淵源關係。傳見《晋書》卷九七。

[9]渠帥：古代對少數民族部落首領或武裝反叛者首領的稱謂。

[10]徒太山：亦稱太白山。即今吉林東部的長白山。按，“徒太山”各本皆同，《魏書》卷一〇〇《勿吉傳》亦同，但《北史·勿吉傳》作“從太山”，疑訛。

[11]偶耕：兩人協力耕作土地。

[12]溺（niào）：即尿、小便。

開皇初，相率遣使貢獻。高祖詔其使曰：“朕聞彼土人庶多能勇捷，今來相見，實副朕懷。朕視爾等如子，爾等宜敬朕如父。”對曰：“臣等僻處一方，道路悠遠，聞内國有聖人，[1]故來朝拜。既蒙勞賜，親奉聖顔，下情不勝歡喜，願得長爲奴僕也。”其國西北與契丹相接，每相劫掠。後因其使來，高祖誡之曰：“我憐念契丹與爾無異，宜各守土境，豈不安樂？何爲輒相攻擊，甚乖我意！”使者謝罪。高祖因厚勞之，令宴飲於前。使者與其徒皆起舞，其曲折多戰鬥之容。[2]上顧謂侍臣曰：“天地間乃有此物，常作用兵意，何其甚也！”然其國與隋懸隔，[3]唯粟末、白山爲近。

[1]内國：即中國。隋人因避諱隋文帝父楊忠之名而改稱“内

國"。

　　[2]曲折：指歌舞的曲調譜式及内容情節。

　　[3]懸隔：相隔很遠；相差很大。

　　煬帝初與高麗戰，頻敗其衆，渠帥度地稽率其部來降。[1]拜爲右光禄大夫，[2]居之柳城，[3]與邊人來往。悦中國風俗，請被冠帶，帝嘉之，賜以錦綺而褒寵之。及遼東之役，度地稽率其徒以從，每有戰功，賞賜優厚。十三年，從帝幸江都，[4]尋放歸柳城。在塗遇李密之亂，[5]密遣兵邀之，[6]前後十餘戰，僅而得免。至高陽，[7]復没於王須拔。[8]未幾，遁歸羅藝。[9]

　　[1]度地稽：人名。亦作"突地稽"。隋至唐初靺鞨部落首領。隋煬帝大業初率部降隋内遷，隨後部從煬帝征伐高麗，又扈從煬帝巡游江都。隋末大亂時率部北歸，途中與李密、王須拔等部農民軍發生戰鬥，多敗績，遂逃奔涿郡歸附羅藝，後隨羅藝歸降唐朝。唐初以戰功官至右衛將軍，爵封耆國公。事亦見《北史》卷九四《勿吉傳》、《舊唐書》卷一九九下《靺鞨傳》、《新唐書》卷一一〇《李謹行傳》及卷二一九《契丹傳》等。

　　[2]右光禄大夫：官名。屬散實官。隋初爲正二品，隋煬帝大業三年降爲從二品。

　　[3]柳城：縣名。治所在今遼寧朝陽市。

　　[4]江都：郡名。治所在今江蘇揚州市。

　　[5]李密：人名。傳見本書卷七〇、《北史》卷六〇、《舊唐書》卷五三、《新唐書》卷八四。

　　[6]邀：阻攔，攔擊。

　　[7]高陽：郡名。治所在今河北定州市。

[8]王須拔：人名。隋末河北農民軍的首領之一，曾占據高陽郡，擁衆數萬人，後率兵攻打幽州，戰死。事亦見本書卷四《煬帝紀下》、《北史》卷一二《隋煬帝紀》及卷九四《勿吉傳》、《舊唐書》卷五四《竇建德傳》及卷一八五上《張允濟傳》、《新唐書》卷一《高祖紀》及卷八五《竇建德傳》等。

[9]羅藝：人名。隋煬帝大業中以軍功官至虎賁郎將，督軍於北平郡。隋末大亂時以武力占據涿郡及附近郡縣，自稱幽州總管。唐高祖武德三年（620）歸降唐朝，封爲燕王，後謀反被誅。傳見《舊唐書》卷五六、《新唐書》卷九二。

流求國

流求國，[1]居海島之中，當建安郡東，[2]水行五日而至。土多山洞。其王姓歡斯氏，名渴剌兜，[3]不知其由來有國代數也。彼土人呼之爲可老羊，妻曰多拔荼。[4]所居曰波羅檀洞，塹柵三重，環以流水，樹棘爲藩。王所居舍，其大一十六間，雕刻禽獸。多鬬鏤樹，似橘而葉密，條纖如髮，然下垂。國有四五帥，統諸洞，洞有小王。往往有村，村有鳥了帥，[5]並以善戰者爲之，自相樹立，理一村之事。男女皆以白紵繩纏髮，從項後盤繞至額。其男子用鳥羽爲冠，裝以珠貝，飾以赤毛，形製不同。婦人以羅紋白布爲帽，[6]其形正方。織鬬鏤皮并雜色紵及雜毛以爲衣，製裁不一。綴毛垂螺爲飾，雜色相間，下垂小貝，其聲如珮。綴鐺施釧，懸珠於頸。織藤爲笠，飾以毛羽。有刀、稍、弓、箭、劍、鈹之屬。[7]其處少鐵，刀皆薄小，多以骨角輔助之。編紵爲甲，或用熊豹皮。王乘木獸，[8] 令左右輿之而行，[9] 導從不過數十人。[10] 小王乘机，[11] 鏤爲獸形。國人好相攻擊，人皆驍健善走，難死而耐創。諸洞各爲部隊，不相救助。兩陣相當，勇者三五人出前跳噪，交言相罵，因相擊射。如其不勝，一軍皆走，遣人致謝，即共和解。收取鬭死者，共聚而食之，仍以髑髏將向王所。[12] 王則賜之以冠，使爲隊帥。無賦斂，有事則均稅。用刑亦無常准，皆臨事科決。[13] 犯罪皆斷於鳥了帥；不伏，則上請於王，王令臣下共議定之。獄無枷鎖，唯用繩縛。決死刑以鐵錐，大如箸，長尺餘，鑽頂而殺之。輕罪用杖。俗無文字，望月虧盈以紀時節，候草藥枯以爲年歲。[14]

[1]流求國：即今臺灣。漢魏時稱東鯷、夷洲，隋時始稱流求。傳亦見《北史》卷九四。

[2]建安郡：治所在今福建福州市。

[3]渴剌兜：人名。姓歡斯氏。隋時流求國王，當地土語稱之爲“可老羊”。事亦見本書卷六四《陳稜傳》、《北史》卷七八《陳稜傳》及卷九四《流求傳》。按，“剌”字底本、中華本及《北史·流求傳》皆同，但殿本、庫本作“刺”，當訛。

[4]多拔茶：隋時流求王之妻的土語稱謂。按，“茶”字各本皆同，但《北史·流求傳》作“荼”，疑訛。

[5]鳥了帥：隋時流求國村一級基層組織的首領，以善戰者充任。

[6]羅紋：迴旋的花紋或水紋圖案。

[7]稍（shuò）：古兵器名。即長矛。　鈹（pī）：古兵器名。形狀如刀，兩邊有刃。

[8]木獸：即木虎。唐人因避諱“虎”字而改作“獸”。另，

下文"獸形"之"獸"亦同。

[9]舁：即抬，扛。

[10]數十人：各本皆同，《北史·流求傳》作"十數人"。

[11]机：即坐榻。

[12]髑（dú）髏：死人的頭骨。

[13]科決：審理判決。

[14]候草藥枯以爲年歲：此句各本皆同，但文義艱澀費解。考《北史·流求傳》作"草木榮枯以爲年歲"，文義較明，故疑此處"藥"字當是"榮"之訛（參見唐華全《〈隋書〉勘誤18則》）。

人深目長鼻，頗類於胡，[1]亦有小慧。無君臣上下之節，拜伏之禮。父子同床而寢。男子拔去髭鬢，身上有毛之處皆亦除去。婦人以墨黥手，[2]爲蟲蛇之文。嫁娶以酒肴珠貝爲娉，[3]或男女相悅，便相匹偶。婦人産乳，[4]必食子衣，[5]産後以火自灸，令汗出，五日便平復。以木槽中暴海水爲鹽，[6]木汁爲酢，[7]釀米麪爲酒，其味甚薄。食皆用手。偶得異味，先進尊者。凡有宴會，執酒者必待呼名而後飲。上王酒者，亦呼王名。銜杯共飲，頗同突厥。歌呼蹋蹄，[8]一人唱，衆皆和，音頗哀怨。扶女子上膊，搖手而舞。其死者氣將絕，舉至庭，親賓哭泣相弔。浴其屍，以布帛纏之，裹以葦草，親土而殯，上不起墳。子爲父者，[9]數月不食肉。南境風俗少異，人有死者，邑里共食之。

[1]胡：古代泛指北方和西方的少數民族或外國人。

[2]黥：在人身上刺字或刺畫各種圖紋。

[3]娉：底本、中華本皆同，殿本、庫本作"聘"，二字相通。

　　[4]産乳：即分娩，生子。

　　[5]子衣：即胎盤。亦稱胎衣或胞衣。

　　[6]暴（pù）：同“曝”。即曬，曬乾。

　　[7]酢（cù）：同“醋”。

　　[8]蹋蹄：亦作“踏蹄”。即歌舞時以足踏地爲節拍。

　　[9]子爲父者：此指子爲亡父服喪守孝。

　　有熊羆豺狼，尤多猪鷄，無牛羊驢馬。厥田良沃，先以火燒而引水灌之。持一插，[1]以石爲刃，長尺餘，闊數寸，而墾之。土宜稻、粱、床、黍、麻、豆、赤豆、胡豆、黑豆等，[2]木有楓、栝、樟、松、梗、楠、杉、梓，[3]竹、籐、果、藥同於江表，風土氣候與嶺南相類。

　　[1]插：同“鍤”。農具名。即鍬。

　　[2]粱：底本、庫本、中華本皆同，但殿本作“梁”，當訛。床（méi）：穀物名。即糜子。亦稱穄子。按，“床”字各本皆同，但《北史》卷九四《流求傳》作“禾”。　胡豆、黑豆：各本皆同，但《北史·流求傳》作“胡黑豆”，疑有脫誤。

　　[3]栝（kuò）：木名。即今檜樹。　梗（pián）：木名。即今黄梗樹。　杉：各本皆同，但《北史·流求傳》作“枌”。

　　俗事山海之神，祭以酒肴，鬭戰殺人，便將所殺人祭其神。或依茂樹起小屋，或懸髑髏於樹上，以箭射之，或累石繫幡以爲神主。王之所居，壁下多聚髑髏以爲佳。人間門户上必安獸頭骨角。

　　大業元年，海師何蠻等，[1]每春秋二時，天清風静，東望依希，似有煙霧之氣，亦不知幾千里。三年，煬帝令羽騎尉朱寬入海求訪異俗，[2]何蠻言之，遂與蠻俱往，因到流求國。言不相通，掠一人而返。明年，帝復令寬慰撫之，流求不從，寬取其布甲而還。時倭國使來朝，見之曰："此夷邪久國人所用也。"[3]帝遣武賁郎將陳稜、朝請大夫張鎮州，[4]率兵自義安浮海擊之。[5]至高華嶼，[6]又東行二日至䵶鼊嶼，[7]又一日便至流求。初，稜將南方諸國人從軍，有昆侖人頗解其語，[8]遣人慰諭之，流求不從，拒逆官軍。稜擊走之，進至其都，頻戰皆敗，焚其宮室，虜其男女數千人，載軍實而還。自爾遂絕。

[1]海師：指熟悉海上航道、能駕馭海船的人。　何蠻：人名。隋煬帝大業元年爲海師，曾東向瞭望見有烟霧之氣，遂於大業三年引導羽騎尉朱寬入海求訪異俗，終於到達流求。事亦見《北史》卷九四《流求傳》。

[2]羽騎尉：官名。隋文帝開皇六年於尚書省吏部別置羽騎等八尉，爲散官番直，無具體職掌，常出使監檢。從九品下。隋煬帝大業三年罷廢。　朱寬：人名。隋煬帝大業三年官任羽騎尉，奉命入海求訪異俗，在海師何蠻的引導下到達流求。翌年又奉煬帝之命出使流求招安，但流求王並不順從。事亦見本書卷三《煬帝紀上》、《北史》卷一二《隋煬帝紀》及卷九四《流求傳》。

[3]夷邪久國：古代日本人對流求國的稱謂。按，"夷邪久"各本皆同，但《北史·流求傳》作"夷邪夕"，疑訛。

[4]武賁郎將：官名。隋煬帝大業三年於十二衛每衛置護軍四人，爲各衛將軍之副貳，尋又改稱護軍爲武賁郎將。正四品。　陳稜：人名。傳見本書卷六四、《北史》卷七八。　朝請大夫：官名。

隋煬帝大業三年始置，屬散實官。正五品。　張鎮州：人名。隋煬帝大業六年官任朝請大夫，奉詔協同武賁郎將陳稜率兵渡海攻打流求，結果大破流求國，滿載而歸。事亦見本書卷三《煬帝紀上》及卷四《煬帝紀下》、《北史》卷一二《隋煬帝紀》及卷九四《流求傳》、《舊唐書》卷五六《蕭銑傳》及卷六〇《河間王孝恭傳》、《新唐書》卷七八《河間王孝恭傳》及卷八七《蕭銑傳》等。

[5]義安：郡名。治所在今廣東潮州市。

[6]高華嶼：島嶼名。在今澎湖列島西南。

[7]鼀（gōu）鼊（bì）嶼：島嶼名。即今澎湖島。

[8]昆侖：古代泛稱今中印半島南部、南洋諸島以及東非之人爲昆侖。

倭國

倭國，在百濟、新羅東南，水陸三千里，於大海之中依山島而居。魏時，譯通中國。[1]三十餘國，皆自稱王。[2]夷人不知里數，但計以日。其國境東西五月行，南北三月行，各至於海。其地勢東高西下。都於邪靡堆，[3]則《魏志》所謂邪馬臺者也。[4]古云去樂浪郡境及帶方郡並一萬二千里，在會稽之東，[5]與儋耳相近。[6]漢光武時，[7]遣使入朝，自稱大夫。安帝時，[8]又遣使朝貢，謂之倭奴國。桓、靈之間，[9]其國大亂，遞相攻伐，歷年無主。有女子名卑彌呼，[10]能以鬼道惑衆，於是國人共立爲王。有男弟，佐卑彌理國。其王有侍婢千人，罕有見其面者，唯有男子二人給王飲食，通傳言語。其王有宮室樓觀，城柵皆持兵守衛，爲法甚嚴。自魏至于齊、梁，[11]代與中國相通。

　　[1]譯通：即通好，交往。

　　[2]皆自稱王："王"字各本皆同，但《北史》卷九四《倭傳》作"子"。

　　[3]邪靡堆：城名。亦稱邪馬臺。隋時倭國都城。故址在今日本奈良；一説在今日本北九州。按，"邪靡堆"各本皆同，但《北史·倭傳》作"邪摩堆"。

　　[4]《魏志》：此指《三國志》卷三〇《魏書·倭傳》。

　　[5]會稽：郡名。漢時治所在今浙江紹興市。

　　[6]儋耳：古代傳説中的北方國名。即《山海經·大荒北經》所載："有儋耳之國，任姓，禺號子，食穀。"

　　[7]漢光武：即東漢開國皇帝光武帝劉秀。紀見《後漢書》卷一。

　　[8]安帝：即東漢安帝劉祜。紀見《後漢書》卷五。

　　[9]桓：指東漢桓帝劉志。紀見《後漢書》卷七。　靈：指東漢靈帝劉宏。紀見《後漢書》卷八。

　　[10]卑彌呼：人名。漢末三國時倭國女王。事亦見《後漢書》卷八五、《三國志》卷三〇、《梁書》卷五四、《北史》卷九四《倭傳》及《晋書》卷九七《倭人傳》。

　　[11]齊：即南朝齊（479—502），都於建康（今江蘇南京市）。梁：即南朝梁（502—557）。都於建康（今江蘇南京市）。

　　開皇二十年，倭王姓阿每，字多利思比孤，[1]號阿輩鷄彌，遣使詣闕。上令所司訪其風俗。[2]使者言倭王以天爲兄，以日爲弟，天未明時出聽政，[3]跏趺坐，[4]日出便停理務，云委我弟。高祖曰："此太無義理。"於是訓令改之。王妻號鷄彌，後宮有女六七百人。名太子爲利歌彌多弗利。無城郭。内官有十二等：一曰大德，次小德，次大仁，次小仁，次大義，次小義，次大禮，次小禮，次大智，次小智，次大信，次小信，員無定數。有軍尼一百二十人，猶中國牧宰。[5]八十戶置一伊尼翼，如今里長也。[6]十伊尼翼屬一軍尼。其服飾，男子衣裙襦，其袖微小；履如屨形，[7]漆其上，繫之於脚。人庶多跣足。不得用金銀爲飾。故時衣横幅，[8]結束相連而無縫。頭亦無冠，但垂髮於兩耳上。至隋，其王始制冠，以錦彩爲之，以金銀鏤花爲飾。婦人束髮於後，亦衣裙襦，裳皆有襈。[9]攕竹爲梳。[10]編草爲薦，[11]雜皮爲表，緣以文皮。[12]有弓、矢、刀、稍、弩、欑、斧，[13]漆皮爲甲，骨爲矢鏑。[14]雖有兵，無征戰。其王朝會，必陳設儀仗，奏其國樂。戶可十萬。

[1]多利思比孤：人名。姓阿每，號阿輩雞彌。隋時倭國王。事亦見《北史》卷九四《倭傳》、《新唐書》卷二二〇《日本傳》。按，"比"底本原作"北"，殿本、庫本與底本同，中華本據《北史·倭國傳》、《通典》卷一八五《邊防典一·東夷上·倭》、《通鑑》卷一八一《隋紀》大業四年條改作"比"，今從改。下同。

[2]所司：即有司。指主管的官員。

[3]天未明時：各本皆同，但《北史·倭傳》作"天明時"，疑有脫誤。

[4]跏趺坐：佛教中修禪者的坐法。若兩足交叉置於左右股上，稱"全跏趺坐"；若單以左足押在右股上，或單以右足押在左股上，稱"半跏趺坐"。據佛經説，跏趺坐可以減少雜念，集中思想。後亦泛指静坐、端坐。

[5]牧宰：泛指地方州縣長官。州長官稱牧，縣長官稱宰。

[6]里長：鄉官名。隋文帝開皇九年制以民百家爲里，每里置

里長一人，掌按比户口、督課農桑、檢查非違、催徵賦役等事務。一般由縣司選里中年長持重、清平强幹者充任，屬流外吏職。

[7]屩：單底鞋。

[8]橫幅：橫過來的整幅布帛。

[9]裳：古代稱下身穿的衣裙，男女皆服。亦泛指衣服。

[10]攭：削。

[11]薦：墊席，墊褥。

[12]文皮：有文彩的獸皮。

[13]鑽（zuàn）：古兵器名。即小矛，形如戟。

[14]矢鏑：箭頭。

其俗殺人强盗及姦皆死，盗者計贓酬物，[1]無財者没身爲奴。自餘輕重，或流或杖。每訊究獄訟，不承引者，[2]以木壓膝，或張强弓，以弦鋸其項。或置小石於沸湯中，令所競者探之，[3]云理曲者即手爛。或置蛇瓮中，令取之，云曲者即螫手矣。人頗恬静，罕爭訟，少盗賊。樂有五弦、琴、笛。男女多黥臂點面文身，[4]没水捕魚。無文字，唯刻木結繩。[5]敬佛法，於百濟求得佛經，始有文字。知卜筮，[6]尤信巫覡。[7]每至正月一日，必射戲飲酒，其餘節略與華同。好棋博、握槊、樗蒲之戲。氣候温暖，草木冬青。土地膏腴，水多陸少。以小環挂鸕鷀項，[8]令入水捕魚，日得百餘頭。俗無盤俎，[9]藉以檞葉，[10]食用手餔之。性質直，有雅風。女多男少，婚嫁不取同姓，男女相悦者即爲婚。婦人夫家，必先跨犬，[11]乃與夫相見。婦人不淫妒。死者斂以棺椁，親賓就屍歌舞，妻子兄弟以白布製服。貴人三年殯於外，庶人卜日而瘞。[12]及葬，置屍船上，陸地牽之，或以小輿。有阿蘇山，[13]其石無故火起接天者，俗以爲異，因行禱祭。有如意寶珠，其色青，大如鷄卵，夜則有光，云魚眼精也。[14]新羅、百濟皆以倭爲大國，多珍物，並敬仰之，恒通使往來。

[1]酬物：賠償財物。

[2]承引：招認罪行。

[3]所競者：爭訟抗辯之人。

[4]點面：在臉上刺字或刺畫各種圖紋。　文身：在身體上刺畫有色的花紋或圖案。

[5]刻木結繩：文字創製之前，人們在木板上刻劃圖形符號或在繩上繫大小結以記事。

[6]卜筮：古時預測吉凶，用龜甲稱卜，用蓍草稱筮，合稱卜筮。

[7]巫覡：古時稱女巫爲巫、男巫爲覡，合稱巫覡。後亦泛指以裝神弄鬼替人祈禱爲職業的巫師。

[8]鸕鷀：水鳥名。俗稱魚鷹、水老鴉。羽毛黑色，有綠色光澤，頷下有小喉囊，嘴長，上嘴尖端有鈎，善潛水捕食魚類。漁人常馴養之以捕魚。

[9]盤俎：盛放食物的盤子和切肉用的砧板。

[10]藉以槲葉：“槲”字各本皆同，但《北史》卷九四《倭傳》作“檞”。按，檞即松檞，其葉細如針，難以盛食物；槲即柞櫟，其葉大呈倒卵形，可用以盛食物。另，岑仲勉亦校正稱：“此即槲類，非《康熙字典》所云松檞。”（岑仲勉：《隋書求是》，中華書局 2004 年版，第 123 頁）故此處“檞”字應是“槲”之訛。

[11]必先跨犬：“犬”字各本皆同，但《北史·倭傳》作“火”。

[12]瘗（yì）：埋葬。

[13]阿蘇山：在今日本九州中部。爲世界著名火山群之一，有火山錐五座，統稱"阿蘇五岳"。

[14]魚眼精："精"字各本皆同，但《北史·倭傳》作"睛"，二字相通。

大業三年，其王多利思比孤遣使朝貢。使者曰："聞海西菩薩天子重興佛法，[1]故遣朝拜，兼沙門數十人來學佛法。"[2]其國書曰"日出處天子致書日没處天子無恙"云云。帝覽之不悦，謂鴻臚卿曰：[3]"蠻夷書有無禮者，[4]勿復以聞。"明年，上遣文林郎裴清使於倭國。[5]度百濟，行至竹島，[6]南望𨈬羅國，經都斯麻國，[7]迴在大海中。[8]又東至一支國，[9]又至竹斯國。[10]又東至秦王國，[11]其人同於華夏，以爲夷洲，[12]疑不能明也。又經十餘國，達於海岸。自竹斯國以東，皆附庸於倭。倭王遣小德阿輩臺，[13]從數百人，設儀仗，鳴鼓角來迎。後十日，又遣大禮哥多毗，[14]從二百餘騎郊勞。[15]既至彼都，[16]其王與清相見，[17]大悦，曰："我聞海西有大隋，禮義之國，故遣朝貢。我夷人，僻在海隅，不聞禮義，是以稽留境内，不即相見。今故清道飾館，以待大使，冀聞大國惟新之化。"[18]清答曰："皇帝德並二儀，[19]澤流四海，以王慕化，[20]故遣行人來此宣諭。"[21]既而引清就館。其後清遣人謂其王曰："朝命既達，請即戒塗。"[22]於是設宴享以遣清，復令使者隨清來貢方物。此後遂絶。

［1］海西菩薩天子：古代日本人對隋朝皇帝的敬稱。此指隋煬帝。

［2］沙門：梵語的音譯，或譯作"娑門""桑門""喪門"等。一説"沙門"等詞並非直接譯自梵語，而是吐火羅語的音譯。原爲古印度反婆羅門教思潮各個派別出家者的通稱，佛教盛行後專指佛教僧侶。

［3］鴻臚卿：官名。爲鴻臚寺的長官，置一員，掌册封諸藩、接待外使及喪葬禮儀等事務。開皇三年曾廢鴻臚寺，將其職掌歸入太常寺，開皇十二年又復置。隋初爲正三品，隋煬帝大業三年降爲從三品。

［4］蠻夷：古代對四方邊遠地區少數民族及外國的泛稱。此指倭國。

［5］文林郎：官名。隋文帝開皇六年於尚書省吏部置文林郎，爲散官番直，無具體職掌，常出使監檢。從九品上。隋煬帝大業三年罷吏部文林郎，而又取其名於秘書省另置文林郎二十人，掌撰録文史，檢討舊事。從八品。　裴清：人名。本名裴世清，唐人因避李世民之諱而省"世"字。隋煬帝大業四年裴清官任文林郎，奉命渡海出使倭國，受到倭國君臣的隆重接待，順利完成使命，從而使隋朝與倭國的關係更加密切。事亦見《北史》卷九四《倭傳》、《新唐書・宰相世系表一上》。按，"裴"字底本、中華本皆同，《北史・倭傳》亦同，但殿本、庫本作"斐"，當訛。

［6］竹島：島嶼名。約當今韓國巨濟島。

［7］都斯麻國：古國名。故地在今日本對馬島。

［8］迥：指歷時長久。亦指距離遥遠。

［9］一支國：古國名。故地在今日本壹岐島。

［10］竹斯國：古國名。故地約在今日本福岡一帶。

［11］秦王國：古國名。故地約在今日本北九州一帶。

［12］夷洲：漢魏時稱今臺灣爲夷洲。

［13］阿輩臺：人名。隋時倭國大臣，官任小德，爲倭國十二等

官的第二等。曾於隋大業四年奉倭王之命到海岸迎接隋朝使者裴清，禮儀甚隆。事亦見《北史·倭傳》。

［14］哥多毗：人名。隋時倭國大臣，官任大禮，爲倭國十二等官的第七等。曾於隋大業四年奉倭王之命到倭國都城郊外迎接慰勞隋朝使者裴清。事亦見《北史·倭傳》。

［15］郊勞：到都城郊外迎接並慰勞使者。

［16］既至彼都：“都”字底本、中華本及《北史·倭傳》皆同，但殿本、庫本作“部”，當訛。

［17］其王與清相見：此句《北史·倭傳》載作“其王與世清來貢方物”，下接“此後遂絕”，而無“相見”以下諸文，顯有脫誤。

［18］惟新：更新，革新。

［19］二儀：指天地。亦指日月。

［20］慕化：向慕歸化。

［21］行人：本爲周代掌管朝覲聘問的職官名，後因以爲出訪使者的通稱。

［22］戒塗：出發；準備上路。此指準備返回隋朝。

史臣曰：廣谷大川異制，人生其間異俗，嗜欲不同，言語不通，聖人因時設教，所以達其志而通其俗也。九夷所居，[1]與中夏懸隔，[2]然天性柔順，無獷暴之風，雖綿邈山海，[3]而易以道御。夏、殷之代，[4]時或來王。[5]暨箕子避地朝鮮，[6]始有八條之禁，[7]疏而不漏，簡而可久，化之所感，千載不絕。今遼東諸國，或衣服參冠冕之容，[8]或飲食有俎豆之器，[9]好尚經術，[10]愛樂文史，游學於京都者，往來繼路，或亡没不歸。非先哲之遺風，[11]其孰能致於斯也？故孔子曰：“言忠信，行篤

敬，雖蠻貊之邦行矣。"[12]誠哉斯言。其俗之可采者，
豈徒楛矢之貢而已乎？[13]自高祖撫有周餘，[14]惠此中國，
開皇之末，方事遼左，[15]天時不利，師遂無功。二代承
基，[16]志包宇宙，頻踐三韓之域，[17]屢發千鈞之弩。小
國懼亡，敢同困獸，兵連不戢，[18]四海騷然，遂以土
崩，喪身滅國。兵志有之曰："務廣德者昌，務廣地者
亡。"[19]然遼東之地，不列於郡縣久矣。諸國朝正奉貢，
無闕於歲時，二代震而矜之，[20]以爲人莫若己，不能懷
以文德，遽動干戈。内恃富强，外思廣地，以驕取怨，
以怒興師。若此而不亡，自古未之聞也。[21]然則四夷之
戒，[22]安可不深念哉！

[1]九夷：古代稱東方的九種民族。此處借指本卷所述的高麗、
百濟、新羅、靺鞨、流求、倭國等東夷諸族國。

[2]中夏：原指中原地區，後亦泛指華夏、中國。

[3]綿邈：遼遠，遙遠。

[4]殷：本爲古都邑名。在今河南安陽市小屯村。後世因商王
盤庚遷都於殷，遂以"殷"代稱商朝。

[5]來王：指古代諸侯及四方族國定期朝覲天子。

[6]箕子：商代貴族，紂王的諸父。因封於箕（今山西太谷縣
東北），子爵，故稱箕子。商末時官太師，曾勸諫紂王，紂王怒，
囚禁之。周武王滅商後被釋放，分封於朝鮮。事見《史記》卷三
《殷本紀》、卷四《周本紀》、卷三八《宋微子世家》等。 朝鮮：
古族名、國名。商周時位居今朝鮮半島北部地帶。漢武帝時國滅，
於其地置真番、臨屯、樂浪、玄菟四郡。傳見《史記》卷一一五、
《漢書》卷九五。

[7]八條之禁：相傳周初箕子封於朝鮮時，教其民以禮義田蠶，

又制八條之禁以治其民。但此八條之禁已無備載，唯《漢書・地理志下》載有其中三條，即相殺者以當時償殺；相傷者以穀償；相盜者男沒入爲其家奴，女子爲婢，欲自贖者，人五十萬。

[8]冠冕：古代帝王、官員所戴的帽子。此處特指中原漢人的服飾。

[9]俎豆：古代祭祀、宴饗時盛食物用的兩種禮器。此處特指中原漢人的飲食習俗和祭祀禮儀。

[10]經術：指中國古代儒家的經典和學術。

[11]先哲：先世的聖賢哲人。

[12]蠻貊：古代稱南方和北方的少數民族。亦泛指四方部族。按，文中所引孔子之語，見《論語・衛靈公》。

[13]楛（hù）矢之貢：語出《國語・魯語下》："肅慎氏貢楛矢石砮，其長尺有咫。先王欲昭其令德之致遠也，以示後人，使永監焉，故銘其栝曰'肅慎氏之貢矢'。"後因以"楛矢之貢"泛指東北藩屬的貢物。

[14]周餘：此指承繼北周之後的統治政權。

[15]遼左：即遼東地區的別稱。

[16]二代：此指隋朝第二代統治者，即隋煬帝。

[17]三韓：指漢魏時期位於今朝鮮半島南部的馬韓、辰韓、弁辰（亦稱弁韓）三個古國。參見前注"韓"。後亦借指朝鮮半島之地域。

[18]不戢：不止；不盡。

[19]務廣德者昌，務廣地者亡：語出古兵書《黃石公三略》卷下，原文作："務廣地者荒，務廣德者強。"

[20]震而矜之：亦省作"震矜"。語出《公羊傳》僖公九年："葵丘之會，桓公震而矜之，叛者九國。震之者何？猶曰振振然。矜之者何？猶曰莫若我也。"後因以"震而矜之"或"震矜"用爲洋洋自得之意。

[21]未之聞：底本、中華本皆同，但殿本、庫本作"未聞

之”，誤倒。

　　[22]四夷之戒：此指隋煬帝攻伐四方少數民族及鄰國的歷史鑒戒。

隋書　卷八二

列傳第四十七

南蠻

　　南蠻雜類，與華人錯居，曰蜒，曰獽，曰俚，曰獠，曰㑌，[1]俱無君長，隨山洞而居，古先所謂百越是也。[2]其俗斷髮文身，好相攻討，浸以微弱，稍屬於中國，皆列爲郡縣，同之齊人，[3]不復詳載。大業中，[4]南荒朝貢者十餘國，其事迹多湮滅而無聞。今所存録，四國而已。

　　[1]㑌：音yí。
　　[2]百越：亦作“百粵”，中國古代南方越人的總稱。分布於今浙、閩、粵、桂等地，因部落衆多，故總稱百越。
　　[3]齊人：平民。
　　[4]大業：隋煬帝楊廣年號（605—618）。

林邑

林邑之先，[1]因漢末交阯女子徵側之亂，[2]內縣功曹子區連殺縣令，[3]自號爲王。無子，其甥范熊代立，[4]死，子逸立。[5]日南人范文因亂爲逸僕隸，[6]遂教之築宮室，造器械。逸甚信任，使文將兵，極得衆心。文因間其子弟，或奔或徙。及逸死，國無嗣，文自立爲王。其後范佛爲晉揚威將軍戴桓所破。[7]宋交州刺史檀和之將兵擊之，[8]深入其境。至梁、陳，[9]亦通使往來。

[1]林邑：古國名。故地在今越南廣南省一帶。

[2]交阯：郡名。亦稱"交趾"，西漢時治所在今越南河內市西北。 徵側：人名。漢光武帝劉秀建武十六年（40）二月反，十九年四月兵敗被斬。參《後漢書》卷一下《光武帝紀下》。

[3]內縣：據《晉書》卷九七、《梁書》卷五四、《南史》卷七八《林邑傳》載：林邑本漢日南郡象林縣，後漢末，縣功曹姓區，有子名連，殺縣令自立爲王。故此"內縣"當指漢象林縣。象林縣，治所在今越南承天順化省廣田縣東湘江與浦江合流處。 功曹：官名。東漢縣屬吏，掌一縣考功選署事宜。品秩不詳。 區連：人名。林邑國第一任王。事略見《後漢書》卷八六《南蠻西南夷列傳》、《晉書·林邑傳》、《梁書·林邑傳》、《南史·林邑傳》。按，《後漢書·南蠻西南夷列傳》作"區憐"，《梁書·林邑傳》作"區達"。

[4]范熊：人名。林邑國王。事略見《晉書·林邑傳》《梁書·林邑傳》《南史·林邑傳》。

[5]逸：人名。即范逸。林邑國王。事略見《晉書·林邑傳》《梁書·林邑傳》《南史·林邑傳》。

[6]日南：郡名。西漢時治所在今越南廣治省甘露河與廣治河合流處。 范文：人名。林邑國王。事略見《南史·林邑傳》。僕隸：奴僕。

[7]范佛：人名。林邑國王。事略見《南史·林邑傳》。 揚威將軍：官名。《晋書·職官志》未載，據《宋書·百官志》云三國魏始置，爲諸將軍之一，掌領兵。品秩不詳。 戴桓：人名。晋時人，具體事迹不詳。

[8]宋：即南朝宋（420—479），都建康（今江蘇南京市）。齊：即南朝齊（479—502），或稱蕭齊，都建康（今江蘇南京市）。

交州：南朝宋時治所在今越南北寧省仙游東。 檀和之：人名。南朝劉宋將領，元嘉二十三年（446）率軍攻打林邑。事見《宋書》卷九七《林邑國傳》、《南齊書》卷五八《東南夷傳》。

[9]梁：即南朝梁（502—557），或稱蕭梁，都建康（今江蘇南京市）。 陳：即南朝陳（557—589），都建康（今江蘇南京市）。

其國延袤數千里，土多香木金寶，物産大抵與交阯同。以塼爲城，蜃灰塗之，東向戶。尊官有二：其一曰西那婆帝，其二曰薩婆地歌。其屬官三等：其一曰倫多姓，次歌倫致帝，次乙他伽蘭。[1]外官分爲二百餘部。其長官曰弗羅，次曰可輪，如牧宰之差也。王戴金花冠，形如章甫，[2]衣朝霞布，珠璣瓔珞，足躡革履，時復錦袍。[3]良家子侍衛者二百許人，皆執金裝刀。[4]有弓、箭、刀、矟，以竹爲弩，傅毒於矢。樂有琴、笛、琵琶、五弦，頗與中國同。每擊鼓以警衆，吹蠡以即戎。

　　[1]乙他伽蘭：中華書局新修訂本校勘記云：“‘乙他伽蘭’，《北史》卷九五《林邑傳》、《通典》卷一八八《邊防四·林邑》、《御覽》卷七八六《四夷部七·林邑國》、《寰宇記》卷一七六《四夷五·林邑國》、《通志》卷一九八《四夷五·林邑》作‘乙地伽蘭’。”

　　[2]章甫：殷商時期一種冠名。

　　[3]復：中華書局新修訂本校勘記云：“《北史》卷九五《林邑傳》、《御覽》卷七八六《四夷部七·林邑國》、《册府》卷九五九《外臣部·土風》作‘服’。”

　　[4]皆執金裝刀：《北史》卷九五《林邑傳》“刀”作“兵”，中華本《北史》校勘記云：“《隋書》‘兵’作‘刀’，從上讀。按疑‘裝’下脱‘刀’字。”

　　其人深目高鼻，髮拳色黑。俗皆徒跣，以幅布纏身。冬月衣袍。婦人椎髻。施椰葉席。每有婚媾，令媒者齎金銀釧、酒二壺、魚數頭至女家。於是擇日，夫家會親賓，歌儛相對。女家請一婆羅門，[1]送女至男家，婿盥手，因牽女授之。王死七日而葬，有官者三日，庶人一日。皆以函盛屍，鼓儛導從，輿至水次，積薪焚之。收其餘骨，王則内金罌中，沉之於海，有官者以銅罌，沉之於海口；庶人以瓦，送之於江。男女皆截髮，隨喪至水次，[2]盡哀而止，歸則不哭。每七日，然香散花，復哭，盡哀而止。盡七七而罷，至百日、三年，亦如之。人皆奉佛，文字同於天竺。[3]

　　[1]婆羅門：印度古宗教。梵文譯音，意爲“净行”“净裔”，以崇奉婆羅賀摩而得名。亦是古印度種姓制度中最高級的世襲祭司

貴族。

　[2]喪：《北史》卷九五《林邑傳》作“哭”。

　[3]天竺：古國名。指今印度、巴基斯坦、孟加拉一帶。

　　高祖既平陳，[1]乃遣使獻方物，其後朝貢遂絶。[2]時天下無事，群臣言林邑多奇寶者。仁壽末，[3]上遣大將軍劉方爲驩州道行軍總管，[4]率欽州刺史寧長真、驩州刺史李暈、開府秦雄，步騎萬餘及犯罪者數千人擊之。[5]其王梵志率其徒乘巨象而戰，[6]方軍不利。方於是多掘小坑，草覆其上，因以兵挑之。梵志悉衆而陣，方與戰，僞北，梵志逐之，至坑所，其衆多陷，轉相驚駭，軍遂亂。方縱兵擊之，大破之。頻戰輒敗，遂棄城而走。方入其都，獲其廟主十八枚，[7]皆鑄金爲之，蓋其有國十八葉矣。方班師，梵志復其故地，遣使謝罪，於是朝貢不絶。

　　[1]高祖：隋文帝楊堅的廟號。紀見本書卷一、二，《北史》卷一一。

　　[2]朝貢：古時謂藩屬國或外國使臣入朝，貢獻本地産物。

　　[3]仁壽：隋文帝楊堅年號（601—604）。

　　[4]大將軍：官名。隋文帝因改北周十一等勳官之制形成十一等散實官，用以酬勤勞，無實際職掌。大將軍爲第四等，可開府置僚佐。正三品。　劉方：人名。傳見本書卷五三、《北史》卷七三。

　驩州道：特區名。即以驩州爲中心設置的特區。隋朝在戰爭中於地方設置的特區，稱“道”。驩州，隋開皇十八年（598）以德州改名，大業三年置日南郡，治所在今越南義安省榮市。　行軍總管：出征軍統帥名。北周至隋時所置的統領某部或某路出征軍隊的軍事長官。根據需要其上還可置行軍元帥以統轄全局。屬臨時差遣任命之職，事罷則廢。

[5]欽州：隋開皇十八年以安州改名，治所在今廣西欽州市東北欽江西北岸。　寧長真：人名。廣南西路欽州人，俚僚酋帥，開皇末襲父寧猛力職任欽州刺史，因征林邑軍功授上開府儀同三司。李暈：人名。隋文帝仁壽末年任驩州刺史。事亦見本書《劉方傳》。　開府：官名。全稱是開府儀同三司。隋文帝因改北周十一等勳官之制形成十一等散實官，用以酬勤勞，無實際職掌。開府是第六等，可開府置僚佐。正四品。按，本書及《北史·劉方傳》作"上開府"。　秦雄：人名。隋文帝仁壽末年爲開府。事亦見本書《劉方傳》。

[6]梵志：人名。林邑王范梵志。事亦見《北史》卷九五《林邑傳》。

[7]廟主：指宗廟中的牌位。

赤土

赤土國，[1]扶南之別種也。[2]在南海中，[3]水行百餘日而達所都。土色多赤，因以爲號。東波羅剌國，[4]西婆羅娑國，[5]南訶羅旦國，[6]北拒大海，地方數千里。其王姓瞿曇氏，[7]名利富多塞，不知有國近遠。稱其父釋王位出家爲道，傳位於利富多塞，在位十六年矣。有三妻，並鄰國王之女也。居僧祇城，[8]有門三重，相去各百許步。每門圖畫飛仙、仙人、菩薩之像，縣金花鈴耗，婦女數十人，或奏樂，或捧金花。又飾四婦人，容飾如佛塔邊金剛力士之狀，夾門而立。門外者持兵仗，門內者執白拂。夾道垂素網，綴花。王宮諸屋悉是重閣，北户，北面而坐。坐三重之榻。衣朝霞布，冠金花冠，垂雜寶瓔珞。四女子立侍，左右兵衛百餘人。王榻後作一木龕，以金銀五香木雜鈿之。龕後懸一金光焰，夾榻又樹二金鏡，鏡前並陳金甕，甕前各有金香爐。當前置一金伏牛，牛前樹壹寶蓋，蓋左右皆有寶扇。婆羅門等數百人，東西重行，相向而坐。其官有薩陀迦羅一人，陀拏達义二人，迦利蜜迦三人，共掌政事；俱羅末帝一人，掌刑法。每城置那邪迦一人，鉢帝十人。

[1]赤土國：古國名。故地説法不一。一説在今泰國湄南河流域，一説在泰國宋卡、北大年一帶，又一説在馬來西亞吉打一帶。還有人認爲在馬來半島中南部吉蘭丹、丁加奴、彭亨州一帶，或説在印度尼西亞蘇門答臘。

[2]扶南：古國名。故地中心在今柬埔寨境内，公元一世紀建國，七世紀中葉爲真臘所滅。傳見《梁書》卷五四。

[3]南海：泛指南方之海。

[4]波羅剌國：古國名。故地一説在今婆羅洲加里曼群島，一説在蘇門答臘東北岸的佩雷拉克。

[5]婆羅婆國：古國名。故地在今蘇門答臘島西岸之巴魯斯。

[6]訶羅旦國：古國名。故地在今蘇門答臘島南部。

[7]瞿曇氏：印度婆羅門種姓氏族名稱之一，亦譯作"喬達摩"。

[8]僧祇城：地名。故地在今泰國宋卡。

其俗等皆穿耳剪髮，[1]無跪拜之禮。以香油塗身。其俗敬佛，尤重婆羅門。婦人作髻於項後。男女通以朝霞、朝雲雜色布爲衣。豪富之室，恣意華靡，唯金鎖非王賜不得服用。每婚嫁，擇吉日，女家先期五日，作樂飲酒，父執女手以授婿，七日乃配焉。既娶則分財別居，唯幼子與父同居。父母兄弟死則剔髮素服，就水上構竹木爲棚，棚内積薪，以屍置上。燒香建幡，吹蠡擊鼓以送之，縱火焚薪，遂落於水。貴賤皆同。唯國王燒訖，收灰貯以金瓶，藏於廟屋。冬夏常温，雨多霽少，種植無時，特宜稻、稷、白豆、黑麻，[2]自餘物産，多同於交阯。以甘蔗作酒，雜以紫瓜根。酒色黄赤，味亦香美。亦名椰漿爲酒。[3]

[1]等：中華書局新修訂本校勘記云：“《北史》卷九五《赤土傳》、《通典》卷一八八《邊防四·赤土》、《御覽》卷七八七《四夷部八·赤土》引《隋書》、《寰宇記》卷一七七《四夷六·赤土國》、《册府》卷九六〇《外臣部·土風》、《通志》卷一九八《四夷五·赤土》俱無‘等’字，疑衍。”

[2]稷（jì）：又名糜子，一種不黏黍類。

[3]名：中華書局新修訂本改作“以”，其校勘記云：“‘以’，原作‘名’，據《北史》卷九五《赤土傳》、《通志》卷一九八《四夷五·赤土》、《册府》卷九六〇《外臣部·土風》改。”

煬帝即位，[1]募能通絶域者。大業三年，[2]屯田主事常駿、虞部主事王君政等請使赤土。[3]帝大悦，賜駿等帛各百匹，時服一襲而遣。齎物五千段，以賜赤土王。其年十月，駿等自南海郡乘舟，晝夜二旬，每值便風。至焦石山而過，[4]東南泊陵伽鉢拔多洲，[5]西與林邑相對，上有神祠焉。又南行，至師子石，[6]自是島嶼連接。

又行二三日，西望見狼牙須國之山，[7]於是南達雞籠島，[8]至於赤土之界。

[1]煬帝：隋煬帝楊廣。紀見本書卷三、四，《北史》卷一二。

[2]大業三年：關於煬帝遣常駿等出使赤土的時間，《北史》卷九五《赤土傳》、《通典》卷一八八《邊防典四·赤土》，以及《册府元龜》卷六六二《奉使部·絶域》皆記此時間在“大業三年”。然，本書《煬帝紀》、《北史·隋煬帝紀》、《通鑑》卷一八一《隋紀》記載爲“大業四年三月”。考據本書和《北史·隋煬帝紀》，知煬帝命常駿出使赤土起因，是該國在“大業四年三月壬戌”遣使貢方物。而且《册府元龜》卷九七〇《外臣部·朝貢三》也載赤土第一次朝貢是在“大業四年三月”。因此，煬帝命常駿出使赤土不可能在“大業三年”。另細讀上述載此事於“大業三年”的各種資料，當出同一史源，轉録或簡縮本書《赤土傳》，而且時間籠統，無有月、日。總之，煬帝命常駿出使赤土應在“大業四年三月丙寅”，而爲利用南海信風，同年十月纔從南海郡起航並到達。

[3]屯田主事：吏名。尚書省工部屯田曹内設屯田主事，爲流外吏職。　常駿：人名。隋煬帝時任屯田主事，出使赤土國，其他事迹不詳。《新唐書·藝文志二》載有常駿撰《赤土國記》二卷。

虞部主事：吏名。尚書省工部虞部曹内設屯田主事，爲流外吏職。　王君政：人名。隋煬帝時出使赤土國，其他事迹不詳。

[4]焦石山：地名。故地一説在今越南中部海岸之外，一説爲峴港角，一説爲占婆島。

[5]陵伽鉢拔多洲：地名。故地在今越南中部沿岸一帶。

[6]師子石：地名。故地在今越南東南部海岸之外，或指卡特維克群島中一島。

[7]狼牙須國：古國名。故地在今泰國南部馬來半島西部。《梁書》卷五四作“狼牙脩國”。

[8]鷄籠島：地名。故地在馬來半島東岸之外，泰國春蓬海岸之外的鷄籠島。

其王遣婆羅門鳩摩羅以舶三十艘來迎，[1]吹蠡擊鼓，以樂隋使，進金鎖以纜駿船。月餘，至其都，王遣其子那邪迦請與駿等禮見。先遣人送金盤，貯香花并鏡鑷，金合二枚，貯香油，金瓶八枚，[2]貯香水，白疊布四條，以擬供使者盥洗。其日未時，那邪迦又將象二頭，持孔雀蓋以迎使人，并致金花、金盤以藉詔函。男女百人奏蠡鼓，婆羅門二人導路，至王宮。駿等奉詔書上閣，王以下皆坐。宣詔訖，引駿等坐，奏天竺樂。事畢，駿等還館，又遣婆羅門就館送食，以草葉爲盤，其大方丈。因謂駿曰：“今是大國中人，非復赤土國矣。飲食疏薄，願爲大國意而食之。”後數日，請駿等入宴，儀衞導從如初見之禮。王前設兩床，床上并設草葉盤，方一丈五尺，上有黄白紫赤四色之餅，牛、羊、魚、鼈、猪、蟵蝐之肉百餘品。延駿升床，從者坐於地席，各以金鐘置酒，女樂迭奏，禮遺甚厚。

[1]鳩摩羅：人名。事迹不詳。　三十：《北史》卷九五《赤土傳》作“三百”。

[2]金瓶八枚：“瓶”，底本原作“瓵”，據汲古閣本、殿本、庫本、中華本改。又，“八枚”，《北史·赤土傳》作“二枚”。

尋遣那邪迦隨駿貢方物，并獻金芙蓉冠、龍腦香。以鑄金爲多羅葉，隱起成文以爲表，金函封之，令婆羅

門以香花奏蠡鼓而送之。既入海，見綠魚群飛水上。浮
海十餘日，至林邑東南，並山而行。其海水闊千餘步，
色黃氣腥，舟行一日不絕，云是大魚糞也。循海北岸，
達于交趾。駿以六年春與那邪迦於弘農謁，[1]帝大悅，
賜駿等物二百段，俱授秉義尉，[2]那邪迦等官賞各有差。

[1]六年春：《北史》卷九五《赤土傳》、《通典》卷一八八
《邊防四·赤土》均同，然本書卷三《煬帝紀上》、《北史》卷一二
《隋煬帝紀》、《册府元龜》卷九七〇《外臣部·朝貢三》記爲“大
業五年二月”，時間有異。從本書《煬帝紀》前後行文可知，赤土
國此次貢方物正是常駿“大業四年”出使的回訪，若從利用南海信
風冬去春回的往來時間推算，當在大業五年春。而且，本書《煬帝
紀》載大業五年正月煬帝自東都還京師，二月戊戌在閿鄉，三天後
即“辛丑”那邪迦有可能在閿鄉附近的弘農貢方物並朝見煬帝。而
大業六年三月煬帝下江都後，至同年六月未至弘農，故那邪迦難有
該年“春”貢方物並朝見煬帝於弘農的可能。由此可斷，赤土國王
子那邪迦隨常駿第二次朝貢並在弘農朝謁煬帝的時間，當以“大業
五年二月”爲確，記“大業六年春”誤。“大業六年”赤土國第三
次朝貢，但在該年“六月”，此本書《煬帝紀》和《册府元龜》卷
九七〇《外臣部·朝貢三》均有記錄。　弘農：郡名。治所在今河
南靈寶市。

[2]秉義尉：《北史》卷九五《林邑傳》作“執戟都尉”，其中
華本校勘記云：“《隋書》作‘秉義尉’。按《北史》《隋書》例諱
‘秉’字（避李昞名），《隋書·百官志下》言煬帝置九大夫、八
尉，其中有‘守義尉’，當即‘秉義尉’。《隋書·赤土傳》或是因
舊史原文，或是後人回改。”所言是，此當即“守義尉”。守義尉，
官名。屬武散官。從八品。

真臘

真臘國，[1]在林邑西南，本扶南之屬國也。去日南郡舟行六十日而至，[2]南接車渠國，[3]西有朱江國。[4]其王姓刹利氏，[5]名質多斯那。自其祖漸已强盛，至質多斯那，遂兼扶南而有之。死，子伊奢那先代立。居伊奢那城，[6]郭下二萬餘家。城中有一大堂，是王聽政之所。總大城三十，城有數千家，各有部帥，官名與林邑同。

[1]真臘：古國名。故地在今柬埔寨。

[2]至：底本原缺，據中華書局新修訂本補，其校勘記云：“‘至’字原闕，據《北史》卷九五《真臘傳》、《通典》卷一八八《邊防四·真臘》、《寰宇記》卷一七七《四夷六·真臘國》、《通志》卷一九八《四夷五·真臘》補。”

[3]車渠國：古國名。在今泰國境内猜也（Chaiya）。

[4]朱江國：古國名。又稱突羅朱，在今緬甸境内的古驃國，中心在今卑謬一帶。

[5]刹利氏：印度四種姓之一，亦作刹帝利。

[6]伊奢那城：地名。此以王名字作都城名，故地在今柬埔寨斯頓仙河西岸。

其王三日一聽朝，坐五香七寶床，上施寶帳。其帳以文木爲竿，象牙、金鈿爲壁，狀如小屋，懸金光焰，有同於赤土。前有金香爐，[1]二人侍側。王着朝霞古貝，[2]瞞絡腰腹，下垂至脛，頭戴金寶花冠，被真珠瓔珞，足履革屣，耳懸金璫。常服白疊，以象牙爲屩。若露髮，則不加瓔珞。臣人服製，[3]大抵相類。有五大臣，一曰孤落支，二曰高相憑，[4]三曰婆何多陵，四曰舍摩陵，五曰髯多婁，[5]及諸小臣。朝於王者，輒以階下三稽首。王喚上階，則跪，以兩手抱髆，遶王環坐。議政事訖，跪伏而去。階庭門閣，侍衛有千餘人，被甲持仗。其國與參半、朱江二國和親，[6]數與林邑、陀桓二國戰爭。[7]其人行止皆持甲仗，若有征伐，因而用之。

[1]金香爐：《北史》卷九五《真臘傳》作"金香"，《通志》卷一九八作"金香案"。

[2]古貝：《北史·真臘傳》與本傳同，然其校勘記云："《通志》作'吉貝'。按《梁書》卷五四《林邑》《婆利》《狼牙脩》《干陁利》《丹丹》等國都見'吉貝'。《宋書》卷九七《呵羅單國》見'古貝'。俞正燮《癸巳類稿》卷七《吉貝木棉字義》，以爲'吉貝'佛經多作'劫貝'，認爲作'吉'是。"

[3]臣人：《北史·真臘傳》、《通志》卷一九八《四夷五·真臘》作"臣下"。

[4]高相憑：《北史·真臘傳》、《通志》卷一九八《四夷五·真臘》作"相高憑"。

[5]髯多婁：《北史·真臘傳》、《通志》卷一九八《四夷五·真臘》作"髯羅婁"。

[6]參半：古國名。爲真臘屬國，故地在今泰國東南部尖竹汶一帶。

[7]陀桓：古國名。又稱陀洹，故地一說在今緬甸南部土瓦；一說在今泰國南部。

其俗，非王正妻子，不得爲嗣。王初立之日，所有兄弟並刑殘之，或去一指，或劓其鼻，別處供給，不得仕進。人形小而色黑。婦人亦有白者。悉拳髮垂耳，性氣捷勁。居處器物，頗類赤土。以右手爲净，左手爲穢。每旦澡洗，以楊枝净齒，讀誦經咒。又澡洒乃食，食罷還用楊枝净齒，又讀經咒。飲食多蘇酪、沙糖、秔粟、米餅。欲食之時，先取雜肉羹與餅相和，手擩而食。娶妻者，唯送衣一具，[1] 擇日遣媒人迎婦。男女二家各八日不出，晝夜燃燈不息。男婚禮畢，即與父母分財別居。父母死，小兒未婚者，[2] 以餘財與之。若婚畢，財物入官。其喪葬，兒女皆七日不食，剔髮而哭，[3] 僧尼、道士、親故皆來聚會，音樂送之。以五香木燒屍，收灰以金銀瓶盛，送于大水之内。貧者或用瓦，而以彩色畫之。亦有不焚，送屍山中，任野獸食者。

　　[1]唯送衣一具：《北史》卷九五《真臘傳》作“唯送女人女”，中華本《北史》校勘記云：“疑是‘唯送女人衣’之訛。”
　　[2]小兒：汲古閣本、中華本及《北史·真臘傳》同，殿本、庫本爲“如有”。
　　[3]哭：《北史·真臘傳》作“喪”。

　　其國北多山阜，南有水澤，地氣尤熱，無霜雪，饒瘴癘毒蠚。土宜粱稻，少黍粟，果菜與日南、九真相類。[1] 異者有婆那娑樹，無花，葉似柿，實似冬瓜；菴羅樹，花葉似棗，實似李；毗野樹，花似木瓜，葉似杏，實似楮；婆田羅樹，花葉實並似棗而小異；歌畢佗樹，花似林檎，葉似榆而厚大，實似李，其大如升。自餘多同九真。海中有魚名建同，四足，無鱗，其鼻如象，吸水上噴，高五六十尺。有浮胡魚，其形似鯝，[2]嘴如鸚鵡，有八足。多大魚，半身出水，望之如山。

[1]九真：郡名。治所在今越南清化省清化。

[2]鯝：汲古閣本、中華本同，殿本、庫本作"鮑"。

每五六月中，毒氣流行，即以白猪、白牛、白羊於城西門外祠之。不然者，五穀不登，六畜多死，人衆疾疫。近都有陵伽鉢婆山，[1]上有神祠，每以兵五千人守衛之。城東有神名婆多利，祭用人肉。其王年別殺人，以夜祀禱，亦有守衛者千人。其敬鬼如此。多奉佛法，尤信道士，佛及道士並立像於館。

[1]陵伽鉢婆山：故地在柬埔寨境内，伊奢那城附近。

大業十三年，[1]遣使貢獻，帝禮之甚厚，其後亦絶。

[1]十三年：汲古閣本、殿本、庫本均同，中華本及《北史》卷九五《真臘傳》爲"十二年"。檢本書卷四、《北史》卷一二《隋煬帝紀》，真臘進方物在大業十二年二月。故此"十三年"誤，當爲"十二年"。

婆利

婆利國，[1]自交阯浮海，南過赤土、丹丹，[2]乃至其國。國界東西四月行，南北四十五日行。王姓刹利邪伽，名護濫那婆。官曰獨訶邪挐，次曰獨訶氏挐。國人善投輪刀，其大如鏡，中有竅，外鋒如鋸，遠以投人，無不中。其餘兵器，與中國略同。俗類真臘，物産同於林邑。其殺人及盜，截其手，姦者鎖其足，期年而止。祭祀必以月晦，盤貯酒肴，浮之流水。每十一月，必設大祭。海出珊瑚。有鳥名舍利，解人語。大業十二年，遣使朝貢，後遂絕。

[1]婆利國：古國名。故地在今印度尼西亞境内。一説在今爪洼東面巴厘島；一説在今加里曼丹島上。

[2]丹丹：古國名。又作“單單”“單呾”，故地在今馬來西亞吉蘭丹一帶。傳見《梁書》卷五四。

于時南荒有丹丹、盤盤二國，[1]亦來貢方物，其風俗物産，大抵相類云。

[1]盤盤：古國名。故地在今馬來半島克拉地峽一帶，一説在泰國萬倫灣一帶。傳見《梁書》卷五四，事亦見《太平御覽》卷七八七《四夷部》引《梁書》。

史臣曰：《禮》云：“南方曰蠻，有不火食者矣。”[1]《書》稱：“蠻夷猾夏。”[2]《詩》曰：“蠢爾蠻荆。”[3]種類實繁，代爲紛梗。自秦并二楚，[4]漢平百越，地窮丹徼，景極日南，水陸可居，咸爲郡縣。暨乎境分吳、蜀，[5]時經晉、宋，道有污隆，服叛不一。高祖受命，克平九宇。煬帝纂業，威加八荒。甘心遠夷，志求珍異，故師出於流求，兵加於林邑，威振殊俗，過於秦、漢遠矣。雖有荒外之功，無救域中之敗，《傳》曰："非聖人，外寧必内憂。"[6]誠哉斯言也！

［1］南方曰蠻，有不火食者矣：語出《禮記·王制》，原文爲："南方曰蠻，雕題交趾，有不火食者矣。"

［2］蠻夷猾夏：語出《尚書·舜典》。

［3］蠢爾蠻荆：語出《詩·小雅·采芑》。

［4］二楚：中華書局新修訂本校勘記云："'二'，《北史》卷九五'論曰'作'三'。按，三楚指東楚、西楚、南楚，説見《史記》卷一二九《貨殖列傳》，當以'三楚'是。"

［5］吴：三國時期吴國（222—280），都建鄴（今江蘇南京市）。 蜀：三國時期蜀國（221—263），都益州（今四川成都市）。

［6］非聖人，外寧必内憂：語出《左傳》成公十六年，原文爲："惟聖人能外内無患。自非聖人，外寧必有内憂。"

隋書　卷八三

列傳第四十八

西域

漢氏初開西域，有三十六國，其後分立五十五王，[1]置校尉、都護以撫納之。[2]王莽篡位，西域遂絕。[3]至於後漢，班超所通者五十餘國，西至西海，東西四萬里，皆來朝貢，復置都護、校尉以相統攝，[4]其後或絕或通，漢朝以爲勞弊中國，其官時廢時置。[5]暨魏、晉之後，互相吞滅，[6]不可詳焉。

[1]"漢氏初開西域"至"五十五王"：出自《漢書》卷九六《西域傳上》："西域以孝武時始通，本三十六國，其後稍分至五十餘。"

[2]校尉：官名。指戊己校尉。漢元帝初元元年（前 48）初置，駐地爲車師前王庭交河城。　都護：官名。指西域都護。漢宣帝地節二年（前 68）始建"都護"之號，神爵二年（前 60）立府施政，治烏壘城。

[3]王莽篡位，西域遂絕：西漢末，王莽篡位後，遣使至西域，

盡改其王爲侯。始建國五年（13），以莽積失恩信，焉耆先畔，殺都護但欽。天鳳三年（16），莽遣大使五威將王駿、西域都護李崇將戊己校尉出西域，諸國皆郊迎貢獻。因前殺都護但欽事，駿欲襲之，命佐帥何封、戊己校尉郭欽別將。焉耆詐降，伏兵擊駿等，皆死。欽、封後到，襲擊老弱，從車師還入塞。西域自此絕。王莽，字巨君，魏郡元城（今河北大名縣東）人。傳見《漢書》卷九九。

〔4〕“至於後漢”至“以相統攝”：據《後漢書》卷八八《西域傳》，永元六年（94），班超擊破焉耆，於是西域五十餘國悉納質內屬。而條支、安息諸國至於海瀕四萬里外，皆重譯貢獻。九年，班超遣其掾甘英出使大秦，臨西海而還。班超，字仲升，扶風安陵（今陝西咸陽市）人。傳見《後漢書》卷四七。西海，指今地中海。

〔5〕“其後或通或絕”至“時廢時置”：《後漢書·西域傳》稱：“自建武至於延光，西域三絕三通。”中國，即中原王朝。

〔6〕魏、晉之後，互相吞滅：指曹魏以降西域南北道綠洲大國割據稱霸的局面，蓋當時中原或河西政權其實無力控制西域。

　　煬帝時，遣侍御史韋節、司隸從事杜行滿使於西蕃諸國。[1] 至罽賓，[2] 得碼磁杯；王舍城，[3] 得佛經；史國，[4] 得十舞女、師子皮、火鼠毛而還。[5] 帝復令聞喜公裴矩於武威、張掖間往來以引致之。[6] 其有君長者四十四國。矩因其使者入朝，啗以厚利，令其轉相諷諭。大業年中，相率而來朝者三十餘國，帝因置西域校尉以應接之。[7] 尋屬中國大亂，朝貢遂絕。然事多亡失，今所存錄者，二十國焉。

　　〔1〕侍御史韋節、司隸從事杜行滿：韋節、杜行滿二人奉煬帝

命出使西域，除到達罽賓、王舍城和史國外，還可能抵達康國、怛咀國和安國三國。杜行滿曾抵達安國本傳有明確記載，《通典》卷一九三《邊防·西戎五》所存韋節《西蕃記》佚文表明韋節曾身臨康國、挹怛國。二人啓程的時間，一説於大業元年（605）。（參見長澤和俊《韋節、杜行滿の西使》，載《シルクロード史研究》，載國書刊行會1979年版，第481—488頁）另説當在大業三年之後，蓋司隸臺始置於大業三年四月。又，韋節著有《西蕃記》。本書《經籍志二》載：“《諸藩國記》十七卷。”韋節進《西蕃記》的年代最早應在大業五年。今全書已佚，僅《通典》卷一九三《邊防·西戎五》收有若干斷簡殘句。

[2]罽賓：古國名。應即迦濕彌羅。蓋本傳僅稱漕國爲“漢時罽賓國也”，未必指隋代罽賓爲曹國。《舊唐書》卷一九八《西戎傳》“罽賓條”載：“隋煬帝時，引致西域，前後至者三十餘國，唯罽賓不至。”而漕國曾於大業年間朝隋，知隋人心目中罽賓與漕國有別。《大唐西域記》卷三注迦濕彌羅曰：“舊曰罽賓，訛也。”舊，應指隋代。

[3]王舍城：佛教所謂第一次結集之地，即《大唐西域記》卷九所見曷羅闍姞利呬城（參見季羨林等《大唐西域記校注》，中華書局1985年版）。

[4]史國：位於今烏兹別克斯坦撒馬爾罕南。

[5]舞女：一説可能是以胡騰舞、胡旋舞著稱的粟特舞女。火鼠毛：一説是石綿，火浣布的原料。

[6]裴矩：人名。傳見本書卷六七。　武威：郡名。治所在今甘肅武威市。　張掖：郡名。治所在今甘肅張掖市。

[7]西域校尉：官名。其設置的具體年代不詳，但很可能是較早負責應接西域使臣的職官。大概由於其職能不久劃歸了“四方館”中的“西戎使者”，這一職官存在的時間很短，以致其詳情在今天無從探究。《通典》卷一九一《邊防·西戎三》作“西戎校尉”。

吐谷渾

吐谷渾，[1]本遼西鮮卑徒河涉歸子也。[2]初，涉歸有二子，庶長曰吐谷渾，少曰若洛廆。[3]涉歸死，若洛廆代統部落，是爲慕容氏。吐谷渾與若洛廆不協，遂西度隴，止于甘松之南，洮水之西，南極白蘭山，數千里之地，其後遂以吐谷渾爲國氏焉。[4]當魏、周之際，始稱可汗。[5]都伏俟城，[6]在青海西十五里。[7]有城郭而不居，隨逐水草。官有王公、僕射、尚書、郎中、將軍。其主以皁爲帽，妻戴金花。其器械衣服略與中國同。其王公貴人多戴羃䍦，婦人裙襦辮髮，綴以珠貝。國無常稅。殺人及盜馬者死，餘坐則徵物以贖罪。風俗頗同突厥。[8]喪有服制，葬訖而除。性皆貪忍。有大麥、粟、豆。青海周迴千餘里，中有小山，其俗至冬輒放牝馬於其上，言得龍種。吐谷渾嘗得波斯草馬，[9]放入海，因生驄駒，能日行千里，故時稱青海驄焉。多氂牛，饒銅、鐵、朱砂。地兼鄯善、且末。[10]西北有流沙數百里，夏有熱風，傷斃行旅。風之將至，老駝預知之，則引項而鳴，聚立，以口鼻埋沙中。人見則知之，以氊擁蔽口鼻而避其患。

[1]吐谷渾：人名。魏晉時東部鮮卑首領。涉歸子，慕容廆庶兄。晉武帝太康四年（283），廆嗣位，與廆不協，率部西遷陰山。永嘉之亂，始度隴而西。其後子孫據有西零以西甘松之界，極乎白蘭數千里。置官屬，統治當地羌人、氐人。後人建吐谷渾國奉爲

始祖。

[2]遼西：指今遼河以西。《北史》卷九六作"遼東"。　鮮卑：古族名。傳見《後漢書》卷九〇、《三國志》卷三〇、《宋書》卷九七。　徒河：縣名。治所在今遼寧錦州市。　涉歸：人名。即慕容涉歸。慕容鮮卑之首領。

[3]若洛廆：人名。又作慕容廆。慕容鮮卑之首領。

[4]"遂西度隴"至"以吐谷渾爲國氏焉"：指吐谷渾率部西遷後，據有今甘肅、青海、四川交界的大部地區，並在此建國，號吐谷渾。

[5]可汗：古代柔然、吐谷渾、突厥、回紇、蒙古等族最高統治者的稱號。

[6]伏俟城：城名。在今青海共和縣西北。西魏大統六年（540），吐谷渾夸吕可汗始建都於此。隋大業五年，於此置西海郡。

[7]青海：即今青海湖。

[8]突厥：古族名、國名。廣義包括突厥、鐵勒諸部落，狹義專指突厥。公元六世紀時游牧於金山（今阿爾泰山）以南，因金山形似兜鍪，俗稱"突厥"，遂以名部落。西魏廢帝元年（552），土門自號伊利可汗，建立突厥汗國，樹庭於鬱督軍山（今杭愛山東段，鄂爾渾河左岸）。隋開皇二年西面可汗達頭與大可汗沙鉢略不睦，分裂爲西突厥、東突厥兩個汗國。傳見本書卷八四、《周書》卷五〇、《北史》卷九九、《舊唐書》卷一九四、《新唐書》卷二一五。

[9]波斯：古國名。指薩珊王朝時期的古伊朗。公元三世紀初阿爾希達爾建立，都於宿利城（今伊拉克巴格達附近）。公元七世紀中爲大食（阿拉伯帝國）所滅。

[10]鄯善：西域古國名。本名樓蘭，西漢元鳳四年（前77）改名鄯善，屬西域都護府。都城在扞泥城（今新疆若羌縣東北羅布泊西岸）。北周時爲吐谷渾所滅。　且末：西域古國名。屬西域都護府。都城在且末城（今新疆且末縣城西南）。東漢初爲鄯善所併。

尋復立。北魏末，爲吐谷渾所併。

　　其主呂夸，[1] 在周數爲邊寇，及開皇初，以兵侵弘州。[2] 高祖以弘州地曠人梗，因而廢之。遣上柱國元諧率步騎數萬擊之。[3] 賊悉發國中兵，自曼頭至於樹敦，[4] 甲騎不絕。其所署河西總管、定城王鍾利房及其太子可博汗，[5] 前後來拒戰。諧頻擊破之，俘斬甚衆。呂夸大懼，率其親兵遠遁。其名王十三人，各率部落而降。上以其高寧王移茲裒素得衆心，[6] 拜爲大將軍，封河南王，以統降衆，自餘官賞各有差。未幾，復來寇邊，旭州刺史皮子信出兵拒戰，[7] 爲賊所敗，子信死之。汶州總管梁遠以銳卒擊之，[8] 斬千餘級，奔退。俄而入寇廓州，[9] 州兵擊走之。

　　[1] 呂夸：人名。又作夸呂。隋時吐谷渾首領。
　　[2] 弘州：北周建德六年（577）於廣川防置，治所在今甘肅碌曲縣西南。隋初廢。開皇十八年復置，治所在弘化縣（今甘肅慶陽市北）。大業初廢。
　　[3] 元諧：人名。傳見本書卷四〇。
　　[4] 曼頭：城名。在今青海共和縣西南。　樹敦：城名。在今青海共和縣東。
　　[5] 鍾利房：人名。生平不詳。　可博汗：人名。生平不詳。
　　[6] 移茲裒：人名。隋文帝曾封其爲河南王。
　　[7] 皮子信：人名。琅邪下邳（今江蘇睢寧縣）人。事見《北史》卷五三《皮景和傳》。
　　[8] 梁遠：人名。爵封濟北郡公。
　　[9] 廓州：治所在今青海貴德縣南。

　　吕夸在位百年，屢因喜怒廢其太子而殺之。其後太子懼見廢辱，遂謀執吕夸而降，請兵於邊吏。秦州總管、河間王弘請將兵應之，[1]上不許。太子謀洩，爲其父所殺，復立其少子嵬王訶爲太子。[2]疊州刺史杜粲請因其釁而討之，[3]上又不許。六年，嵬王訶復懼其父誅之，謀率部落萬五千人户將歸國，遣使詣闕，請兵迎接。上謂侍臣曰：“渾賊風俗，特異人倫，父既不慈，子復不孝。朕以德訓人，何有成其惡逆也！吾當教之以義方耳。”乃謂使者曰：“朕受命於天，撫育四海，望使一切生人皆以仁義相向。況父子天性，何得不相親愛也！吐谷渾主既是嵬王之父，嵬王是吐谷渾主太子，父有不是，子須陳諫。若諫而不從，當令近臣親戚内外諷諭。必不可，泣涕而道之。人皆有情，必當感悟。不可潛謀非法，受不孝之名。溥天之下，皆是朕臣妾，各爲善事，即稱朕心。嵬王既有好意，欲來投朕，朕唯教嵬王爲臣子之法，不可遠遣兵馬，助爲惡事。”嵬王乃止。八年，其名王拓拔木彌請以千餘家歸化。[4]上曰：“溥天之下，皆曰朕臣，雖復荒遐，未識風教，朕之撫育，俱以仁孝爲本。渾賊悖狂，妻子懷怖，並思歸化，自救危亡。然叛夫背父，不可收納。又其本意，正自避死，若今遣拒，又復不仁。若更有意信，但宜慰撫，任其自拔，不須出兵馬應接之。其妹夫及甥欲來，亦任其意，不勞勸誘也。”是歲河南王移兹裒死，高祖令其弟樹歸襲統其衆。[5]平陳之後，吕夸大懼，遁逃保險，不敢為寇。

[1]弘：人名。即楊弘。傳見本書卷四三。
[2]崑王訶：吐谷渾王子。餘不詳。
[3]杜粲：人名。生平不詳。
[4]拓拔木彌：人名。生平不詳。
[5]樹歸：人名。生平不詳。

十一年，呂夸卒，子伏立。[1]使其兄子無素奉表稱藩，[2]并獻方物，請以女備後庭。上謂滕王曰：[3]“此非至誠，但急計耳。”乃謂無素曰：“朕知渾主欲令女事朕，若依來請，他國聞之，便當相學。一許一塞，是謂不平。若並許之，又非好法。朕情存安養，欲令遂性，豈可聚斂子女以實後宮乎？”竟不許。十二年，遣刑部尚書宇文㢸撫慰之。[4]十六年，以光化公主妻伏，[5]伏上表稱公主爲天后，上不許。

[1]伏：人名。呂夸子，吐谷渾王。
[2]無素：人名。吐谷渾宗室，開皇十一年赴隋進貢。
[3]滕王：即滕穆王楊瓚。傳見本書卷四四。
[4]宇文㢸：人名。傳見本書卷五六。
[5]光化公主：隋宗室女。餘不詳。

明年，其國大亂，國人殺伏，立其弟伏允爲主。[1]使使陳廢立之事，并謝專命之罪，且請依俗尚主，上從之。自是朝貢歲至，而常訪國家消息，上甚惡之。

[1]伏允：人名。又作允伏，吐谷渾王。餘不詳。

煬帝即位，伏允遣其子順來朝。[1]時鐵勒犯塞，[2]帝遣將軍馮孝慈出敦煌以禦之，[3]孝慈戰不利。鐵勒遣使謝罪，請降，帝遣黃門侍郎裴矩慰撫之，諷令擊吐谷渾以自効。鐵勒許諾，即勒兵襲吐谷渾，大敗之。伏允東走，保西平境。[4]帝復令觀王雄出澆河、許公宇文述出西平以掩之，[5]大破其衆。伏允遁逃，部落來降者十萬餘口，六畜三十餘萬。述追之急，伏允懼，南遁於山谷間。其故地皆空，自西平臨羌城以西，[6]且末以東，祁連以南，雪山以北，東西四千里，南北二千里，皆爲隋有。置郡縣鎮戍，發天下輕罪徙居之。於是留順不之遣。伏允無以自資，率其徒數千騎客於党項。[7]帝立順爲主，送出玉門，[8]令統餘衆，以其大寶王尼洛周爲輔。[9]至西平，其部下殺洛周，順不果入而還。大業末，[10]天下亂，伏允復其故地，屢寇河右，[11]郡縣不能禦焉。

[1]順：人名。吐谷渾王子。餘不詳。

[2]鐵勒：古族名。又作敕勒、赤勒、高車、狄歷。其先爲匈奴之苗裔丁零，部族甚多。傳見本書卷八四。

[3]馮孝慈：人名。隋朝將領。數有征討，有名於世。事見本書卷六四《王辯傳》。

[4]西平：郡名。隋大業初改鄯州置，治所在湟水縣（今青海樂都縣）。

[5]觀王雄：即觀德王楊雄。傳見本書卷四三。 澆河：郡名。治所在河津縣（今青海貴德縣）。 宇文述：人名。傳見本書卷

六一。

[6]臨羌城：城名。在今青海湟源縣城關鎮尕莊村的南古城。

[7]党項：古族名。傳見本卷後。

[8]玉門：關名。在今甘肅敦煌市西北。

[9]尼洛周：人名。生平不詳。

[10]大業：隋煬帝楊廣年號（605—618）。

[11]河右：地區名。即河西。指今甘肅、青海黃河以西地區。

党項

党項羌者，三苗之後也。其種有宕昌、白狼，皆自稱獼猴種。東接臨洮、西平，[1]西拒葉護，[2]南北數千里，處山谷間。每姓別爲部落，大者五千餘騎，小者千餘騎。織氂牛尾及粘羅毛以爲屋。[3]服裘褐，披氈以爲上飾。俗尚武力，無法令，各爲生業，有戰陣則相屯聚。無徭賦，不相往來。牧養氂牛、羊、豬以供食，不知稼穡。其俗淫穢蒸報，於諸夷中最爲甚。無文字，但候草木以記歲時。三年一聚會，殺牛羊以祭天。人年八十以上死者，以爲令終，親戚不哭。少而死者，則云大枉，共悲哭之。有琵琶、橫吹，擊缶爲節。

[1]臨洮：郡名。北魏時治龍城縣，在今甘肅卓尼縣東北飛地洮水東岸新堡附近。

[2]葉護：突厥官名。代指突厥。《通鑑》卷一七六胡三省注云：“突厥子弟曰特勒，大臣曰葉護、曰屈律啜、曰阿波、曰俟利發、曰吐屯、曰俟斤、曰閻洪達、曰頡利發、曰達干，皆達官也。”

[3]粘（gǔ）羅（lì）：山羊。

魏、周之際，數來擾邊。高祖爲丞相時，中原多故，因此大爲寇掠。蔣公梁睿既平王謙，[1]請因還師以討之，高祖不許。開皇四年，有千餘家歸化。五年，拓拔寧叢等各率衆詣旭州内附，[2]授大將軍，其部下各有差。十六年，復寇會州，[3]詔發隴西兵以討之，大破其衆。又相率請降，願爲臣妾，遣子弟入朝謝罪。高祖謂之曰：“還語爾父兄，人生須有定居，養老長幼。而乃乍還乍走，不羞鄉里邪！”自是朝貢不絕。

[1]梁睿：人名。歷官西魏、北周、隋。傳見本書卷三七。王謙：人名。北周末起兵反叛，後被梁睿鎮壓。傳見《周書》卷二一。

[2]拓拔寧叢：人名。生平不詳。　旭州：治所在通義郡金城縣（今甘肅碌曲縣東）。大業初廢。

[3]會州：隋時治汶山縣（今四川汶川縣威州鎮）。

高昌

高昌國者，則漢車師前王庭也，[1]去敦煌十三日行。其境東西三百里，南北五百里，四面多大山。昔漢武帝遣兵西討，[2]師旅頓敝，其中尤困者因住焉。其地有漢時高昌壘，[3]故以爲國號。初，蠕蠕立闞伯周爲高昌王。[4]伯周死，子義成立，[5]爲從兄首歸所殺。[6]首歸自立爲高昌王，又爲高車阿伏至羅所殺。[7]以敦煌人張孟明爲主。[8]孟明爲國人所殺，更以馬儒爲王，[9]以鞏顧、斄嘉二人爲左右長史。[10]儒又通使後魏，[11]請內屬。內屬人皆戀土，不願東遷，相與殺儒，立嘉爲王。嘉字靈鳳，金城榆中人，既立，又臣于茹茹。及茹茹主爲高車所殺，嘉又臣于高車。嚈噠者爲挹怛所破，[12]衆不能自統，請主於嘉。嘉遣其第二子爲焉耆主，由是始大，益爲國人所服。嘉死，子堅立。[13]

[1]高昌國者，則漢車師前王庭也：此説不確。漢車師前王庭爲交河城，而非高昌。高昌前身爲車師前國高昌壁。詳見《漢書》卷九六《西域傳下》。車師，古國名。一名姑師國。漢西域三十六國之一。都城在交河城（今新疆吐魯番市西北）。後分爲車師前國與車師後國，皆屬西域都護。

[2]漢武帝：即劉徹的謚號。紀見《史記》卷一二、《漢書》卷六。

[3]高昌壘：亦作高昌壁、高昌城。在今新疆吐魯番市東高昌故城。西漢時爲車師都尉、戊己校尉治所。東漢置戊己校尉於此。十六國前涼爲高昌郡治。北魏爲高昌國都。

[4]蠕蠕：古族名。即柔然。又作芮芮、茹茹。主要游牧於今蒙古國鄂爾渾河流域。後爲突厥所滅。傳見北史卷九八。　闞伯周：人名。高昌國王。蠕蠕“以闞伯周爲高昌王”，此據《北史》卷九八《高昌傳》。其事《通鑑》卷一二九《宋紀》繫於和平元年（460）。

[5]義成：人名。高昌王。餘不詳。

[6]首歸：人名。高昌王。餘不詳。

[7]高車：古族名。此處指原來役屬於蠕蠕的高車副伏羅部。該部於公元487年自漠北西遷，占領了准格爾盆地一帶。　阿伏至羅：人名。高車王。事見北史卷九八《高車傳》。

[8]以敦煌人張孟明爲主：北魏太和十五年（491），高車副伏

羅部控制了高昌，殺死其王闞首歸，另立敦煌人張孟明爲王。

[9]馬儒：人名。高昌王。餘不詳。

[10]鞏顧：人名。高昌大臣。餘不詳。《北史·高昌傳》作
"鞏顧禮"。 麴嘉：人名。金城榆中（今甘肅榆中縣）人。高昌
國麴氏王朝的創建者。

[11]後魏：即北魏（386—557），亦單稱魏。初都平城（今山
西大同市東北），公元494年遷都洛陽（今河南洛陽市東北白馬寺
東）。公元534年分裂爲東魏和西魏兩個政權。東魏（534—550）
都於鄴（今河北臨漳縣西南鄴鎮東），西魏（535—557）都於長安
（今陝西西安市西北郊）。

[12]焉耆：古國名。傳見本卷後。 挹怛：古國名。傳見本
卷後。

[13]嘉死，子堅立：《魏書》卷一〇《孝莊帝紀》載，建義元
年（528）六月癸卯，"以高昌王世子光爲平西將軍、瓜州刺史，襲
爵泰臨縣開國伯、高昌王"，知麴嘉死後，子麴光繼之。麴堅之立，
在麴光之後。麴堅即位，一般認爲在531年。

其都城周迴一千八百四十步，[1]於坐室畫魯哀公問
政於孔子之像。[2]國内有城十八。[3]官有令尹一人，次公
二人，次左右衞，次八長史，次五將軍，次八司馬，次
侍郎、校郎、主簿、從事、省事。大事決之於王，小事
長子及公評斷，不立文記。[4]男子胡服，婦人裙襦，頭
上作髻。其風俗政令與華夏略同。地多石磧，氣候温
暖，穀麥再熟，宜蠶，多五果。有草名爲羊刺，[5]其上
生蜜，而味甚佳。出赤鹽如朱，白鹽如玉。多蒲陶酒。
俗事天神，兼信佛法。國中羊馬牧於隱僻之處，以避外
寇，非貴人不知其所。北有赤石山，[6]山北七十里有貪

污山，[7]夏有積雪。此山之北，鐵勒界也。[8]從武威西北，[9]有捷路，度沙磧千餘里，四面茫然，無有蹊徑。欲往者，尋有人畜骸骨而去。路中或聞歌哭之聲，行人尋之，多致亡失，蓋魑魅魍魎也。故商客往來，多取伊吾路。[10]

[1]都城：位於今吐魯番市東南三堡鄉哈喇和卓村的高昌故城（參見王炳華《吐魯番的古代文明》，新疆人民出版社 1989 年版，第 105、106 頁；侯燦《吐魯番學與吐魯番考古研究概述》，《高昌樓蘭研究論集》，新疆人民出版社 1990 年版，第 189 頁）。

[2]魯哀公問政於孔子：事見《史記》卷四七《孔子世家》、《荀子·哀公》、《説苑·政理》等。曹魏以後，釋奠學禮以孔子、顏回爲先聖、先師，廟堂畫孔子及眾弟子像。高昌都城坐室畫像與中原釋奠先聖、先師像不同，更注重孔子與政治的關係。

[3]有城十八：十八，《魏書》卷一〇二、《北史》卷九七《西域傳》作“八”，《周書》卷五〇《高昌傳》作“一十六”，《舊唐書》卷一九八、《新唐書》卷二二一《高昌傳》作“二十一”。按，此城數不同，係不同時期其實力的發展變化。

[4]“官有令尹一人”至“不立文記”：詳見《周書·高昌傳》。

[5]羊刺：一般説是駱駝刺一類的植物。

[6]赤石山：吐魯番盆地北緣的小山脉。

[7]貪污山：即今新疆中部天山東支博格達山。宋刻本作“貪汗山”，中華本據本書卷八四《突厥傳》、《北史·西域傳》、《通典》卷一九一改爲“貪汗山”。

[8]鐵勒：族名。又作敕勒、赤勒等。其先爲匈奴之苗裔丁零，部族甚多。傳見本書卷八四、《北史》卷九九。

[9]武威：此處應爲“敦煌”之誤。

[10]伊吾路：指自敦煌伊吾去往高昌之路。本書卷六三《劉權傳》載，"大業五年，從征吐谷渾，權率衆出伊吾道"。又，《周書·高昌傳》載，"自燉煌向其國……多取伊吾路云"。

開皇十年，突厥破其四城，[1]有二千人來歸中國。堅死，子伯雅立。[2]其大母本突厥可汗女，[3]其父死，突厥令依其俗，伯雅不從者久之。突厥逼之，不得已而從。

[1]突厥：此處指阿波系西突厥（參見吳玉貴《突厥汗國與隋唐關係史研究》，中國社會科學出版社 1998 年版，第 38—78 頁）。

[2]伯雅：人名。即高昌王麴伯雅。

[3]大母：麴伯雅之祖母，原爲麴寶茂之妻。麴寶茂死，麴乾固曾妻之；乾固死，突厥又逼麴伯雅妻之（參見馮承鈞《高昌事輯》，《西域南海史地考證論著彙輯》，中華書局香港分局 1976 年版，第 48—83 頁）。本書《突厥傳》："父兄死，子弟妻其群母及嫂。"

煬帝嗣位，引致諸蕃。大業四年，遣使貢獻，帝待其使甚厚。明年，伯雅來朝。[1]因從擊高麗，[2]還尚宗女華容公主。[3]八年冬歸蕃，下令國中曰："夫經國字人，以保存爲貴，寧邦緝政，以全濟爲大。先者以國處邊荒，境連猛狄，同人無咎，被髮左衽。今大隋統御，宇宙平一，普天率土，莫不齊向。孤既沐浴和風，庶均大化，其庶人以上皆宜解辮削衽。"帝聞而甚善之，下詔曰："彰德嘉善，聖哲所隆，顯誠遂良，典謨貽則。光祿大夫、弁國公、高昌王伯雅識量經遠，器懷溫裕，丹款夙著，亮節遐宣。本自諸華，^[4]歷祚西壤，昔因多難，淪迫獯戎，數窮毀冕，竆爲胡服。自我皇隋平一宇宙，化偃九圍，^[5]德加四表。伯雅踰沙忘阻，奉贄來庭，觀禮容於舊章，慕威儀之盛典。於是襲纓解辮，削衽曳裾，^[6]變夷從夏，義光前載。可賜衣冠之具，仍班製造之式。并遣使人部領將送。被以采章，復見車服之美，棄彼氈毳，還爲冠帶之國。”然伯雅先臣鐵勒，而鐵勒恒遣重臣在高昌國，有商胡往來者，則稅之送於鐵勒。^[7]雖有此令取悦中華，然竟畏鐵勒而不敢改也。自是歲令使人貢其方物。

本自諸華，[4]歷祚西壤，昔因多難，淪迫獯戎，數窮毀冕，竆爲胡服。自我皇隋平一宇宙，化偃九圍，[5]德加四表。伯雅踰沙忘阻，奉贄來庭，觀禮容於舊章，慕威儀之盛典。於是襲纓解辮，削衽曳裾，[6]變夷從夏，義光前載。可賜衣冠之具，仍班製造之式。并遣使人部領將送。被以采章，復見車服之美，棄彼氈毳，還爲冠帶之國。”然伯雅先臣鐵勒，而鐵勒恒遣重臣在高昌國，有商胡往來者，則稅之送於鐵勒。[7]雖有此令取悦中華，然竟畏鐵勒而不敢改也。自是歲令使人貢其方物。

[1]伯雅來朝：此爲麴伯雅首次朝隋。據本書卷三《煬帝紀上》，大業五年六月，“壬子，高昌王麴伯雅來朝，伊吾吐屯設等獻西域數千里之地，上大悦。……宴高昌王、（伊吾）吐屯設於殿上，以寵異之。其蠻夷陪列者三十餘國”。其年九月，麴伯雅隨煬帝返回長安。同年，麴伯雅返回高昌，留子文泰於東都爲質。

[2]從擊高麗：指麴伯雅第二次來朝事。大業七年五月，麴伯雅偕西突厥處羅可汗經武威入隋。高麗，國名。又作高句麗。傳見本書卷八一。

[3]尚宗女華容公主：《元和郡縣圖志》卷四〇《隴右道下·西州》云：“伯雅來朝，隋煬帝以宇文氏女玉波爲華容公主妻之。”

[4]本自諸華：此指麴氏原爲榆中漢族世家。

[5]九圍：即九州。隋於開皇九年滅陳，統一全國，結束了長期以來南北對峙的局面。

[6]襲纓解辮，削衽曳裾：即改變胡服髮式，變胡爲漢。這一變革不僅表明高昌要加入以隋爲中心的禮儀秩序，也意味着脱離突厥、鐵勒等游牧部族的羈絆，因而遭到鐵勒的反對及阻撓，不能真

正實施。

[7]有商胡往來者，則税之送於鐵勒：當時鐵勒人雄踞高昌以北，所以麴伯雅臣服鐵勒，向鐵勒交納絲路貿易上的税收。徵税是游牧部族對西域綠洲國家的統治方式。

康國

康國者，康居之後也。[1]遷徙無常，不恒故地，然自漢以來相承不絶。其王本姓温，月氏人也。[2]舊居祁連山北昭武城，[3]因被匈奴所破，西踰葱嶺，[4]遂有其國。支庶各分王，故康國左右諸國並以昭武爲姓，示不忘本也。王字代失畢，[5]爲人寬厚，甚得衆心。其妻突厥達度可汗女也。[6]都於薩寶水上阿禄迪城。[7]城多衆居。大臣三人共掌國事。其王索髮，[8]冠七寶金花，衣綾羅錦繡白疊。其妻有髻，幪以皂巾。丈夫翦髮錦袍。名爲强國，而西域諸國多歸之。米國、史國、曹國、何國、安國、小安國、那色波國、烏那曷國、穆國皆歸附之。[9]有胡律，[10]置於祆祠，決罰則取而斷之。重罪者族，次重者死，賊盜截其足。

[1]康居：漢西域國名。在今哈薩克斯坦巴爾喀什湖和咸海之間。東界烏孫，西達奄蔡，南接大月氏，東南臨大宛。都於卑闐城（今烏兹別克斯坦塔什干一帶）。

[2]月氏：一作月支。秦漢之際，游牧於敦煌、祁連間。西漢文帝時，月氏爲匈奴所逐，大部西徙至今伊犂河流域及其以西一帶，稱爲大月氏。少數没有西遷的入南山（今祁連山），與羌人雜居，稱爲小月氏。

　　[3]舊居祁連山北昭武城：近人多斥爲無稽之談。月氏舊居，據《漢書》卷九六《西域傳上》，在“敦煌、祁連間”。漢代敦煌指今祁連山，祁連指今天山。而據《漢書・地理志下》，昭武縣屬張掖郡，位於今祁連山北，蓋隋時已稱今祁連山爲祁連山。又，《晉書・地理志》，昭武縣在西晉時避文帝諱已易名爲臨澤縣。由此可見，隋人不可能也毫無必要把這個久已湮滅無聞的古縣名硬加到索格底亞那諸王頭上。換言之，傳文稱康國等國國王爲月氏人，均姓昭武，並溯源於昭武城必有依據，很可能得諸當時來華的昭武姓國人。

　　[4]蔥嶺：古山名。古代對今帕米爾高原及昆侖山、喀喇昆侖山西部諸山的統稱。

　　[5]代失畢：《北史》卷九七《康國傳》作“世夫畢”。“代”乃避唐諱改，“失”“夫”形近易訛。

　　[6]達度可汗：西突厥可汗。餘不詳。

　　[7]阿祿迪城：應即《魏書》卷一〇二《康國傳》所見悉萬斤國王治“悉萬斤城”，該傳所載悉萬斤城去迷密國王治里數與本傳所載康國王治去米國王治里數相同可以爲證。其城位於今撒馬爾罕東北。

　　[8]索髮：一説其王本應剪髮，服屬突厥後始從其俗而索髮。

　　[9]米國：西域古國名。又作彌末。在今烏茲別克斯坦撒馬爾罕東南米馬巴扎爾。一説在撒馬爾罕西南。　史國：西域古國名。又名佉沙國、羯霜那國。古昭武諸國之一。都城在乞史城（今烏茲別克斯坦撒馬爾罕南沙赫里夏勃兹）。　曹國：古昭武諸國之一。都城在今烏茲別克斯坦撒馬爾罕西北伊什特汗。　何國：西域古國名。今地不詳。　安國：西域古國名。一般認爲位於今布哈拉。“安”一般認爲是“安息”的省略，蓋據本傳，安國被認爲漢代安息國的後身。　小安國：西域古國名。位於那密水之北。　那色波國：西域古國名。即今烏茲別克斯坦布哈拉東南卡爾希。　烏那曷國：西域古國名。今地不詳。　穆國：西域古國名。今地不詳。

[10]胡律：《大慈恩寺三藏法師傳》卷二有關於颯秣建國即康國胡律施行情況的記載：“王及百姓不信佛法，以事火爲道。有寺兩所，迥無僧居，客僧投者，諸胡以火燒逐，不許停住。法師初至，王接猶慢。經宿之後，爲説人、天因果，讚佛功德，恭敬福利，王歡喜請受齋戒，遂至殷重。所從二小師往寺禮拜，諸胡還以火燒逐。”

人皆深目高鼻，多鬚髯。善於商賈，諸夷交易多湊其國。有大小鼓、琵琶、五絃、箜篌、笛。[1]婚姻喪制與突厥同。國立祖廟，以六月祭之，[2]諸國皆來助祭。俗奉佛，爲胡書。氣候温，宜五穀，勤修園蔬，樹木滋茂。出馬、駝、騾、驢、封牛、黄金、鐃沙、駜香、阿薩那香、瑟瑟、麖皮、氍毹、錦疊。多蒲陶酒，富家或致千石，連年不敗。

大業中，始遣使貢方物，後遂絶焉。

[1]有大小鼓、琵琶、五絃、箜篌、笛：《通典》卷一九三《邊防·西戎五》引韋節《西蕃記》云：“其人好音聲。”本書《音樂志下》：“康國，起自周武帝娉北狄爲后，得其所獲西戎伎，因其聲。歌曲有戢殿農和正，舞曲有賀蘭鉢鼻始、末奚波地、農惠鉢鼻始、前拔地惠地等四曲。樂器有笛、正鼓、加鼓、銅拔等四種，爲一部。工七人。”

[2]國立祖廟，以六月祭之：或與康國以六月一日爲歲首有關。《通典》卷一九三《邊防·西戎五》引韋節《西蕃記》：“（康國）以六月一日爲歲首，至此日，王及人庶並服新衣，剪髮鬚。在國城東林下七日馬射，至欲罷日，置一金錢於帖上，射中者則得一日爲王。”《唐會要》卷一〇〇《波斯國傳》：“俗事天地日月水火諸神。

西域諸胡事火祆者，皆詣波斯受法焉。……以六月一日爲歲首。"

安國

安國，漢時安息國也。[1]王姓昭武氏，與康國王同族，字設力登。[2]妻，康國王女也。[3]都在那密水南，[4]城有五重，環以流水。宮殿皆爲平頭。[5]王坐金駝座，高七八尺。每聽政，與妻相對，大臣三人評理國事。風俗同於康國，唯妻其姊妹，及母子遞相禽獸，[6]此爲異也。煬帝即位之後，遣司隸從事杜行滿使於西域，至其國，得五色鹽而返。[7]

[1]漢時安息國：這似乎表明安息曾一度占領阿姆河右岸的布哈拉地區。然而這亦可能是隋人稱該地爲"安國"而産生的誤解。又，《册府元龜》卷五六○《國史・地理》載，貞元十七年（801），賈耽上"海内華夷圖及古今郡國縣道四夷述表"曰："前《西戎志》以安國爲安息，今則改入康居。凡諸舛謬，悉從釐正。"可見唐人已知其誤。

[2]設力登：人名。康國王。餘不詳。

[3]妻，康國王女：安國王娶康國王女，可視爲昭武姓王室内部的聯姻。

[4]那密水：古河名。即今塔吉克斯坦及烏茲別克斯坦境内之澤拉夫善河。

[5]宮殿皆爲平頭：據今片治肯特古城及其他遺址，可證當時其地流行平頂建築。

[6]妻其姊妹，及母子遞相禽獸：指祆教的近親結婚習俗。

[7]五色鹽：含各種化學成分的鹽類。

國之西百餘里有畢國，[1]可千餘家。[2]其國無君長，[3]安國統之。大業五年，遣使貢獻，後遂絕焉。[4]

[1]百餘里：自畢國去安國王治的行程。按，安國王治是計算去畢國、烏那曷國、穆國乃至波斯國行程的基準點。　畢國：西域古國名。位於那密水南，今烏茲別克斯坦西境。

[2]千餘家：盡爲商販，行商中國及海外（裏海沿岸）。

[3]無君長：反映了該國獨特的行政體制，實際上是商民自治的"自由市"。

[4]後遂絕焉：不確。據本書卷四《煬帝紀下》，安國於大業十一年正月甲午朔遣使朝貢。

石國

石國，[1]居於藥殺水，[2]都城方十餘里。其王姓石，名涅。[3]國城之東南立屋，置座於中，正月六日、七月十五日以王父母燒餘之骨，金甕盛之，置于牀上，巡遶而行，散以花香雜果，王率臣下設祭焉。禮終，王與夫人出就別帳，臣下以次列坐，享宴而罷。有粟麥，多良馬。其俗善戰，曾貳於突厥，射匱可汗興兵滅之，[4]令特勤甸職攝其國事。[5]南去鏺汗六百里，[6]東南去瓜州六千里。[7]

甸職以大業五年遣使朝貢，其後不復至。[8]

[1]石國：西域古國名。昭武九姓之一。北魏時稱者舌，隋唐時始稱石國，亦作赭支、柘支、柘折、赭時。故地在今烏茲別克斯坦塔什干一帶。國王石姓，治柘折城。俗信祆教。民以農爲主，兼

營畜牧。

[2]藥殺水：古水名。又稱叶河、叶叶河、忽章河、忽禪河、忽氈河、霍闡没輦、忽牽河、火站河。即今中亞錫爾河。

[3]涅：即石國王石涅。餘不詳。

[4]射匱可汗：西突厥可汗。達度可汗之孫。本書卷六七《裴矩傳》載：大業十一年，"射匱可汗遣其猶子，率西蕃諸胡朝貢，詔矩醻接之"。

[5]特勤：官稱號。此爲突厥語的音譯，以稱可汗的子弟。位在叶護、設之下。勤，底本、宋刻遞修本、殿本作"勒"，今從中華本改。 甸職：人名。突厥特勤。餘不詳。

[6]六百里：石國王治赴鏺汗國王治的行程。據下文可知此"六百里"應爲"五百里"之訛。

[7]瓜州：北魏置，治敦煌（今甘肅敦煌市西南）。據《元和郡縣圖志》卷四〇《隴右道下》，隋大業三年改爲敦煌郡。由此可見，本傳以瓜州爲基準的里程記載均依據大業三年前的資料。

[8]甸職以大業五年遣使朝貢，其後不復至：此則不見於本書本紀。按，射匱因受處羅可汗的擠迫而西遷錫爾河流域，石國遂滅。

女國

女國，在葱嶺之南，其國代以女爲王。王姓蘇毗，字末羯，[1]在位二十年。女王之夫，號曰金聚，不知政事。國內丈夫唯以征伐爲務。山上爲城，方五六里，人有萬家。王居九層之樓，侍女數百人，五日一聽朝。復有小女王，共知國政。

[1]末羯：人名。即蘇毗末羯。女國王。餘不詳。

其俗貴婦人，[1]輕丈夫，而性不妬忌。男女皆以彩色塗面，一日之中，或數度變改之。人皆被髮，以皮爲鞋，課税無常。氣候多寒，以射獵爲業。出鍮石、朱砂、麝香、犛牛、駿馬、蜀馬。尤多鹽，恒將鹽向天竺興販，其利數倍。亦數與天竺及党項戰争。其女王死，國中則厚斂金錢，求死者族中之賢女二人，一爲女王，次爲小王。貴人死，剥取皮，以金屑和骨肉置於瓶内而埋之。經一年，又以其皮内於鐵器埋之。俗事阿脩羅神，[2]又有樹神，歲初以人祭，或用獼猴。祭畢，入山祝之，有一鳥如雌雉，來集掌上，破其腹而視之，有粟則年豐，沙石則有灾，謂之鳥卜。

開皇六年，遣使朝貢，其後遂絶。

[1]其俗貴婦人：底本、宋刻本、殿本無“貴”字，據中華本補。

[2]阿脩羅神：原爲古印度神話中的一種惡神。後爲佛教之神。

焉耆

焉耆國，都白山之南七十里，[1]漢時舊國也。其王姓龍，字突騎。[2]都城方二里。[3]國内有九城，勝兵千餘人。國無綱維。其俗奉佛書，類婆羅門。[4]婚姻之禮有同華夏。死者焚之，持服七日。男子剪髮。有魚鹽蒲葦之利。東去高昌九百里，[5]西去龜兹九百里，[6]皆沙磧。東南去瓜州二千二百里。[7]大業中，遣使貢方物。[8]

[1]白山：即天山。　七十里：自焉耆國王治至白山的行程。

[2]王姓龍，字突騎：龍，焉耆王族之姓。突騎，係《舊唐書》卷一九四《突厥傳下》所見西突厥十姓之一"突騎施"。説明其時焉耆已爲突厥所統。

[3]二：殿本作"三"。

[4]婆羅門：此處指佛教徒。

[5]九百里：自焉耆國王治至高昌的行程。按，據《漢書》卷九六《西域傳下》，焉耆國王治至車師前國王治交河城835里，又據《元和郡縣圖志》卷四〇《隴右道·西州》，交河城至高昌80里，知"九百里"乃經由交河城的行程，不過約數。

[6]龜兹：西域古國名。傳見本卷後。　九百里：自焉耆國治至龜兹國王治的行程。按，據《漢書·西域傳》，自焉耆國王治員渠城經尉犁國王治赴烏壘城行程400里，自烏壘城赴龜兹國王治延城350里。兩者之和僅750里。

[7]二千二百里：自焉耆國王治赴瓜州的行程，亦即焉耆國王治去高昌900里與高昌去敦煌1300里之和。

[8]大業中，遣使貢方物：據本書卷四《煬帝紀下》，焉耆國於大業十一年正月甲午朔遣使朝貢。

龜兹

龜兹國，都白山之南百七十里，[1]漢時舊國也。其王姓白，[2]字蘇尼咥。都城方六里。勝兵者數千。俗殺人者死，劫賊斷其一臂，并刖一足。[3]俗與焉耆同。[4]王頭繫綵帶，垂之於後，坐金師子座。土多稻、粟、菽、麥，饒銅、鐵、鉛、麖皮、氍毹、鐃沙、鹽緑、雌黄、胡粉、安息香、良馬、封牛。東去焉耆九百里，南去于闐千四百里，[5]西去疏勒千五百里，[6]西北去突厥牙六百餘里，[7]東南去瓜州三千一百里。[8]大業中，遣使貢方物。[9]

[1]白山：此處特指阿羯田山。在今新疆庫車縣北。

[2]白：龜茲王族之姓。最早見於《後漢書》卷四七《班超傳》。

[3]刖：古時酷刑。即砍足。

[4]俗：此指男子剪髮。

[5]于闐：西域古國名。傳見本卷後。

[6]疏勒：西域古國名。傳見本卷後。

[7]突厥牙：指突厥的都城。本書卷八四《西突厥傳》："處羅可汗居無恒處，然多在烏孫故地。復立二小可汗，分統所部。一在石國北，以制諸胡國。一居龜茲北，其地名應娑。"《新唐書》卷二一五《西突厥傳》稱，唐高宗顯慶二年（657），"蘇定方擊賀魯別帳鼠尼施于鷹娑川"。可知此處"突厥牙"即位於應娑或鷹娑川，在大裕勒都斯河谷。賀魯別帳，類似處羅所設"小可汗"。據研究，大裕勒都斯河谷也是達度可汗、射匱可汗的基地。

[8]東南去瓜州：底本、殿本作"東去南瓜州"。

[9]大業中，遣使貢方物：據本書卷四《煬帝紀下》，龜茲國於大業十一年正月甲午朔遣使朝貢。

疏勒

疏勒國，都白山南百餘里，漢時舊國也。其王字阿彌厥，[1]手足皆六指。產子非六指者，即不育。都城方五里。國內有大城十二，小城數十，勝兵者二千人。王戴金師子冠。土多稻、粟、麻、麥、銅、鐵、錦、雌黃，每歲常供送於突厥。[2] 南有黃河，西帶蔥嶺，東去龜兹千五百里，西去鏺汗國千里，南去朱俱波八九百里，[3] 東北去突厥牙千餘里，東南去瓜州四千六百里。大業中，遣使貢方物。[4]

[1] 阿彌厥：人名。疏勒國王。餘不詳。

[2] 每歲常供送於突厥：即向突厥交納貢稅。收取貢稅是塞北游牧政權統治西域諸國的典型方式。

[3] 朱俱波：西域古國名。又作朱居槃、朱俱槃。在今新疆葉城縣西南棋盤鄉。《新唐書》卷二二一《西域傳》："朱俱波亦名朱俱槃，漢子合國也。并有西夜、蒲犁、依耐、得若四種地，直于闐西千里，蔥嶺北三百里，西距喝盤陀，北九百里屬疏勒，南三千里女國也。"後徙都今葉城縣。即漢代子合國之後身。

[4] 大業中，遣使貢方物：本書卷四《煬帝紀下》載，大業十一年春正月甲午朔，疏勒遣使朝貢。

于闐

　　于闐國，都蔥嶺之北二百餘里。其王姓王，字卑示閉練。[1] 都城方八九里。國中大城有五，小城數十，勝兵者數千人。俗奉佛，尤多僧尼，王每持齋戒。城南五十里有贊摩寺者，[2] 云是羅漢比丘比盧旃所造，[3] 石上有辟支佛徒跣之迹。[4] 于闐西五百里有比摩寺，[5] 云是老子化胡成佛之所。[6] 俗無禮義，多賊盜淫縱。王錦帽，金鼠冠，妻戴金花。其王髮不令人見。俗云，若見王髮，年必儉。土多麻、麥、粟、稻、五果，多園林，山多美玉。東去鄯善千五百里，南去女國三千里，西去朱俱波千里，北去龜兹千四百里，東北去瓜州二千八百里。大業中，頻遣使朝貢。[7]

[1]卑示閉練：人名。即王卑示閉練。于闐國王。餘不詳。

[2]贊摩寺：佛寺名。在今新疆和田縣南。

[3]比丘比盧旃：佛教僧名。餘不詳。

[4]辟支佛：佛教術語。又譯作辟支、辟支迦佛。全稱爲辟支迦佛陀。意譯爲緣覺、獨覺。與“聲聞”合稱“二乘”，與“聲聞”“菩薩”合稱“三乘”。

[5]比摩寺：佛寺名。在今新疆和田縣。

[6]老子化胡成佛：除本傳外，類似記載也見於《世說新語·文學篇》注、《魏書·釋老志》及本書《經籍志》。

[7]大業中，頻遣使朝貢：本書卷四《煬帝紀下》，僅載有于闐國大業十一年正月甲午朔遣使朝貢。

鏺汗

鏺汗國，都葱嶺之西五百餘里，[1]古渠搜國也。[2]王姓昭武，字阿利柒。[3]都城方四里。勝兵數千人。王坐金羊牀，妻戴金花。俗多朱砂、金、鐵。東去疏勒千里，西去蘇對沙那國五百里，[4]西北去石國五百里，東北去突厥牙二千餘里，東去瓜州五千五百里。大業中，遣使貢方物。[5]

[1]五百餘里：自鏺汗國王治至葱嶺的行程。按，鏺汗國王治

是計算去石國、蘇對沙那、米國、史國、康國、曹國、何國乃至小安國行程的基準點。

[2]古渠搜國：《史記正義》引《西域圖記》云：“鉢汗，古渠搜也。”（見《玉海·地理·異域國書》）這與本傳記載相符，但不能看作本傳取材《西域圖記》的證據，蓋鏺汗前身爲渠搜有可能是當時流行的一種説法。

[3]阿利柴：人名。即昭武阿利柴。鏺汗國王。餘不詳。

[4]蘇對沙那國：即東曹國。都城在今塔吉克斯坦杜尚別北烏拉秋別。

[5]大業中，遣使貢方物：本書卷四《煬帝紀下》載，沛汗於大業十一年正月甲午朔遣使朝貢。沛汗，應即鏺汗。

吐火羅

吐火羅國，都葱嶺西五百里，與挹怛雜居。[1]都城方二里。勝兵者十萬人，皆習戰。其俗奉佛。兄弟同一妻，迭寢焉，每一人入房，户外挂其衣以爲志。生子屬其長兄。[2]其山穴中有神馬，每歲牧牝馬於穴所，必産名駒。南去漕國千七百里，[3]東去瓜州五千八百里。大業中，遣使朝貢。[4]

[1]與挹怛雜居：挹怛部落原游牧於塞北，西遷後以吐火羅斯坦爲統治中心，此時其政權爲突厥、波斯聯盟所破，餘衆乃與土著雜居。

[2]“兄弟同一妻”至“生子屬其長兄”：據《慧超往五天竺國傳》，“其吐火羅國，乃至罽賓國、犯引國、謝颭國等，兄弟十人、五人、三人、兩人共娶一妻，不許各娶一婦，恐破家計”。由

此可知此風流行甚廣，而其成因主要是經濟的，即所謂"恐破家計"。

[3]漕國：西域古國名。傳見本卷後。

[4]大業中，遣使朝貢：據本書卷四《煬帝紀下》，吐火羅國於大業十一年正月甲午朔遣使朝貢。

挹怛

挹怛國，都烏滸水南二百餘里，[1]大月氏之種類也。[2]勝兵者五六千人。俗善戰。先時國亂，突厥遣通設字詰強領其國。[3]都城方十餘里。多寺塔，皆飾以金。兄弟同妻。婦人有一夫者，冠一角帽，夫兄弟多者，依其數爲角。[4]南去漕國千五百里，[5]東去瓜州六千五百里。大業中，遣使貢方物。[6]

[1]烏滸水：即今中亞阿姆河。

[2]大月氏之種類：已知挹怛與大月氏並無關係，但因爲挹怛人自塞北西遷中亞後，統治中心便移至吐火羅斯坦，該處自東漢以來曾先後在貴霜和寄多羅貴霜的統治之下，而中國對貴霜和寄多羅貴霜一直如《後漢書》卷八八《西域傳》所言"本其故號"，稱之爲"大月氏"，故本傳誤以爲挹怛是"大月氏之種類"。《周書》卷五〇《異域傳下》和本卷所述皆爲挹怛定都阿姆河以南後的情況，故有可能以爲挹怛人從來就定居該處。

[3]詰強：人名。生平不詳。

[4]"兄弟同妻"至"依其數爲角"：據《魏書》卷一〇二《西域傳》"嚈噠條"原文，挹怛人最初並無一妻多夫之俗。而據本傳有關吐火羅人婚俗的記載，可知挹怛人染有此風當係進入中亞

後受土著影響所致。

　　[5]南去漕國千五百里：底本無"去"字，據宋刻本、殿本、中華本補。

　　[6]大業中，遣使貢方物：此則不見於本書本紀。

米國

　　米國，都那密水西，舊康居之地也。無王。其城主姓昭武，康國王之支庶，字閉拙。[1]都城方二里。勝兵數百人。西北去康國百里，東去蘇對沙那國五百里，西南去史國二百里，東去瓜州六千四百里。大業中，頻貢方物。[2]

　　[1]閉拙：人名。即昭武閉拙。米國之城主。餘不詳。

　　[2]大業中，頻貢方物：此則不見於本書本紀。

史國

　　史國，都獨莫水南十里，[1]舊康居之地也。[2]其王姓昭武，字逖遮，[3]亦康國王之支庶也。都城方二里。勝兵千餘人。俗同康國。北去康國二百四十里，南去吐火羅五百里，西去那色波國二百里，東北去米國二百里，東去瓜州六千五百里。大業中，遣使貢方物。[4]

　　[1]獨莫水：河名。在今烏茲別克斯坦薩赫里薩布茲及卡爾希一帶。

〔2〕舊康居之地：史國之前身可能是《漢書》卷九六《西域傳上》所載康居五小國之一蘇䩹國。

〔3〕逸遮：人名。即昭武逸遮。史國王，餘不詳。

〔4〕大業中，遣使貢方物：此則不見於本書本紀。

曹國

曹國，都那蜜水南數里，舊是康居之地也。國無主，康國王令子烏建領之。[1]都城方三里。勝兵千餘人。國中有得悉神，[2]自西海以東諸國並敬事之。[3]其神有金人焉，金破羅闊丈有五尺，[4]高下相稱。每日以駝五頭、馬十匹、羊一百口祭之，常有千人食之不盡。東南去康國百里，西去何國百五十里，東去瓜州六千六百里。大業中，遣使貢方物。[5]

〔1〕烏建：人名。康國王子。餘不詳。

〔2〕得悉神：祆教之女神，司星辰雨水。

〔3〕西海：指地中海。

〔4〕金破羅：飲酒器。

〔5〕大業中，遣使貢方物：據本書卷四《煬帝紀下》，曹國於大業十年七月乙卯、十一年正月甲午朔來朝貢。

何國

何國，都那蜜水南數里，舊是康居之地也。[1]其王姓昭武，亦康國王之族類，字敦。[2]都城方二里。勝兵千人。其王坐金羊座。東去曹國百五十里，西去小安國三百里，東去瓜州六千七百五十里。大業中，遣使貢方物。[3]

[1]舊是康居之地：何國之前身可能是《漢書》卷九六《西域傳上》所載康居五小國之一附墨國。

[2]敦：人名。即昭武敦。何國王。餘不詳。

[3]大業中，遣使貢方物：據本書卷四《煬帝紀下》，何國於大業十一年正月甲午朔遣使朝貢。

烏那曷

烏那曷國，都烏滸水西，舊安息之地也。[1]王姓昭武，亦康國種類，字佛食。[2]都城方二里。勝兵數百人。王坐金羊座。東北去安國四百里，西北去穆國二百餘里，東去瓜州七千五百里。大業中，遣使貢方物。[3]

[1]安息之地：烏那曷國在阿姆河南，可能一度是安息屬土。

[2]佛食：人名。即昭武佛食。烏那曷王。餘不詳。

[3]大業中，遣使貢方物：據本書卷四《煬帝紀下》，烏那曷於大業十一年正月甲午朔遣使朝貢。

穆國

穆國，都烏滸河之西，亦安息之故地，與烏那曷爲鄰。其王姓昭武，亦康國王之種類也，字阿濫密。[1]都城方三里。勝兵二千人。東北去安國五百里，東去烏那曷二百餘里，西去波斯國四千餘里，東去瓜州七千七百里。大業中，遣使貢方物。[2]

[1]濫密：人名。即昭武阿濫密。穆國王。餘不詳。

[2]大業中，遣使貢方物：據本書卷四《煬帝紀下》，穆國於大業十一年正月甲午朔遣使朝貢。

波斯

波斯國，都達曷水之西蘇藺城即條支之故地也。[1]其王字庫薩和。[2]都城方十餘里。勝兵二萬餘人，乘象而戰。國無死刑，或斷手刖足，沒家財，或剃去其鬚，或繫排於項，以爲標異。人年三歲已上，出口錢四文。妻其姊妹。[3]人死者，棄屍于山，[4]持服一月。王著金花冠，坐金師子座，傅金屑於鬚上以爲飾。衣錦袍，加瓔珞於其上。土多良馬，大驢，師子，白象，大鳥卵，真珠，頗黎，獸魄，[5]珊瑚，瑠璃，碼磠，水精，瑟瑟，呼洛羯，[6]呂騰，火齊，金剛，金，銀，鍮石，[7]銅，鑌鐵，錫，錦疊，細布，氍毹，㲪氍，護那，[8]越諾布，[9]檀，金縷織成，赤麖皮，朱沙，[10]水銀，薰陸、[11]鬱金、蘇合、青木等諸香，胡椒，畢撥，[12]石蜜，半蜜，千年棗，附子，訶黎勒，[13]無食子，鹽綠，雌黄。突厥不能至其國，亦羈縻之。波斯每遣使貢獻。西去海數百里，[14]東去穆國四千餘里，西北去拂菻四千五百里，[15]東去瓜州萬一千七百里。

煬帝遣雲騎尉李昱使通波斯，[16]尋遣使隨昱貢方物。[17]

[1]達曷水：指底格里斯河。　蘇藺城：城名。在今伊拉克巴格達南。　條支：西亞古國名。亦稱塞琉西王國、塞琉古王國。

[2]庫薩和：人名。薩珊波斯國王。餘不詳。

[3]妻其姊妹：指祆教主張的近親結婚。

[4]棄屍于山：指波斯祆教徒特有的葬俗，即天葬。

[5]獸魄：《漢書》卷九六《西域傳上》作“虎魄”，避唐諱改。

[6]呼洛羯：一説即硼砂。

[7]鍮石：底本原作“瑜石”，據宋刻本、殿本、中華本改。

[8]護那：一種織物。

[9]越諾：指錦緞。

[10]朱沙：殿本、中華本作“朱砂”。

[11]薰陸：《魏略》本傳作“熏陸”。

[12]畢撥：即蓽撥。胡椒的一種。

[13]訶黎勒：一種果樹。

[14]海：指地中海。

[15]拂菻：指東羅馬。

[16]煬帝遣雲騎尉李昱使通波斯：李昱應先隨杜行滿抵達安國，復自安國往赴波斯。

[17]遣使隨昱貢方物：不見於本書本紀。

漕國

漕國，在葱嶺之北，[1]漢時罽賓國也。[2]其王姓昭武，字順達，[3]康國王之宗族。都城方四里。勝兵者萬餘人。國法嚴整，殺人及賊盜皆死。其俗淫祠。葱嶺山有順天神者，[4]儀制極華，金銀鍱爲屋，以銀爲地，祠者日有千餘人。祠前有一魚脊骨，其孔中通，馬騎出入。國王戴金魚頭冠，坐金馬座。土多稻、粟、豆、麥；饒象，馬，封牛，金，銀，鑌鐵，氍毹，朱砂，[5]青黛，[6]安息、青木等香，石蜜，半蜜，黑鹽，阿魏，[7]没藥，[8]白附子。北去帆延七百里，[9]東去劫國六百里，[10]東北去瓜州六千六百里。大業中，遣使貢方物。[11]

[1]在葱嶺之北：《通典》卷一九二《邊防·西戎四》："至隋時，謂之漕國，在葱嶺之西南。"《新唐書》卷二二一本傳"罽賓條"亦稱："罽賓，隋漕國也，居葱嶺南。"按，《通典·邊防八·西戎四》所記最爲確切。葱嶺，此處指興都庫什山。

[2]漢時罽賓國：漢代罽賓國在喀布爾河中下游，故隋人將迦畢試稱爲罽賓，不確。這是時人爲漢代罽賓位置迷惑所致。

[3]順達：人名。即昭武順達。漕國王。餘不詳。

[4]順天神：應即《大唐西域記》卷一二"漕矩吒國條"所見"穢那天神"，婆羅門教天神之一。"順"與"穢那"爲同名異譯。

[5]朱砂：宋刻本作"朱沙"。

[6]青黛：即靛青。用於婦女化妝。

[7]阿魏：一種樹脂。

[8]没藥：底本、宋刻本、殿本無"没"字，據中華本補。没藥，一種樹脂。古埃及人用於尸體防腐的香料。

[9]帆延：西域古國名。一般認爲即巴米揚，都羅爛城（今阿富汗喀布爾市西）。

[10]東去劫國六百里：東去，底本作"東北"，殿本作"東北去"，宋刻本、中華本作"東去"，據宋刻本、中華本改。劫國，《通典》卷一九三《邊防·西戎五》："劫國，隋時聞焉，在葱嶺中，西與南俱與賒彌國界接，西北至挹怛國，去長安萬二千里。有户數

萬。氣候熱，有稻、麥、粟、豆、羊、馬。出洛沙、青黛。婚姻同突厥。死亡棄於山。"所記應是本傳所見劫國。

[11]大業中，遣使貢方物：此則不見於本書本紀。

附國

附國者，蜀郡西北二千餘里，[1]即漢之西南夷也。[2]有嘉良夷，[3]即其東部，所居種姓自相率領，土俗與附國同，言語少殊，不相統一。其人並無姓氏。附國王字宜繒。[4]其國南北八百里，東南千五百里，[5]無城柵，近川谷，傍山險。俗好復讎，故壘石爲碉而居，以避其患。其碉高至十餘丈，下至五六丈，每級丈餘，以木隔之。基方三四步，碉上方二三步，狀似浮圖。[6]於下級開小門，從內上通，夜必關閉，以防賊盜。國有二萬餘家，號令自王出。嘉良夷政令繫之酋帥，重罪者死，輕刑罰牛。

[1]蜀郡：治所在今四川成都市。

[2]西南夷：對漢時分布於今甘肅南部、四川西部、南部及雲南、貴州一帶少數民族的總稱。主要有夜郎、靡莫、滇、邛都、嶲、昆明、筰都、徙、白馬等。

[3]嘉良夷：西南夷之一支，在其東部。

[4]宜繒：人名。附國王。餘不詳。

[5]東南：殿本作"東西"。

[6]浮圖：即佛塔。

人皆輕捷，便於擊劍。漆皮爲牟甲，弓長六尺，以竹爲弦。妻其群母及嫂，兒弟死，父兄亦納其妻。好歌儛，鼓簧，吹長笛。有死者，無服制，置屍高牀之上，沐浴衣服，被以牟甲，覆以獸皮。子孫不哭，帶甲儛劍而呼云：[1]"我父爲鬼所取，我欲報冤殺鬼。"自餘親戚哭三聲而止。婦人哭，必以兩手掩面。死家殺牛，親屬以猪酒相遺，共飲噉而瘞之。死後十年而大葬，其葬必集親賓，殺馬動至數十匹。立其祖父神而事之。其俗以皮爲帽，形圓如鉢，或帶羃羅。衣多毛毹皮裘，全剥牛腳皮爲靴。項繫鐵鎖，手貫鐵釧。王與酋帥，金爲首飾，胸前懸一金花，徑三寸。其土高，氣候凉，多風少雨。土宜小麥、青稞。[2]山出金、銀、多白雉。水有嘉魚，長四尺而鱗細。

嘉良有水，闊六七十丈，附國有水，闊百餘丈，並南流，用皮爲舟而濟。

[1]帶：宋刻本作"戴"。
[2]青稞：北史卷九七《西域傳》作"青稞"。

大業四年，其王遣使素福等八人入朝。[1]明年，又遣其弟子宜林率嘉良夷六十人朝貢。[2]欲獻良馬，以路險不通，請開山道以修職貢。[3]煬帝以勞人不許。

[1]素福：人名。附國使隋使者。餘不詳。
[2]宜林：人名。附國王室。餘不詳。
[3]職貢：殿本作"貢職"。

附國南有薄緣夷，[1]風俗亦同。西有女國。其東北連山，縣亘數千里，接於党項。往往有羌：大、小左封，昔衛，葛延，白狗，向人，望族，林臺，春桑，利豆，迷桑，婢藥，大硤，白蘭，叱利摸徒，[2]那鄂，當迷，渠步，桑悟，千碉，並在深山窮谷，無大君長。其風俗略同於党項，或役屬吐谷渾，或附附國。

大業中，來朝貢。緣西南邊置諸道總管，以遙管之。

[1]薄緣夷：西藏古代族部名。薄緣，約在今西藏昌都地區南部。

[2]叱利摸徒：底本、宋刻本、殿本作“北利摸徒”，據中華本改。

史臣曰：自古開遠夷，通絕域，必因宏放之主，皆起好事之臣。張騫鑿空於前，[1]班超投筆於後，[2]或結之以重寶，或憚之以利劍，投軀萬死之地，以要一旦之功，皆由主尚來遠之名，臣殉輕生之節。是知上之所好，下必有甚者也。煬帝規摹宏侈，掩吞秦、漢，裴矩方進《西域圖記》以蕩其心，[3]故萬乘親出玉門關，[4]置伊吾、且末，[5]而關右暨於流沙，[6]騷然無聊生矣。若使北狄無虞，[7]東夷告捷，[8]必將修輪臺之戍，[9]築烏壘之城，[10]求大秦之明珠，[11]致條支之鳥卵，[12]往來轉輸，將何以堪其敝哉！古者哲王之制，方五千里，務安諸夏，不事要荒。豈威不能加，德不能被？蓋不以四夷勞中國，不以無用害有用也。是以秦戍五嶺，[13]漢事三邊，[14]或道殣相望，或户口减半。隋室恃其强盛，亦狼狽於青海。[15]此皆一人失其道，故億兆罹其毒。若深思即叙之義，固辭都護之請，返其千里之馬，不求白狼之貢，[16]則七戎九夷，候風重譯，雖無遼東之捷，[17]豈及江都之禍乎！[18]

[1]張騫鑿空：指公元前 138 年張騫奉命出使大月氏，約其共同夾攻匈奴。自長安出隴西，經葱嶺，至大宛、康居、大月支、大夏等地。至公元前 126 年歸國，前後歷時十三年。這次出使加强了中原與西域以及漢朝和中亞各地的聯繫，奠定了絲綢之路的開闢，具有劃時代的歷史意義，故曰鑿空。張騫，人名。傳見《漢書》卷六一。

[2]班超投筆：此指東漢時期班超投筆從戎事。他曾在西域活動三十餘年，平定五十餘國，維護了中央政府在西域地區的有效統治。班超，人名。傳見《後漢書》卷四七。

[3]《西域圖記》：本書《經籍志二》載，"《隋西域圖》三卷，裴矩撰"。書成於大業二年。文字之外還有圖。書已佚失，序文保存在本書卷六七《裴矩傳》，佚文散見於《通典》《太平寰宇記》《玉海》《史記正義》等書。一般認爲《西域圖記》是本傳重要資料來源之一，但無確證。

[4]萬乘親出玉門關：指大業五年，煬帝親征吐谷渾，歸途在燕支山接見西域諸國使節。此行僅抵張掖，未出玉門關。玉門關，西漢武帝置，在今甘肅敦煌市西北小方盤城。因古代西域玉石皆經此輸入，故名。爲漢時通往西域的重要門户。

[5]伊吾：郡名。隋大業六年置，治所在新伊吾（今新疆哈密市）。據本書卷三《煬帝紀上》，大業五年四月壬寅，伊吾"遣使來朝"，同年六月壬子伊吾設再次朝隋，獻"西域數千里之地"。丙辰，煬帝"宴高昌王、（伊吾）吐屯設於殿上"。然所謂獻地之

類不過是象徵性舉動，於是有薛世雄平定伊吾之役。據本書卷六五《薛世雄傳》，大業六年"以世雄爲玉門道行軍大將，與突厥啓民可汗連兵擊伊吾。師次玉門，啓民可汗背約，兵不至，世雄孤軍度磧。伊吾初謂隋軍不能至，皆不設備，及聞世雄兵已度磧，大懼，請降，詣軍門上牛酒。世雄遂於漢舊伊吾城東築城，號新伊吾，留銀青光禄大夫王威，以甲卒千餘人戍之而還"。伊吾郡之設，當在此役之後。　且末：郡名。隋大業五年置，治所在且末城（今新疆且末縣城西南）。據本卷《吐谷渾傳》，煬帝於大業五年平定吐谷渾後，"自西平臨羌城以西，且末以東，祁連以南，雪山以北，東西四千里，南北二千里，皆爲隋有"。於是，如本書《地理志上》所言："更置四郡。……東西九千三百里，南北萬四千八百一十五里，東南皆至於海，西至且末，北至五原，隋氏之盛，極於此也"。其中，"且末郡置在古且末城。有且末水、薩毗澤。統縣二"。按，隋置鄯善、且末、伊吾等郡，祇是屯戍而已。隋末戰亂，西域諸郡皆廢。

[6]關右：地區名。即關西。漢、唐時泛指函谷關或潼關以西地區。　流沙：一般泛指中國西北方之沙漠地區而言。或指今新疆境内白龍堆沙漠一帶。此處極言偏遠之地。

[7]北狄：即北方少數民族，此指北方邊境。

[8]東夷：指高句麗。煬帝於大業八年、九年、十一年曾三次遠征，均以失敗告終。

[9]輪臺：西域古國名。一作侖頭。國都在今新疆輪臺縣南柯龍克沁遺址。西漢武帝時爲貳師將軍李廣利所滅。此處借指西域。輪，宋刻本作"一"。

[10]烏壘：漢西域國名。都城在烏壘城（今新疆輪臺縣東北小野云溝附近）。後爲西漢所滅。爲西域都護府治。此處借指西域。

[11]大秦之明珠：據《後漢書》卷八八《西域傳》載，"（大秦）土多金銀奇寶，有夜光璧、明月珠"。大秦，指羅馬帝國。

[12]條支之鳥卵：據《史記》卷一二三《大宛列傳》載，

"（條支）有大鳥，卵如甕"。條支，指塞琉古朝叙利亞王國。

[13]秦戍五嶺：《史記》卷六《秦始皇本紀》載，三十三年"以適遣戍"。《史記集解》引徐廣餘曰："五十萬人守五嶺。"《史記正義》引《廣州記》云："五嶺者，大庾、始安、臨賀、揭楊、桂陽。"又引《輿地志》云："一曰臺嶺，亦名塞上，今名大庾；二曰騎田；三曰都龐；四曰萌諸；五曰越嶺。"

[14]漢事三邊：《史記·律書》："高祖有天下，三邊外畔。"三邊，指東邊朝鮮、南邊南越、北邊匈奴。武帝即位，於元朔二年（前127）開始征伐匈奴，元鼎六年（前111）平南越，元封三年（前108）定朝鮮。

[15]狼狽於青海：指大業五年煬帝親征吐谷渾事。青海，底本、宋刻本、殿本作"清海"，據中華本改。

[16]白狼之貢：據《國語·周語上》，穆王將征犬戎，祭公謀父諫，"王不聽，遂征之，得四白狼、四白鹿以歸。自是荒服者不至"。韋注："白狼、白鹿，犬戎所貢。"又注："穆王責犬戎以非禮，暴兵露師，傷威毀信，故荒服者不至。"

[17]遼東：地區名。泛指遼河以東。此處指大業年間遠征高句麗事。

[18]江都之禍：指江都（今江蘇揚州市）兵變、煬帝被殺事，見本書卷四《煬帝紀下》。

隋書　卷八四

列傳第四十九

北狄

突厥

　　突厥之先，平涼雜胡也，[1]姓阿史那氏。[2]後魏太武滅沮渠氏，[3]阿史那以五百家奔茹茹，[4]世居金山，[5]工於鐵作。金山狀如兜鍪，[6]俗呼兜鍪爲"突厥"，因以爲號。或云，其先國於西海之上，[7]爲鄰國所滅，男女無少長盡殺之。至一兒，不忍殺，刖足斷臂，[8]棄於大澤中。有一牝狼，[9]每啣肉至其所，此兒因食之，得以不死。其後遂與狼交，狼有孕焉。彼鄰國者，復令人殺此兒，而狼在其側。使者將殺之，其狼若爲神所憑，欻然至於海東，止於山上。其山在高昌西北，[10]下有洞穴，狼入其中，遇得平壤茂草，地方二百餘里。其後狼生十男，其一姓阿史那氏，最賢，遂爲君長。故牙門建狼頭纛。[11]示不忘本也。

　　[1]平凉：郡名。治所在今甘肅平凉市西北。　雜胡：胡人的泛稱。

　　[2]阿史那氏：薛宗正考突厥的父系遠祖阿史那氏本爲 SaKa - Tigrahauda 的一支，原居西海之右，東遷漠北而爲漢、魏之呼揭、呼得。與 Dil（狄、丁零）部落進行了初步的結合，衍生出另一系始祖阿史德氏。二氏結爲姻親，繁衍胤裔。（參見薛宗正《突厥史》，中國社會科學出版社 1992 年版，第 45 頁）

　　[3]後魏：即北魏（386—557），亦單稱魏。初都平城（今山西大同市東北），公元 494 年遷都洛陽（今河南洛陽市東北白馬寺東）。公元 534 年分裂爲東魏和西魏兩個政權。東魏（534—550）都於鄴（今河北臨漳縣西南鄴鎮東），西魏（535—557）都於長安（今陝西西安市西北郊）。　太武：北魏皇帝拓跋燾的謚號。紀見《魏書》卷四、《北史》卷二。　沮渠氏：複姓。原爲匈奴所置官名，爲匈奴語音譯，亦譯作且渠。分置左、右，由四貴姓中的須卜氏（一譯作卜氏）充任。後成爲盧水胡姓氏。或説沮渠氏源於月氏，後與河西各族雜處，稱盧水胡。十六國時期匈奴左沮渠後裔沮渠蒙遜建立北凉。此處沮渠氏即代指北凉。北凉（397—439），都姑臧（即今甘肅武威市）。北魏太延五年（439）太武帝發兵滅北凉。

　　[4]茹茹：古族名。亦稱蠕蠕、芮芮、柔然。本爲東胡族的一支，初屬鮮卑拓拔部。南北朝時逐漸强大，西魏廢帝時爲突厥所滅。傳見《魏書》卷一〇三、《北史》卷九八。

　　[5]金山：地名。即今阿爾泰山。

　　[6]兜鍪（móu）：古代戰士戴的頭盔。

　　[7]西海：所指因時而異。先秦史籍所載西海泛指西方海域，確址未詳。或指今咸海或裏海，或指今波斯灣、紅海、阿拉伯海及印度洋西北部。西漢時亦指今青海省青海湖，東漢時又指今内蒙古

居延海爲西海。此外，今新疆博斯騰湖、今地中海亦在史籍中被稱爲西海。

[8]刖：古代的一種酷刑，砍掉腳或腳趾。

[9]牝狼：即母狼。

[10]高昌：城名。在今新疆吐魯番市高昌廢址。

[11]牙門：古時駐軍，主帥或主將帳前樹牙旗以爲軍門，稱“牙門”。　狼頭纛（dào）：用狼頭作標志的大旗。

有阿賢設者，[1]率部落出於穴中，世臣茹茹。至大葉護，[2]種類漸强。當後魏之末，有伊利可汗，[3]以兵擊鐵勒，[4]大敗之，降五萬餘家，遂求婚於茹茹。茹茹主阿那瓌大怒，[5]遣使駡之。伊利斬其使，率衆襲茹茹，破之。卒，弟逸可汗立，[6]又破茹茹。病且卒，捨其子攝圖，[7]立其弟俟斗，[8]稱爲木杆可汗。[9]木杆勇而多智，遂擊茹茹，滅之。西破挹怛，[10]東走契丹，[11]北方戎狄悉歸之，抗衡中夏。後與西魏師入侵東魏，至于太原。[12]

[1]阿賢設：人名。其事略見《周書》卷五〇、《北史》卷九九《突厥傳》。

[2]大葉護：突厥首領爵號。其名吐務，具有誕生、復興之意。其事略見《新唐書》卷二一五《突厥傳》。

[3]伊利可汗：原稱土門，突厥語意萬人長，其本名可能是布民（參見薛宗正《突厥史》，第 86 頁）。其事略見《周書》卷五〇、《北史》卷九九《突厥傳》。

[4]鐵勒：古族名。漢時稱丁零，北魏時稱敕勒或鐵勒。隋時鐵勒各部分布於東至獨洛河（今土拉河）以北、西至西海（今裏

海）的廣大地區，分屬東、西突厥。其漠北十五部以薛延陀與回紇爲最著。傳另見《北史》卷九九。

　　[5]阿那瓌：蠕蠕首領之號。其事略見《魏書》卷一〇三、《北史》卷九八《蠕蠕傳》。

　　[6]弟逸可汗立：《周書・突厥傳》記："子科羅立，科羅號乙息記可汗。"《北史・突厥傳》作"弟阿逸可汗立"。該卷中華本校勘記考："逸可汗、乙息記可汗當是一人，而作'子'作'弟'不同。"薛宗正認爲，乙息記可汗意爲第二可汗，阿逸可汗意爲月可汗，説明此人爲大汗的副座，國之儲君。關於伊利可汗與阿逸可汗之間是父子還是兄弟關係，史籍中存在不同説法，學者也各有意見。（參見薛宗正《突厥史》，第89頁）

　　[7]攝圖：人名。即後文的沙鉢略可汗。

　　[8]俟斗：《周書・突厥傳》《北史・突厥傳》皆作"俟斤"。薛宗正以爲"俟斤"爲異姓突厥酋長所任之低爵，阿史那汗胄無任此職者。俟斗，亦即燕都，具有神聖之意，應以俟斗爲是（參見薛宗正《突厥史》，第92頁）。俟斗事另見《周書・突厥傳》《北史・突厥傳》。

　　[9]木杆可汗：《周書・突厥傳》作"木汗可汗"，另《北史》卷一四《武成皇后阿史那氏傳》宋殘本作"木杆可汗"，《周書》卷九《武帝阿史那皇后傳》中華本校勘記認爲此乃因譯音無定字所造成。木杆，突厥首領之號，意即偉大的。據《藝文類聚》卷七六《京師突厥寺碑》所記，其汗號全稱爲突厥大伊尼温木汗（杆）可汗，意即采邑掌權者，偉大的可汗。（參見薛宗正《突厥史》，第92頁）

　　[10]挹（yì）怛（dá）：古國名。初名滑國，姓嚈噠，後裔以姓爲國號，亦譯爲"挹闐""厭怛""嚈噠"。屬大月氏後裔，亦有説爲高車之別種，或説爲車師別種、乙弗鮮卑及匈奴與大月氏混血而成等。其源出於塞北。自金山而南，在于闐之西。風俗與突厥略同，自北魏開始，向中原王朝納貢。傳見《梁書》卷五四、《南

史》卷七九，事亦見《新唐書》卷二二一下《吐火羅傳》。

[11]契丹：古族名。源於東胡。居今遼河上游西拉木倫河一帶，以游牧爲生。北魏時，自號契丹。傳見《舊唐書》卷一九九下。

[12]太原：地名。在今寧夏固原市、甘肅平涼市一帶。

其俗畜牧爲事，隨逐水草，不恒厥處。穹廬氈帳，[1]被髮左衽，[2]食肉飲酪，身衣裘褐，[3]賤老貴壯，官有葉護，[4]次設，次特勤，[5]次俟利發，[6]次吐屯發，[7]下至小官，凡二十八等，皆世爲之。[8]有角弓、鳴鏑、甲、矟、刀、劍。[9]善騎射，性殘忍。無文字，刻木爲契。候月將滿，輒爲寇抄。謀反叛殺人者皆死，[10]淫者，割勢而腰斬之。[11]鬭傷人目者償之以女，無女則輸婦財，折支體者輸馬，[12]盜者則償贓十倍。[13]有死者，停屍帳中，家人親屬多殺牛馬而祭之，[14]遶帳號呼，以刀劃面，血淚交下，七度而止。於是擇日置屍馬上而焚之，取灰而葬。表木爲塋，立屋其中，圖畫死者形儀及其生時所經戰陣之狀。嘗殺一人，則立一石，有至千百者。父兄死，子弟妻其群母及嫂。五月中，多殺羊馬以祭天。男子好樗蒲，[15]女子踏鞠，[16]飲馬酪取醉，歌呼相對。敬鬼神，信巫覡，重兵死而恥病終，大抵與匈奴同俗。[17]

[1]穹廬：古代游牧民族居住的氈帳。顔師古曰：“穹廬，旃帳也。其形穹隆，故曰穹廬。”　氈帳：用加工羊毛或其他動物毛而成的塊片狀材料製成的帳幕。

〔2〕左衽：中國古代某些少數民族的服裝，前襟向左掩，異於中原一帶的右衽。

〔3〕裘褐：粗陋衣服。

〔4〕葉護：突厥官號。是一種名高位尊的顯爵，相當於小可汗，原出伊蘭語王稱。突厥初代君主"大業護"即用此號。後世則常以王弟授此方面之任。亦有不少可汗以此爵名加入汗號系列。（參見薛宗正《突厥史》，第120頁）

〔5〕次設，次特勤：諸本脱"次設"，據中華本《北史》卷九九《突厥傳》校勘記改。又《周書》卷五〇《突厥傳》中華本校勘記云："諸本'特勤'作'特勒'。近人考證，'特勤'皆'特勒'之訛。"今據改。以下皆從改，不另出注。設，突厥官號。爲突厥、回紇等汗國官名，多由可汗子弟擔任，地位次於葉護，統領部落和兵馬。特勤，突厥官號。漢朝時譯爲狄銀、的斤、惕約等。爲突厥、回紇等汗國官名。多由可汗子弟擔任，地位僅次於葉護和設，祇統部落，不領兵馬。

〔6〕俟利發：突厥官號。古代柔然、特勒、突厥、回紇皆以此爲官名。又作頡利伐、俟利弗、俟列發、希利發等。始自柔然，由王族兄弟擔任，爲掌一軍政之親王。突厥時，位在特勤之下，有方面大權，並參預評議國事。

〔7〕吐屯發：突厥官號。亦稱吐屯。由阿史那氏的成員出任，由可汗派遣，常駐屬國、屬部，負責監督行政和徵收賦税，職位不高，實權較大。世襲，無員限。學者認爲突厥吐屯乃是古匈奴僮僕都尉制度的繼承和發展，類似於秦派往各郡國的御史，主要是爲了監視異姓突厥，加強阿史那氏統治，維繫汗國統一。（參見薛宗正《突厥史》，第122頁）

〔8〕"下至小官"至"皆世爲之"：關於突厥的職官等級，《通典》卷一九七《突厥上》記："其子弟謂之特勤，別部領兵者謂之設，其大官屈律啜、次阿波、次頡利發、次吐屯、次俟斤。"卷一九九《突厥下》叙西突厥官制則曰："其官有葉護、有設、有特勤，

常以可汗子弟及宗族爲之。又有乙斤、屈利啜、閻洪達、頡利發、吐屯、俟斤等官，皆代襲其位。"可補本卷之闕。

[9]角弓：以獸角爲飾的硬弓。　鳴鏑：即響箭。矢發射時有聲，故稱。　稍：古代兵器，長矛。

[10]謀反叛殺人者皆死：此句"謀反叛"三字不通，《周書・突厥傳》作："反叛、殺人及姦人之婦、盜馬絆者，皆死。"《北史・突厥傳》亦同，或疑"謀"爲衍字。

[11]勢：男性生殖器。

[12]無女則輸婦財，折支體者輸馬：此句《北史・突厥傳》中華本校勘記以爲："《通典》《通志》'財'作'損'，屬下讀，疑是。"

[13]十倍：《周書・突厥傳》"十"後有"餘"字。

[14]牛：《周書・突厥傳》、《北史・突厥傳》、《通典》卷一九七《邊防十三・突厥上》、《通志》卷二〇〇《突厥》均作"羊"。又後文亦稱"羊馬"，應從改。

[15]樗蒲：古代的一種博戲。後世亦以指賭博。

[16]踏鞠：亦作"踏踘""蹹鞠""蹋鞠""蹋踘"。古代一種用於習武、健身和娛樂的踢球運動。

[17]匈奴：古族名。亦稱胡，公元前三世紀前後興起於大漠南北，西漢時常南下侵擾中原，武帝後勢力逐漸衰落。傳見《史記》卷一一〇、《漢書》卷九四、《後漢書》卷一一九。

　　木杆在位二十年，卒，[1]復捨其子大邏便而立其弟，[2]是爲佗鉢可汗。[3]佗鉢以攝圖爲爾伏可汗，[4]統其東面，又以其弟褥但可汗子爲步離可汗，[5]居西方。時佗鉢控弦數十萬，中國憚之，周、齊爭結姻好，[6]傾府藏以事之。佗鉢益驕，每謂其下曰："我在南兩兒常孝順，何患貧也！"齊有沙門惠琳，[7]被掠入突厥中，因謂佗鉢曰：“齊國富强者，爲有佛法耳。”遂説以因緣果報之事。佗鉢聞而信之，建一伽藍，[8]遣使聘于齊氏，求《净名》《涅槃》《華嚴》等經，[9]并《十誦律》。[10]佗鉢亦躬自齋戒，遶塔行道，恨不生内地。在位十年，病且卒，謂其子菴羅曰：[11]“吾聞親莫過於父子。吾兄不親其子，委地於我。我死，汝當避大邏便也。”及佗鉢卒，[12]國中將立大邏便，以其母賤，衆不服。菴羅母貴，[13]突厥素重之。攝圖最後至，謂國中曰：“若立菴羅者，我當率兄弟以事之；如立大邏便，我必守境，利刃長矛以相待矣。”攝圖長而且雄，國人皆憚，莫敢拒者。竟立菴羅爲嗣。大邏便不得立，心不服菴羅，每遣人罵辱之。菴羅不能制，因以國讓攝圖。國中相與議曰：“四可汗之子，攝圖最賢。”因迎立之，號伊利俱盧設莫何始波羅可汗，[14]一號沙鉢略。[15]治都斤山。[16]菴羅降居獨洛水，[17]稱第二可汗。[18]大邏便乃請沙鉢略曰：“我與爾俱可汗子，各承父後。爾今極尊，我獨無位，何也？”沙鉢略患之，以爲阿波可汗，[19]還領所部。

[1]木杆在位二十年，卒：據《北史》卷九九《突厥傳》木杆可汗卒於北周武帝天和四年（569）。

[2]大邏便：突厥首領之官號。《通典》卷一九七《邊防·突厥上》記突厥官號時曰：“肥羸者謂之大邏便。大邏便，酒器也。似角而羸短，體貌似之，故以爲號。此官特貴，惟其子弟爲之。”大邏便即後文的阿波可汗。其事另見本書卷一《高祖紀上》、《北史·突厥傳》、《新唐書》卷二一五下《突厥傳》。

[3]佗鉢可汗：佗，《周書》卷五〇《突厥傳》、《北史·突厥

傳》作"他"。其事略見《周書·突厥傳》《北史·突厥傳》。薛宗正考佗鉢可汗即木杆時代之東面可汗阿史那庫頭，亦稱控地頭可汗或地頭可汗（參見薛宗正《突厥史》，第 134—135 頁）。

[4]爾伏可汗：爾伏，突厥首領名號。此指小可汗，爲大可汗的同胞兄弟或嫡親子侄，各領部曲，出鎮一方，世襲其采邑。

[5]褥但可汗：突厥首領名號，其事不詳。《通典》卷一九七《邊防十三·突厥上》、《太平寰宇記》卷一九四《突厥上》作"但褥可汗"。　步離可汗：突厥首領名號。亦可與褥但連稱爲褥但步離。薛宗正考褥但步離與新、舊《唐書》所載西面可汗室點密爲同一人，但也有一些學者秉持不同的觀點（參見薛宗正《突厥史》，第 114—116 頁）。步離可汗事另見《北史》卷一一《隋文帝紀》。

[6]周：即北周（557—581），都長安（今陝西西安市）。齊：即北齊（550—577），都鄴（今河北臨漳縣西南鄴鎮東）。

[7]惠琳：人名。北齊時人。其事不詳。

[8]伽藍：梵語僧伽藍摩譯音的略稱。意爲衆園或僧院，即僧衆居住的庭園。後因稱佛寺爲伽藍。

[9]《净名》：佛經名。即《維摩詰所説經》，亦稱《維摩詰經》《不可思議解脱經》。該經所記爲維摩詰與釋迦使者文殊師利等反復論説佛性之語，如以天女散花證佛經有無等。有三國吳支謙及唐玄奘的譯本，其中以十六國後秦鳩摩羅什譯本較爲通行。《涅槃》：佛經名。即《涅槃經》。分大、小乘兩類，譯本很多。《華嚴》：佛經名。即《華嚴經》。全稱爲《大方廣佛華嚴經》，或稱《大方廣佛會經》，亦稱《雜華經》。爲印度大成有宗和唐華嚴宗的重要經典，亦爲法相宗、天臺宗、禪宗和日本蓮宗所尊奉。

[10]《十誦律》：佛教戒律書。又稱《薩婆多部十誦律》。後秦弗若多羅和鳩摩羅什等譯，六十一卷，收在《大正藏》第二十三册。

[11]菴羅：人名。羅，《北史·突厥傳》、《通鑑》卷一七五《陳紀》太建十三年十二月庚子條、《册府元龜》卷九六七《外臣

部》均作“邏”。蓋因譯音無定字。

[12]佗鉢卒：據《通鑑》卷一七五陳宣帝太建十三年十二月庚子條所記，佗鉢卒於開皇元年（581）。

[13]母：《北史·突厥傳》作“實”。

[14]莫何始波羅：學者認爲“莫何”（bagha）是古代北方諸族都接受的重要尊貴美稱，可能來自古伊朗語的 bagapuhr，原意指神之子，與華夏之天子相對應，甚至與“天子”一詞有着共同的淵源，這個名號後來經歷了貶值過程，被北方諸族用於指稱部落酋長。但也經常用作可汗號的一個重要部分，有時甚至取代可汗號的其他部分。（參看 Sanping Chen，Son of Heaven and Son of God：interactions among Ancient Asiatic Cultures regarding Sacral Kingship and Theophoric Names，in：*Joural of the Royal Asiatic Society*，*Series* 3，*Vol.* 12，*no.* 3（002），*PP.* 289 – 325；羅新《中古北族名號研究》，北京大學出版社 2009 年版，第 7 頁）始波羅，《通典》卷一九七《邊防·突厥上》曰：“其勇健者謂之始波羅。”

[15]沙鉢略：學者考“沙鉢略”即始波羅異譯（參見岑仲勉《突厥集史》，中華書局 1958 年版，第 508 頁）。故後文沙鉢略給隋文帝信書“始波羅”，隋文帝回信書“沙鉢略”。

[16]都斤山：《周書·突厥傳》作“於都斤”。岑仲勉認爲應依《周書》，修史者殆誤以爲虛字而删去（參見岑仲勉《突厥集史》，第 505 頁）。於都斤，山名。又名鬱督軍山、乞督軍山、尉都楗山、烏德楗山等，即今蒙古杭愛山。

[17]獨洛水：河名。即今蒙古境内土拉河。

[18]第二：《北史·突厥傳》作“第三”。薛宗正以爲應依《北史》，《隋書》所記誤（參見薛宗正《突厥史》，第 118 頁）。

[19]阿波可汗：突厥首領之號。見前注“大邏便”條。

沙鉢略勇而得衆，北夷皆歸附之。及高祖受禪，[1]

待之甚薄，北夷大怨。會營州刺史高寶寧作亂，[2]沙鉢略與之合軍，攻陷臨渝鎮。[3]上敕緣邊修保鄣，[4]峻長城，以備之，仍命重將出鎮幽、并。[5]沙鉢略妻，宇文氏之女，曰千金公主，[6]自傷宗祀絶滅，每懷復隋之志，日夜言之於沙鉢略。由是悉衆爲寇，控弦之士四十萬。上令柱國馮昱屯乙弗泊，[7]蘭州總管叱李長义守臨洮，[8]上柱國李崇屯幽州，[9]達奚長儒據周槃，[10]皆爲虜所敗。於是縱兵自木硤、石門兩道來寇，[11]武威、天水、安定、金城、上郡、弘化、延安六畜咸盡。[12]天子震怒，下詔曰：

[1]高祖：隋文帝楊堅的廟號。紀見本書卷一、二，《北史》卷一一。

[2]營州：治所在今遼寧朝陽市。隋大業初廢。　高寶寧：人名。後主武平末爲營州刺史，高昭義即皇帝位後，署寶寧爲丞相。其事略見《北齊書》卷一二《范陽王紹義傳》，《周書》卷六《武帝紀下》、卷二一《尉遲迥傳》等。

[3]臨渝鎮：地名。在今河北撫寧縣東榆關鎮（一説即今河北山海關）。

[4]保鄣：即保障。特指供防禦戍守的軍事建築物。

[5]幽：州名。治所在今北京城西南。　并：州名。隋開皇三年置，治所在今山西太原市西南。大業三年（607）改爲太原郡。

[6]千金公主：北周趙王宇文招之女。其事另見《周書》卷七《宣帝紀》、卷五〇《突厥傳》。

[7]柱國：官名。隋文帝因改北周之制形成十一等散實官，以酬勤勞。柱國是第二等，開府置府佐。正二品。　馮昱：人名。開皇時期著名邊將。事見本書卷五三、《北史》卷七三《達奚長儒

傳》。　乙弗泊：地名。據《通鑑》卷一七五《陳紀》太建十四年十二月條胡三省注：“乙弗泊當在鄯州之西。”岑仲勉以爲無據（參見岑仲勉《突厥集史》，第 506 頁）。

[8]蘭州：隋開皇六年置，大業三年罷州，爲金城郡。治所在今甘肅蘭州市。　總管：官名。領一州或數州、十數州軍政，刺史以下官得承制補授。其品秩分三等，上總管視從二品，中總管視正三品，下總管視從三品。邊鎮大州或置大總管。　叱李長义：人名。開皇二年六月被任命爲蘭州總管。义，中華本作“叉”。　臨洮：郡名。治所在今甘肅岷縣。

[9]上柱國：官名。位散實官第一等，開府置僚屬。從一品。　李崇：人名。北周、隋時人。本書卷三七、《北史》卷五九有附傳。

[10]達奚長儒：人名。北周、隋時人。傳見本書卷五三、《北史》卷七三。　周槃：城名。約在今甘肅慶陽市。

[11]木硤：地名。即木硤關。在今寧夏固原市西南。　石門：地名。在今寧夏固原市西北。

[12]武威：郡名。治所在今甘肅武威市。隋開皇三年廢。　天水：郡名。治所在今甘肅天水市。隋開皇三年廢。　安定：郡名。治所在今甘肅涇川縣北涇河北岸。隋開皇三年廢。　金城：郡名。治所在今甘肅蘭州市西北黃河南岸。隋開皇三年廢。　上郡：治所在今陝西富縣。隋開皇三年廢，大業三年復置。　弘化：郡名。治所在今甘肅慶陽市。隋開皇三年廢，大業三年復置。　延安：郡名。治所在今陝西延安市城東延河東岸。隋開皇三年廢，大業三年復置。

往者魏道衰弊，禍難相尋，周、齊抗衡，分割諸夏。突厥之虜，俱通二國。周人東慮，恐齊好之深，齊氏西虞，懼周交之厚。謂虜意輕重，[1]國逐安危，[2]非徒並有大敵之憂，思減一邊之防。竭生民之力，[3]供其來往，傾府庫之財，棄於沙漠，華夏之地，實爲勞擾。猶復劫剝烽戍，殺害吏民，無歲月而不有也。惡積禍盈，非止今日。

[1]謂虜意輕重：《北史》卷九九《突厥傳》"謂"前有"各"字。

[2]逐：《北史·突厥傳》、《通鑑》卷一七五《陳紀》太建十三年十二月庚子條、《册府元龜》卷九八四《外臣部》均作"遂"。

[3]民：《北史·突厥傳》作"靈"。

朕受天明命，子育萬方，愍臣下之勞，[1]除既往之弊。以爲厚斂兆庶，多惠豺狼，未嘗感恩，資而爲賊，違天地之意，非帝王之道。節之以禮，不爲虛費，省徭薄賦，國用有餘。因入賊之物，[2]加賜將士，息道路之民，[3]務於耕織。清邊制勝，成策在心。凶醜愚闇，未知深旨，將大定之日，比戰國之時，乘昔世之驕，結今時之恨。[4]近者盡其巢窟，[5]俱犯北邊，朕布置軍旅，所在邀截，望其深入，一舉滅之。而遠鎮偏師，逢而摧翦，未及南上，遽已奔北。應弦染鍔，[6]過半不歸。且彼渠帥，[7]其數凡五，昆季爭長，父叔相猜，外示彌縫，[8]內乖心腹，世行暴虐，家法殘忍。東夷諸國，[9]盡挾私仇，西戎群長，[10]皆有宿怨。突厥之北，契丹之徒。[11]切齒磨牙，[12]常伺其便。[13]達頭前攻酒泉，[14]其後于闐、波斯、挹怛三國一時即叛。[15]沙鉢略近趣周槃，其部內薄孤、束紇羅尋亦翻動。[16]往年利察大爲高麗、靺鞨所破，^[17]娑毗設又爲紇支可汗所殺。^[18]與其爲鄰，皆願諫剿。^[19]部落之下，盡異純民，千種萬類，仇敵怨偶，泣血拊心，^[20]銜悲積恨。^[21]圓首方足，^[22]皆人類也。有一於此，更切朕懷。

[1]下：庫本、中華本作"庶"。

[2]因：《北史》卷九九《突厥傳》作"囘"。

[3]道路之民：《北史·突厥傳》作"在路之人"。

[4]恨：《册府元龜》卷九八四《外臣部·征討》作"憾"。

[5]窟：《册府元龜》卷九八四《外臣部·征討》作"穴"。

[6]應弦：隨着弓弦的聲音而倒下。形容射箭技藝高超。　染鍔：指以血塗刀劍之刃。表示殺敵制勝。鍔，刀劍的刃。

[7]渠帥：首領，部落酋長。

[8]彌縫：設法遮掩以免暴露。

[9]東夷：古代對中國中原以東各族的統稱。主要居於黄河下游地區。

[10]西戎：古代西北戎族的總稱。最早分布在黄河上游及甘肅西北部，以後逐漸東遷。

[11]契丹：《北史·突厥傳》作"契骨"。岑仲勉以爲"契丹不居突厥北，契骨即堅昆，作'契骨'者是"（岑仲勉《突厥集史》，第507頁）。

[12]切齒磨牙：齒相磨切，伺機攫食。形容極端痛恨和凶狠的樣子。

[13]便：《北史·突厥傳》作"後"。

[14]達頭：突厥首領之號。沙鉢略從父，名玷厥。　酒泉：郡名。治所在今甘肅酒泉市。隋開皇三年廢。

[15]其後于闐、波斯、挹怛三國一時即叛：《北史·突厥傳》無"其後"二字，又"挹怛"作"揖怛"。于闐，古西域國名。漢

時統治西域，在今新疆和田縣境内。西漢通西域後，屬西域都護。東漢廣德爲王時，擊敗莎車，勢力强大。和帝永元六年（94）隨班超聯合其他諸國擊敗焉耆。漢魏之際，併戎盧、扜彌、渠勒、皮山等國。西晋封其王爲晋守侍中大都尉。南北朝時，與内地各王朝保持密切關係。波斯，古西域國名。漢時稱安息，隋唐稱波斯，亦作波剌斯，今伊朗。都蘇藺城，故址在今底格里斯河西岸。以祆教爲國教。

[16]薄孤：人名。其事不詳。 束紇羅：人名。其事不詳。束，《北史·突厥傳》作“柬”。

[17]利察：人名。其事不詳。庫本、中華本皆作“利稽察”。

高麗：古國名。亦稱高句麗。相傳爲朱蒙所建，都平壤。故地在今朝鮮半島北部。公元四世紀後强大，與新羅、百濟鼎足争雄。傳見本書卷八一、《周書》卷四九、《北史》卷九四、《舊唐書》卷一九九上、《新唐書》卷二二〇。 靺鞨：古族名。周時稱肅慎，漢魏時稱挹婁，北魏時稱勿吉，隋唐時稱靺鞨，五代時稱女真。分布在松花江、牡丹江流域及黑龍江下游，東至日本海。南北朝時曾入貢。傳見本書卷八一、《舊唐書》卷一九九下、《新唐書》卷二一九。

[18]娑毗設：人名。其事不詳。“娑”字《北史·突厥傳》作“沙”，《册府元龜》卷九八四《外臣部》作“婆”。 紇支可汗：突厥首領之號。其事不詳。

[19]諫剿：庫本、中華本作“誅剿”。《北史·突厥傳》亦同。

[20]拊心：拍胸。表示哀痛或悲憤。

[21]恨：《册府元龜》卷九八四《外臣部·征討》作“憾”。

[22]圓首方足：人首形圓，人足形方，用以代指人。

彼地咎徵祅作，[1]年將一紀，[2]乃獸爲人語，人作神言，云其國亡，訖而不見。每冬雷震，觸地火生。種類資給。惟藉水草。去歲四時，竟無雨雪，川枯蝗暴，卉木燒盡，[3]饑疫死亡，人畜相半。舊居之所，赤地無依，遷徙漠南，[4]偷存晷刻。[5]斯蓋上天所忿，驅就齊斧，[6]幽明合契。[7]今也其時。故選將治兵，贏糧聚甲，[8]義士奮發，壯夫肆憤，願取名王之首，思撻單于之背，[9]雲歸霧集，不可數也。東極滄海，西盡流沙，縱百勝之兵，橫萬里之衆，亘朔野之追躡，[10]望天崖而一掃。此則王恢所説，[11]其猶射癰，[12]何敵能當，何遠不服！

[1]咎徵：過失的報應，災禍的應驗。　祅：中華本作“妖”。《北史》卷九九《突厥傳》亦作“妖”。

[2]年將一紀：《北史·突厥傳》作“將年一紀”，應誤。

[3]卉：《册府元龜》卷九八四《外臣部》作“草”。

[4]漠南：指蒙古高原大沙漠以南的地區。

[5]晷刻：指日晷與刻漏，皆爲古代的計時工具。

[6]齊斧：借指象徵帝王權力的黃鉞。

[7]幽明合契：人與鬼神相一致。

[8]贏糧：充足的糧食。

[9]單于：匈奴最高首領稱號。全稱爲撑犁孤塗單于。匈奴語，“撑犁”爲“天”，“孤塗”爲“子”，“單于”爲“廣大”之意。兩晋時期，入居内地之匈奴、鮮卑、羯、氐、羌等北方和西方少數民族首領多自稱或被中原王朝封爲“大單于”。

[10]之：《册府元龜》卷九八四《外臣部》作“而”。

[11]王恢：人名。西漢時人。其事略見《史記》卷一〇八《韓長孺列傳》、《漢書》卷五二《韓安國傳》。

[12]癰（yōng）：禍患。射癰之説見於《漢書·韓安國傳》王恢對武帝言：“今以中國之盛，萬倍之資，遣百分之一以攻匈奴，

譬猶以强弩射且潰之癰也，必不留行矣。"

但皇王舊迹，北止幽都，[1]荒遐之表，文軌所棄。[2]得其地不可而居，[3]得其民不忍皆殺，無勞兵革，遠規溟海。[4]諸將今行，義兼含育，有降者納，有逆者死。異域殊方，被其擁抑，[5]放聽復舊。廣闢邊境，嚴治關塞，使其不敢南望，永服威刑。卧鼓息烽，暫勞終逸，制御夷狄，義在斯乎！何用侍子之朝，[6]寧勞渭橋之拜。[7]普告海内，知朕意焉。

[1]幽都：北方之地。《尚書·堯典》曰："申命和叔宅朔方，曰幽都。"

[2]文軌：文字和車軌。古代以同文軌爲國家統一的標志。

[3]而：庫本作"以"。

[4]溟海：指沙漠。

[5]擁：《册府元龜》卷九八五《外臣部·征討》作"摧"。

[6]侍子：古代屬國之王或諸侯遣子入朝陪侍天子，學習文化，所遣之子稱侍子。

[7]渭橋：漢唐時代長安附近渭水上的橋梁，共有東、中、西三座。

於是以河間王弘，[1]上柱國豆盧勣、竇榮定、左僕射高熲、右僕射虞慶則並爲元帥，[2]出塞擊之。沙鉢略率阿波、貪汗二可汗等來拒戰，[3]皆敗走遁去。時虜饑甚，不能得食，於是粉骨爲糧，又多災疫，死者極衆。

[1]河間王：爵名。隋九等爵的第一等。正一品。　弘：人名。

即楊弘。傳見本書卷四三、《北史》卷七一。

　　[2]豆盧勣：人名。傳見本書卷三九，《北史》卷六八有附傳。
　竇榮定：人名。傳見本書卷三九，《北史》卷六一有附傳。　左
僕射：官名。全稱爲尚書左僕射。尚書省屬官，隋罷録尚書，又常
缺令，僕射成爲正宰相，與門下、內史省長官共秉國政。開皇三年
令左僕射掌判吏、禮、兵三部事，兼糾彈御史所糾不當者。從二
品。　　高熲：人名。傳見本書卷四一、《北史》卷七二。　　右僕射：
官名。全稱爲尚書右僕射。尚書省屬官，隋罷録尚書，又常缺令，
僕射成爲正宰相，與門下、內史省長官共秉國政。右僕射掌判都
官、度支、工部三部事，兼糾彈御使所糾不當者，兼知用度。視從
二品。　　虞慶則：人名。傳見本書卷四〇、《北史》卷七三。　元
帥：官名。全稱爲行軍元帥。隋沿北周而置，爲臨時設置的最高統
兵官，統一道或數道行軍總管，兵停則罷，多以親王或重臣爲之。

　　[3]貪汗：突厥首領之號。即貪汗可汗。其事略見下文。

　　既而沙鉢略以阿波驍悍，忌之，因其先歸，[1]襲擊
其部，大破之，殺阿波之母。阿波還無所歸，西奔達頭
可汗。達頭者，名玷厥，沙鉢略之從父也，舊爲西面可
汗。既而大怒，遣阿波率兵而東，其部落歸之者將十萬
騎，遂與沙鉢略相攻。又有貪汗可汗，素睦於阿波，沙
鉢略奪其衆而廢之，貪汗亡奔達頭。沙鉢略從弟地勤察
別統部落，[2]與沙鉢略有隙，復以衆叛歸阿波。連兵不
已，各遣使詣闕，請和求援，上皆不許。

　　[1]因其先歸：岑仲勉以爲：“文有‘其’字，則是阿波先歸，
顧同書五一《長孫晟傳》又云，‘乃掩北牙，儘獲其衆，而殺其
母，阿波還無所歸’，是沙鉢略比阿波先歸也。《通鑑》一七五無

‘其’字，祇云‘因先歸’，殆見本不誤。按沙鉢略敗於四月中旬，阿波敗於五月末，《通鑑》所書，合乎事理，‘其’字衍文也。”（岑仲勉：《突厥集史》，第508頁）

[2]地勤察：岑仲勉認爲“地勤”殆“特勤”異譯，蓋以“特勤”兼爲“察”（即設），故名（參見岑仲勉《突厥集史》，第508頁）。韓儒林也認爲“地勤”是“特勤”的異譯，但以爲“察”爲人名而非官職（參見韓儒林《穹廬集——元史及西北民族史研究》，上海人民出版社1982年版，第318頁）。薛宗正則認爲應從《北史》卷九九《突厥傳》作“地勒察”（參見薛宗正《突厥史》，第153頁）。

會千金公主上書，請爲一子之例。高祖遣開府徐平和使於沙鉢略。[1]晋王廣時鎮并州，[2]請因其釁而乘之，上不許。沙鉢略遣使致書曰：“辰年九月十日，[3]從天生大突厥天下賢聖天子、伊利俱盧設莫何始波羅可汗致書大隋皇帝：使人開府徐平和至，辱告言語，具聞也。皇帝是婦父，即是翁，此是女夫，即是兒例。兩境雖殊，情義是一。今重疊親舊，子子孫孫，乃至萬世不斷，上天爲證，終不違負。此國所有羊馬，都是皇帝畜生，彼有繒綵，都是此物，彼此有何異也！”高祖報書曰：“大隋天子貽書大突厥乙利俱盧設莫何沙鉢略可汗：得書，知大有好心向此也。既是沙鉢略婦翁，今日看沙鉢略共兒子不異。既以親舊厚意，常使之外，今特別遣大臣虞慶則往彼看女，復看沙鉢略也。”沙鉢略陳兵，列其寶物，坐見慶則，稱病不能起，且曰：“我父伯以來，[4]不向人拜。”慶則責而喻之。千金公主私謂慶則曰：“可汗豺狼性，過與争，將齧人。"長孫晟説諭之，^[5]攝圖辭屈，乃頓顙跪受璽書，^[6]以戴於首。既而大慚，其群下因相聚慟哭。慶則又遣稱臣，沙鉢略謂其屬曰："何名爲臣？"報曰："隋國稱臣，猶此稱奴耳。"沙鉢略曰："得作大隋天子奴，虞僕射之力也。"贈慶則馬千匹，并以從妹妻之。

[1]開府：官名。即開府儀同三司。隋置爲散官名號。初爲正四品上，大業三年改爲從一品，位次王、公。　徐平和：人名。其事不詳。

[2]廣：人名。即隋煬帝。紀見本書卷三、四，《北史》卷一二。

[3]辰年：據《通鑑》，該年爲開皇四年，干支爲甲辰。

[4]父伯：《北史》卷九九《突厥傳》作"伯父"，《通鑑》卷一七六《陳紀》至德二年九月甲戌條作"諸父"，《通志》卷二〇〇《四夷傳第七》作"祖父"。關於突厥的世系，史料記載有不同的説法，主要焦點集中在伊利可汗與阿逸可汗究竟是父子關係還是兄弟關係，若依《周書》卷五〇《突厥傳》所記爲父子關係，則伊利可汗爲沙鉢略祖父，"祖父"之説似可成立。若從《北史·突厥傳》之説，則兩人爲兄弟關係，突厥伊利可汗爲沙鉢略伯父，傳其弟阿逸可汗爲沙鉢略父，阿逸可汗傳其弟木杆可汗爲沙鉢略叔父，木杆可汗傳其弟佗鉢可汗，亦爲沙鉢略叔父，如此，則"諸父""父伯""伯父"之説似更近實。

[5]長孫晟：人名。本書卷五一、《北史》卷二二有附傳。

[6]頓顙：屈膝下拜，以額角觸地。多表示請罪或投降。

時沙鉢略既爲達頭所困，又東畏契丹，遣使告急，

請將部落度漠南，寄居白道川内，[1]有詔許之。詔晉王
廣以兵援之，給以衣食，賜以車服、鼓吹。[2]沙鉢略因
西擊阿波，破擒之。[3]而阿拔國部落乘虛掠其妻子。[4]官
軍爲擊阿拔，敗之，所獲悉與沙鉢略。沙鉢略大喜，乃
立約，以磧爲界，[5]因上表曰：

[1]白道川：地名。在今内蒙古呼和浩特市東南二十家子古城
以北。

[2]鼓吹：演奏樂曲的樂隊。

[3]沙鉢略因西擊阿波，破擒之：此句《通鑑考異》卷八認爲
"隋《突厥傳》前云沙鉢略西擊阿波，破擒之。後又云處羅侯生擒
阿波。《長孫晟傳》曰：'處羅侯因晟奏曰："阿波爲天所滅，與五
六千騎在山谷間。伏聽詔旨，當取之以獻。"'按前云沙鉢略破擒
之，'擒'衍字耳"。顧炎武《日知錄》卷二六《隋書》條下則以
爲"此必一事而誤重書爲二事也"（顧炎武著，陳垣校注：《日知
錄校注》，安徽大學出版社 2007 年版，第 1458 頁）。岑仲勉以爲
"然既擒而釋之，而復叛，非必無之事，存疑可也。至《晟傳》所
載，許是未擒之前之請命；本傳所載，許是既擒已後之請命，無妨
並存"（岑仲勉：《突厥集史》，第 509 頁）。

[4]阿拔國：古部落名。亦稱"阿跋""阿跌""訶咥"，爲鐵
勒之別部，原游牧於阿得水（今伏爾加河）旁，屬突厥，後東遷屬
薛延陀。唐貞觀二十年（646）滅薛延陀，以其地爲鷄田州，隸燕
然都護府。其事略見《舊唐書》卷一九九下《鐵勒傳》、《新唐書》
卷二一七《回鶻傳》。

[5]磧（qì）：沙漠。

　　大突厥伊利俱盧設始波羅莫何可汗臣攝圖言：[1]大

使尚書右僕射虞慶則至，伏奉詔書，兼宣慈旨，仰惟恩信之著，逾久愈明，徒知負荷，不能答謝。伏惟大隋皇帝之有四海，上契天心，下順民望，二儀之所覆載，[2]七曜之所照臨，[3]莫不委質來賓，[4]回首面内。[5]實萬世之一聖，千年之一期，求之古昔，未始聞也。

[1]伊利俱盧設始波羅莫何可汗：前文所記乃“伊利俱盧設莫何始波羅可汗”，其稱號文字順序稍有差別。

[2]二儀：指天地或日月。　覆載：覆蓋與承載。謂覆育包容。

[3]七曜：指日、月和金、木、水、火、土五星。

[4]委質：放下禮物。古代卑幼往見尊長，不敢行賓主授受之禮，把禮物放在地上，然後退出。後引申爲臣服、歸附。

[5]回首：歸順。

突厥自天置以來，五十餘載，保有沙漠，自王蕃隅。地過萬里，士馬億數，恒力兼戎夷，抗禮華夏，在於北狄，[1]莫與爲大。頃者氣候清和，風雲順序，意以華夏其有大聖興焉。況今被霑德義，仁化所及，禮讓之風，自朝滿野。竊以天無二日，土無二王，伏惟大隋皇帝，真皇帝也。豈敢阻兵恃險，偷竊名號，今便感慕淳風，歸心有道，屈膝稽顙，[2]永爲藩附。雖復南瞻魏闕，[3]山川悠遠，北面之禮，[4]不敢廢失。當令侍子入朝，[5]神馬歲貢，朝夕恭承，唯命是視。至於削衽解辮，[6]革音從律，[7]習俗已久，未能改變。闔國同心，無不銜荷，[8]不任下情欣慕之至。謹遣第七兒臣窟含真等奉表以聞。[9]

　　[1]北狄：《北史》卷九九《突厥傳》作“戎狄”。

　　[2]稽顙：古代一種跪拜禮，屈膝下拜，以額觸地。顙，額頭，腦門。

　　[3]魏闕：古代宮門外兩邊高聳的樓觀。樓觀下常爲懸布法令之所。亦借指朝廷。

　　[4]北面：面向北。古禮，臣拜君、卑幼拜尊長，皆面向北行禮，因而居臣下、晚輩之位曰“北面”。此處指臣服於人。

　　[5]令：中華本校勘記：“‘令’原作‘今’，據《北史·突厥傳》改。”今從改。

　　[6]削衽解辮：意謂改用漢人服飾，以示歸誠。削衽，去除左衽。古代某些少數民族衣襟向左掩，有別於中原服裝的右衽。解辮，解散髮辮。舊時少數民族多結髮辮。

　　[7]革音：典出《詩·魯頌·泮水》：“翩彼飛鴞，集于泮林，食我桑黮，懷我好音。”鄭玄箋曰：“言鴞恒惡鳴，今來止於泮水之木上，食其桑黮。爲此之故，故改其鳴，歸就我以善音。喻人感於恩則化也。”後用“泮林革音”比喻在好的影響感化下而改變舊習性。

　　[8]銜荷：感恩戴德。

　　[9]窟含真：人名。其事不詳。中華本校勘記曰：“本書《高祖紀》作‘庫合真’。”

　　高祖下詔曰：“沙鉢略稱雄漠北，多歷世年，百蠻之大，[1]莫過於此。往雖與和，猶是二國，今作君臣，便成一體。情深義厚，朕甚嘉之。荷天之休，海外有截，[2]豈朕薄德所能致此！已敕有司肅告郊廟，[3]宜普頒天下，[4]咸使知聞。”自是詔答諸事並不稱其名以異之。其妻可賀敦周千金公主，[5]賜姓楊氏，編之屬籍，[6]改封大義公主。策拜窟含真爲柱國，封安國公，宴於内殿，引見皇后，賞勞甚厚。沙鉢略大悦，於是歲時貢獻不絶。

[1]百蠻：原用以指南方少數民族，後亦用以代指其他少數民族。

[2]有截：齊一貌，整齊貌。有，助詞。

[3]郊廟：古帝王祭天地的郊宫和祭祖先的宗廟。

[4]普頒：《北史》卷九九《突厥傳》作“傳播”。

[5]可賀敦：亦稱可敦。意爲皇后。漢譯合敦、哈敦、合屯、恪尊、可孫等。鮮卑、柔然、突厥、回紇、吐谷渾、蒙古等游牧民族可汗妻的稱號。相當於匈奴的閼氏。

[6]屬籍：宗室譜籍。

七年正月，沙鉢略遣其子入貢方物，因請獵於恒、代之間，[1]又許之，仍遣人賜其酒食。沙鉢略率部落再拜受賜。沙鉢略一日手殺鹿十八頭，齎尾舌以獻。還至紫河鎮，[2]其牙帳爲火所燒，[3]沙鉢略惡之，月餘而卒。上爲廢朝三日，遣太常弔祭焉。[4]贈物五千段。

[1]恒：州名。治所在今河北正定縣。 代：州名。隋開皇五年以肆州改名。治所在今山西代縣。大業初改爲雁門郡。

[2]紫河鎮：地名。確址不詳。據《太平寰宇記》卷四九《河東道十》雲中縣條記：“《郡國志》：雲中郡有紫河鎮，界内有金河水。”金河即今大黑河，源出内蒙古察哈爾右翼中旗西北陰山，西南流經呼和浩特市南，至托克托縣南入黄河。推測紫河鎮應在托克托縣附近。

［3］牙帳：將帥所居的營帳。前建牙旗，故名。

［4］太常：官名。全稱爲太常卿。太常寺長官，掌國家禮樂、郊廟、社稷、祭祀等事。員一人，正三品。

初，攝圖以其子雍虞閭性愞，[1]遺令立其弟葉護處羅侯；[2]雍虞閭遣使迎處羅侯，將立之。處羅侯曰：“我突厥自木扞可汗以來，多以弟代兄，以庶奪嫡，失先祖之法，不相敬畏。汝當嗣位，我不憚拜汝也。”雍虞閭又遣使謂處羅侯曰：“叔與我父，共根連體，我是枝葉。寧有我作主，令根本反同枝葉，令叔父之尊下我卑稚！又亡父之命，其可廢乎！願叔勿疑。”相讓者五六，處羅侯竟立，是爲葉護可汗。[3]以雍虞閭爲葉護。遣使上表言狀，上賜之鼓吹幡旗。[4]

［1］雍虞閭：人名。史籍中亦稱雍閭，即後來的都藍可汗。

［2］處羅侯：人名。即葉護可汗。

［3］處羅侯竟立，是爲葉護可汗：本書卷五一《長孫晟傳》記此事曰：“七年，攝圖死，遣晟持節拜其弟處羅侯爲莫何可汗，以其子爲葉護可汗。”《北史》卷二二《長孫晟傳》所記同。兩處所記可汗名號不同。《通鑑》卷一七六《陳紀》禎明元年二月條則記：“處羅侯竟立，爲莫何可汗，以雍虞閭爲葉護。”《北史》卷二二中華本校勘記、卷九九中華本校勘記均認爲：“處羅侯未爲可汗前即是葉護，既立爲可汗，乃稱葉護可汗，此作‘莫何’，當是各有省略。雍虞閭接任葉護，‘可汗’二字疑爲衍文。”薛宗正認爲處羅侯汗號爲莫何，雍虞閭汗號爲葉護（參見薛宗正《突厥史》，第159頁）。

［4］幡旗：旗幟。

　　處羅侯長頤僂背，[1]眉目踈朗，勇而有謀，以隋所賜旗鼓西征阿波。敵人以爲得隋兵所助，多來降附，遂生擒阿波。既而上書請阿波死生之命，上下其議。左僕射高熲進曰：“骨肉相殘，教之蠱也。存養以示寬大。”上曰：“善。”熲因奉觴進曰：“自軒轅以來，[2]獯粥多爲邊患。[3]今遠窮北海，[4]皆爲臣妾，此之盛事，振古未聞，臣敢再拜上壽。”

[1]頤：面頰和下巴的統稱。　僂背：弓着背。

[2]軒轅：傳説中的古代帝王黄帝的名字。

[3]獯粥：亦作“獯鬻”。中國古代北方少數民族名。夏商時稱獯鬻，周時稱獫狁，秦漢稱匈奴。

[4]北海：其地有幾處：一指今中亞裏海，一指今俄羅斯貝加爾湖，一指哈薩克斯坦巴爾喀什湖。此處應指貝加爾湖。

　　其後處羅侯又西征，中流矢而卒。[1]其衆奉雍虞閭爲主，是爲頡伽施多那都藍可汗。雍虞閭遣使詣闕，賜物三千段。每歲遣使朝貢。時有流人楊欽亡入突厥中，[2]謬云彭國公劉昶與宇文氏謀反，[3]令大義公主發兵擾邊。都藍執欽以聞，并貢葝布、魚膠。[4]其弟欽羽設部落强盛，[5]都藍忌而擊之，斬首於陣。其年，遣其母弟褥但特勤獻于闐玉杖，[6]上拜褥但爲柱國、康國公。明年，突厥部落大人相率遣使貢馬萬匹，羊二萬口，駝、牛各五百頭。尋遣使請緣邊置市，[7]與中國貿易，詔許之。

　　[1]中流矢而卒：關於處羅侯西征而卒之事，岑仲勉認爲處羅侯乃西征波斯而卒，其年應在公元 588 年前後（參見岑仲勉《突厥集史》，第 511 頁）。薛宗正不同意這種看法，認爲其目標是達頭而非波斯（參見薛宗正《突厥史》，第 161 頁）。

　　[2]楊欽：人名。據本書卷五一《長孫晟傳》，楊欽逃入突厥事在開皇十三年。其事略見本書《長孫晟傳》。

　　[3]彭國公：爵名。隋初九等爵的第三等。從一品。　劉昶：人名。其事略見本書卷八〇、《北史》卷九一《劉昶女傳》。　宇文氏：即劉昶妻。其事不詳。

　　[4]荊布：應爲布之一種。荊，《北史》卷九九《突厥傳》作“勃”。　魚膠：用魚類的鰾或鱗、骨、皮等熬製而成的膠。黏性强。

　　[5]欽羽：人名。其事不詳。

　　[6]褥但：人名。其事不詳。

　　[7]市：即互市。

　　平陳之後，[1]上以陳叔寶屏風賜大義公主，[2]主心恒不平，因書屏風爲詩，叙陳亡自寄。其辭曰：“盛衰等朝暮，世道若浮萍。榮華實難守，池臺終自平。富貴今何在？空事寫丹青。盃酒恒無樂，弦歌詎有聲！余本皇家子，飄流入虜廷。一朝覩成敗，懷抱忽縱橫。古來共如此，非我獨申名。唯有《明君曲》，[3]偏傷遠嫁情。”上聞而惡之，禮賜益薄。公主復與西面突厥泥利可汗連結，[4]上恐其爲變，將圖之。會主與所從胡私通，因發其事，下詔廢黜之。恐都藍不從，遣奇章公牛弘將美妓四人以啗之。[5]時沙鉢略子曰染干，[6]號突利可汗，居北方，遣使求婚。上令裴矩謂之曰：[7]“當殺大義主者，方許婚。”突利以爲然，[8]復譖之，都藍因發怒，遂殺公主於帳。都藍與達頭可汗有隙，[9]數相征伐，上和解之，各引兵而去。

[1]陳：即南朝陳（557—589），都建康（今江蘇南京市）。

[2]陳叔寶：人名。即南朝陳後主。紀見《陳書》卷六、《南史》卷一〇。

[3]《明君曲》：《北史》卷九九《突厥傳》作《昭君曲》，兩者所指同，《明君曲》乃西晋時避司馬昭諱而改。此曲是根據東漢元帝時王昭君出塞一事而作。任半塘《唐聲詩》格調考曰：“王昭君，本漢曲，晋以後爲舞曲及琴曲。入唐爲吳聲歌曲，玄宗開元間入法曲。”（任半塘：《唐聲詩》下編，上海古籍出版社1982年版，第187頁）

[4]泥利：突厥首領之號。其事略見本卷及《北史·突厥傳》。

[5]奇章公：爵名。全稱爲奇章郡公。隋九等爵的第四等。從一品。

[6]時沙鉢略子曰染干：此句，岑仲勉認爲：“《通典》一九七作‘沙鉢略之弟處羅侯之子染干’，《隋傳》殆有脱文。”（岑仲勉：《突厥集史》，第512頁）染干，突厥首領之號。

[7]裴矩：人名。傳見本書卷六七、《舊唐書》卷六三、《新唐書》卷一〇〇，《北史》卷三八有附傳。

[8]突利：“利”原作“厥”。中華本校勘記據《北史·突厥傳》、《册府元龜》卷九七八改。今從改。

[9]達頭：《北史·突厥傳》作“突利”。岑仲勉考依本書《長孫晟傳》，“突利”乃“達頭”之誤（參見岑仲勉《突厥集史》，第512頁）。另據本書卷四六《長孫平傳》記：“突厥達頭可汗與都藍可汗相攻，各遣使請援。上使平持節宣諭，令其和解。”則此處爲

"達頭"甚明。

十七年，突利遣使來逆女，上舍之太常，[1]教習六禮，[2]妻以宗女安義公主。[3]上欲離間北夷，故特厚其禮，遣牛弘、蘇威、斛律孝卿相繼爲使，[4]突厥前後遣使入朝三百七十輩。突利本居北方，以尚主之故，南徙度斤舊鎮，[5]錫賚優厚。雍虞閭怒曰："我，大可汗也，[6]反不如染干！"於是朝貢遂絕，數爲邊患。十八年，詔蜀王秀出靈州道以擊之。[7]明年又遣漢王諒爲元帥，[8]左僕射高熲率將軍王詧、上柱國趙仲卿並出朔州道，[9]右僕射楊素率柱國李徹、韓僧壽出靈州，[10]上柱國燕榮出幽州，[11]以擊之。雍虞閭與玷厥舉兵攻染干，盡殺其兄弟子姪，遂度河，入蔚州。[12]染干夜以五騎與隋使長孫晟歸朝。上令染干與雍虞閭使者因頭特勤相辯詰，[13]染干辭直，上乃厚待之。雍虞閭弟都速六棄其妻子，[14]與突利歸朝，上嘉之。敕染干與都速六抟蒲，稍稍輸以寶物，用慰其心。

[1]太常：官署名。即太常寺。爲管理郊廟、禮樂、祭祀的事務機關，政令仰承尚書省禮部。

[2]六禮：古代確立婚姻過程中的六種禮儀，即納采、問名、納吉、納徵、請期、親迎。

[3]安義公主：隋宗室女。其事略見本書卷五一《長孫晟傳》。

[4]蘇威：人名。傳見本書卷四一，《北史》卷六三有附傳。
斛律孝卿：人名。北齊、北周、隋時人。《北齊書》卷二〇、《北史》卷五三有附傳。

[5]度斤：《通鑑》卷一七八《隋紀》開皇十七年條胡三省注曰：“度斤舊鎮，蓋即都斤山。突厥沙鉢略舊所居也。”

[6]大可汗：突厥首領之號。突厥建國以後確定其首領稱可汗，並存在大小可汗采邑分國制度。大可汗亦稱中面可汗，是阿史那家族的家長，也是突厥汗國的國君，具有至高無上的權力，其位同天子，小可汗即是諸侯。大可汗登位必須舉行隆重的拜天授權儀式，建牙於都斤山。（參見薛宗正《突厥史》，第109—111頁）

[7]秀：人名。即楊秀。傳見本書卷四五、《北史》卷七一。靈州：治所在今寧夏靈武市西南。

[8]諒：人名。即楊諒。傳見本書卷四五、《北史》卷七一。

[9]王詧（chá）：人名。隋時人。《北史》卷九九《突厥傳》作“王察”，其事不詳。　趙仲卿：人名。傳見本書卷七四，《北史》卷六九有附傳。　朔州：治所在今山西朔州市。大業初改置代郡，尋改爲馬邑郡。

[10]楊素：人名。傳見本書卷四八，《北史》卷四一有附傳。李徹：人名。傳見本書卷五四，《北史》卷六六有附傳。　韓僧壽：人名。隋時人。其事另見本書卷一《高祖紀上》。

[11]燕榮：人名。傳見本書卷七四、《北史》卷八七。　幽州：治所在今北京城西南。

[12]蔚州：治所在今山西靈丘縣。隋大業初廢。

[13]因頭：人名。其事不詳。

[14]都速六：人名。其事不詳。

夏六月，高熲、楊素擊玷厥，大破之。拜染干爲意利珍豆啓民可汗，華言“意智健”也。啓民上表謝恩曰：“臣既蒙豎立，復改官名，昔日姦心，今悉除去，奉事至尊，不敢違法。”上於朔州築大利城以居之。[1]是時安義主已卒，[2]上以宗女義成公主妻之，[3]部落歸者甚

衆。雍虞閭又擊之，上復令入塞。雍虞閭侵掠不已，遷
於河南，[4]在夏、勝二州之間，[5]發徒掘塹數百里，東西
拒河，盡爲啓民畜牧之地。於是遣越國公楊素出靈州，
行軍總管韓僧壽出慶州，[6]太平公史萬歲出燕州，[7]大將
軍姚辯出河州，[8]以擊都藍。

[1]大利城：地名。即定襄城，在今内蒙古和林格爾縣西北土
城子。

[2]安義主：《北史》卷九九《突厥傳》作“安義公主”，疑此
處漏“公”字。

[3]義成公主：《北史·突厥傳》作“義城公主”，隋宗室女稱
號。其入突厥事略見本書卷四七《柳䛒之傳》、卷六五《李景傳》、
卷八五《宇文化及傳》。

[4]河南：地區名。通常指黄河以南地區。

[5]夏：州名。治所在今陝西靖邊縣東北白城子。隋大業三年
改爲朔方郡。　勝：州名。隋開皇二十年置，治所在今内蒙古准格
爾旗東北黄河南岸十二連城。大業三年改爲榆林郡，後廢。

[6]行軍總管：官名。隋沿襲北周而置，本爲臨時設置，隋則
逐漸過渡爲地方行政長官，或掌一道軍政，或領數道。又有大總
管、總管之分。　慶州：治所在今甘肅慶陽市。隋大業三年改爲弘
化郡。

[7]太平公：爵名。全稱爲太平縣公。隋九等爵的第五等。從
一品。　史萬歲：人名。傳見本書卷五三、《北史》卷七三。　燕
州：治所在今陝西扶風縣，後廢。

[8]大將軍：官名。爲勳官十一等之第四等，煬帝大業初時廢。
姚辯：人名。其事略見本書卷二《高祖紀下》、卷三《煬帝紀
上》。　河州：治所在今甘肅臨夏市西南。隋大業三年改爲枹罕郡。

師未出塞，而都藍爲其麾下所殺，達頭自立爲步迦可汗，[1]其國大亂。遣太平公史萬歲以朔州擊之，遇達頭於大斤山，[2]虜不戰而遁，追斬首虜二千餘人。晉王廣出靈州，達頭遁逃而去。尋遣其弟子俟利伐從磧東攻啓民。[3]上又發兵助啓民守要路，俟利伐退走入磧。啓民上表陳謝曰："大隋聖人莫緣可汗，[4]憐養百姓，如天無不覆也，如地無不載也。諸姓蒙威恩，赤心歸服，並將部落歸投聖人可汗來也。或南入長城，或住白道，[5]人民羊馬，遍滿山谷。染干譬如枯木重起枝葉，枯骨重生皮肉，千萬世長與大隋典羊馬也。"

[1]步迦：突厥首領之號。意爲天智，祇有中面大可汗可加此尊號。

[2]大斤山：又作秦山。即今內蒙古黃河東北大青山。

[3]弟子俟利伐：《北史》卷九九《突厥傳》作"子俟利伐"，岑仲勉認爲"侯"當爲"俟"之誤（參見岑仲勉《突厥集史》，第513頁）。俟利伐，人名。其事不詳。

[4]莫緣可汗：此乃啓民可汗對隋文帝的可汗尊號。"莫緣"是突厥從柔然繼承來的稱號，其意究竟爲何，目前仍存在爭議（參見吳玉貴《突厥汗國與隋唐關係史研究》，中國社會科學出版社1998年版，第148—150頁）。

[5]白道：地名。在今內蒙古呼和浩特市西北，爲河套東北地區通往陰山以北的交通要道。

仁壽元年，[1]代州總管韓洪爲虜所敗於恒安，[2]廢爲庶人。詔楊素爲雲州道行軍元帥，[3]率啓民北征。斛薛等諸姓初附于啓民，[4]至是而叛。素軍河北，值突厥阿

勿思力俟斤等南度，[5]掠啓民男女六千口、雜畜二十餘
萬而去。素率上大將軍梁默輕騎追之，[6]轉戰六十餘里，
大破俟斤，悉得人畜以歸啓民。素又遣柱國張定和、領
軍大將軍劉昇別路邀擊，[7]並多斬獲而還。兵既度河，
賊復掠啓民部落，素率驃騎范貴於寠結谷東南奮擊，[8]
復破之，追奔八十餘里。是歲，泥利可汗及葉護俱被鐵
勒所敗。步迦尋亦大亂，奚、霤五部內徙，[9]步迦奔吐
谷渾。[10]啓民遂有其衆，歲遣朝貢。

[1]仁壽：隋文帝楊堅年號（601—604）。

[2]總管：官名。領一州或數州、十數州軍政，刺史以下官得
承制補授。其品秩分三等，上總管視從二品，中總管視正三品，下
總管視從三品。邊鎮大州或置大總管。　韓洪：人名。隋時人。
《北史》卷六八有附傳。　恒安：地名。即恒安鎮，在今山西大
同市。

[3]雲州：隋開皇五年置，治所在今内蒙古和林格爾旗西北土
城子。大業元年廢。

[4]斛薛：部落名。鐵勒之一部。一作“斛薩”，始爲兩姓，後
乃合爲一部。先屬突厥，後屬薛延陀。貞觀二十年，唐滅薛延陀，斛
薛部內屬，唐以其地爲高闕州，隸燕然都護府。其事略見《舊唐書》
卷一九九下《鐵勒傳》、《新唐書》卷二一七上《回鶻傳》。

[5]阿勿思力：人名。其事不詳。　俟斤：古代北方民族官號。
原爲部落首領之稱，可能含有“智慧”的意思。“俟”之讀音仍未
確定。始見於南北朝漢文史籍。韓儒林認爲此名最初由鮮卑、蠕蠕
傳授而來。至隋唐，鐵勒諸部首領皆稱俟斤，西突厥五弩畢首領亦
號俟斤。契丹先稱俟斤，後改爲夷離菫，女真亦稱移里菫（參見韓
儒林《穹廬集——元史及西北民族史研究》，第316頁）。

[6]上大將軍：官名。隋置爲從二品散實官，大業三年罷。底本原脫"大"字，據中華本補。　梁默：人名。本書卷四〇有附傳。

[7]張定和：人名。傳見本書卷六四、《北史》卷七八。　領軍大將軍：官名。史載不詳。據本書《百官志下》、《通典》卷二八《職官十·左右領軍衞》載隋文帝朝"左右領軍府，各掌十二軍籍帳、差科、辭訟之事。不置將軍。唯有長史、司馬"等。然據本傳及本書卷一《高祖紀上》可推知最遲仁壽初年左右領軍府已各置領軍大將軍。　劉昇：人名。隋時曾任左武衞大將軍、領軍大將軍。其事略見本書卷四五《秦孝王俊傳》。

[8]驃騎：官名。全稱爲驃騎將軍，驃亦作票，爲高級武官稱號。隋因襲北周府兵制，改開府府爲驃騎府，置驃騎將軍爲其長官，分駐各地，統領府軍，分屬十二府大將軍。大業三年隨府名變更而改名鷹揚郎將。正四品上。　范貴：人名。隋時著名將領，數從征討。其事略見本書卷六四《王辯傳》。　窟結谷：地名。未詳何處。

[9]奚：古族名。分布在今内蒙古西拉木倫河流域。南北朝時稱庫莫奚，隋唐時稱奚，以游牧爲生，後漸與契丹人同化。傳見本卷、《魏書》卷一〇〇、《北史》卷九四、《舊唐書》卷一九九下、《新唐書》卷二一九。　霫：古族名。隋唐時在今西拉木倫河以北，以射獵爲生，風俗與契丹略同。傳見《舊唐書》卷一九九下。徙：中華本校勘記曰："'徙'，原作'從'，據《北史·突厥傳》改。"今從改。

[10]吐谷（yù）渾：古族名。屬鮮卑族的一支，本居遼東，後遷至甘肅、青海一帶居住。傳見本書卷八三、《晉書》卷九七、《宋書》卷九六、《魏書》卷一〇一、《周書》卷五〇、《北史》卷九六。

　　大業三年四月，[1]煬帝幸榆林，[2]啓民及義成公主來朝行宮，前後獻馬三千匹。帝大悦，賜物萬二千段。[3]啓民上表曰：“已前聖人先帝莫緣可汗存在之日，憐臣，賜臣安義公主，種種無少短。臣種末爲聖人先帝憐養，臣兄弟妬惡，相共殺臣，臣當時無處去，向上看只見天，下看只見地，實憶聖人先帝言語，投命去來。聖人先帝見臣，大憐臣，死命養活，勝於往前，遣臣作大可汗坐著也。其突厥百姓，死者以外，還聚作百姓也。至尊今還如聖人先帝，捉天下四方坐也。[4]還養活臣及突厥百姓，實無少短。臣今憶想聖人及至尊養活事，具奏不可盡，並至尊聖心裏在。臣今非是舊日邊地突厥可汗，臣即是至尊臣民，至尊憐臣時，乞依大國服飾法用，一同華夏。臣今率部落，敢以上聞伏願天慈不違所請。”[5]表奏，帝下其議，公卿請依所奏。帝以爲不可，乃下詔曰：“先王建國，夷夏殊風，君子教民，不求變俗。斷髮文身，[6]咸安其性，旃裘卉服，[7]各尚所宜，因而利之，其道弘矣。何必化諸削衽，縻以長纓，[8]豈遂性之至理，非包含之遠度。衣服不同，既辨要荒之叙，庶類區别，彌見天地之情。”仍璽書答啓民，[9]以爲磧北未静，猶須征戰，但使好心孝順，何必改變衣服也。

　　[1]大業：隋煬帝楊廣年號（605—618）。按，據本書卷三《煬帝紀上》隋煬帝大業三年六月戊子幸榆林郡，丁酉啓民可汗來朝。
　　[2]榆林：郡名。隋大業三年改勝州置，治所在今内蒙古准格爾旗東北黃河南岸十二連城。

[3]賜物萬二千段：《冊府元龜》卷九七四《外臣部》作"賜帛二千段"。

[4]捉：《北史》卷九九《突厥傳》作"於"。

[5]敢以上聞伏願天慈不違所請：據本書卷三《煬帝紀上》，大業三年秋七月辛亥，啓民可汗上表請變服，襲冠帶。

[6]斷髮文身：古代吳越一帶風俗，截短頭髮，身刺花紋，以避水中蛟龍之害。

[7]旃（zhān）裘：古代北方游牧民族用獸毛等製成的衣服。卉服：用絺葛做的衣服。《尚書·禹貢》："島夷卉服。"

[8]長纓：古時繫帽的長絲帶。此代指漢人服飾。

[9]璽書：原指用泥封加印的文書，秦代以後專指皇帝的詔書。

帝法駕御千人大帳，享啓民及其部落酋長三千五百人，賜物二十萬段，其下各有差。復下詔曰："德合天地，覆載所以弗遺，功格區宇，聲教所以咸洎。至於梯山航海，[1]請受正朔，襲冠解辮，同彼臣民。是故王會納貢，[2]義彰前冊，呼韓入臣，[3]待以殊禮。突厥意利珍豆啓民可汗志懷沈毅，[4]世修藩職。往者挺身違難，拔足歸仁，先朝嘉此款誠，授以徽號。資其甲兵之衆，收其破滅之餘，復祀於既亡之國，繼絕於不存之地。斯固施均亭育，[5]澤漸要荒者矣。朕以薄德，祇奉靈命，思播遠猷，光融令緒，是以親巡朔野，撫寧藩服。啓民深委誠心，入奉朝覲，率其種落，拜首軒墀，[6]言念丹款，[7]良以嘉尚。[8]宜隆榮數，式優恒典。可賜路車、乘馬、鼓吹、幡旗，[9]贊拜不名，位在諸侯王上。"帝親巡雲內，[10]泝金河而東北，幸啓民所居。啓民奉觴上壽，跪伏甚恭。帝大悅，賦詩曰："鹿塞鴻旗駐，[11]龍庭翠輦迴。^[12]氈帳望風舉,穹廬向日開。呼韓頓顙至,屠耆接踵來。^[13]索辮擎膻肉,韋鞲獻酒杯。何如漢天子,空上單于臺。”^[14]帝賜啓民及主金甕各一,^[15]及衣服被褥錦綵,特勤以下各有差。

[1]梯山航海:登山渡海。謂長途跋涉。

[2]王會:西周武王時,遠國入朝,太史寫成《王會篇》,現存於《逸周書》中。後多用指古代諸侯、四夷或藩屬朝貢天子的聚會。

[3]呼韓:即呼韓邪單于。西漢匈奴單于,姓攣提氏,名稽侯㹫。漢宣帝時立爲單于,甘露元年(前53)爲其兄郅支單于所敗,第二年率部南遷依附於漢朝,稱南匈奴。竟寧元年(前33),再次入朝,並請以後宮王嬙爲閼氏。其事略見《漢書》卷九四《匈奴傳》。

[4]豆:原作“寶”,岑仲勉考據上文及《文館詞林》卷六六四改(參見岑仲勉《突厥集史》,第515頁)。從改。

[5]亭育:養育,撫育。亭,當讀爲“成”。

[6]軒墀:殿堂前的臺階,借指朝廷。

[7]丹款:赤誠的心。

[8]以:庫本作“足”。

[9]路車:即輅車。古代天子或諸侯貴族所乘的車。　乘馬:指四匹馬。《詩·大雅·崧高》:“路車乘馬,我圖爾居。”

[10]雲内:縣名。隋開皇初以雲中縣改名,治所在今山西大同市。

[11]鹿塞:指邊塞。

[12]龍庭:匈奴單于祭天地鬼神之所。此借指匈奴和其他少數民族國家。

[13]屠耆:匈奴官名。全稱爲屠耆王。屠耆爲匈奴語“賢”之意。屠耆王爲單于之下的最高官職,分左、右,以單于子弟充

任。一般統轄萬餘騎，各有分地。單于居中，左右屠耆王分居東西方。匈奴尚左，常以太子爲左屠耆王。

[14]單于臺：地名。在今內蒙古呼和浩特市西。

[15]金甖：金製的盛酒器。

先是，高麗私通使啓民所，啓民推誠奉國，不敢隱境外之交。是日，將高麗使人見，敕令牛弘宣旨謂之曰：“朕以啓民誠心奉國，故親至其所。明年當往涿郡。[1]爾還日，語高麗王知，宜早來朝，勿自疑懼。存育之禮，當同於啓民。如或不朝，必將啓民巡行彼土。”使人甚懼。啓民仍扈從入塞，至定襄，[2]詔令歸藩。

[1]涿郡：隋大業三年改幽州置，治所在今北京城西南。

[2]定襄：郡名。治所在今內蒙古和林格爾旗西北土城子，後廢。

明年，朝於東都，[1]禮賜益厚。是歲，疾終，上爲之廢朝三日，立其子咄吉世，[2]是爲始畢可汗。[3]表請尚公主，詔從其俗。十一年，來朝於東都。其年，車駕避暑汾陽宮，[4]八月，始畢率其種落入寇，圍帝於雁門。詔諸郡發兵赴行在所，援軍方至，始畢引去。由是朝貢遂絕。明年復寇馬邑，唐公以兵擊走之。[5]

[1]東都：地名。即洛陽，治所在今河南洛陽市。

[2]咄吉世：人名。薛宗正認爲“世”應爲“設”的異譯（參見薛宗正《突厥史》，第198頁）。其事見《舊唐書》卷一九四上、《新唐書》卷二一五上《突厥傳上》。

[3]始畢：突厥首領之號。

[4]汾陽宮：宮名。隋大業四年建，故址在今山西寧武縣西南管涔山上。

[5]唐公：唐高祖李淵。紀見《舊唐書》卷一、《新唐書》卷一。

　　隋末亂離，中國人歸之者無數，遂大强盛，勢陵中夏。迎蕭皇后，[1]置於定襄。薛舉、竇建德、王世充、劉武周、梁師都、李軌、高開道之徒，[2]雖僭尊號，皆北面稱臣，受其可汗之號。使者往來，相望於道也。

　　[1]蕭皇后：隋煬帝皇后。傳見本書卷三六、《北史》卷一四。

　　[2]薛舉：人名。隋煬帝時任金城校尉，大業十三年四月舉兵反隋，自稱西秦霸王，建元“秦興”。傳見《舊唐書》卷五五、《新唐書》卷八六。　　竇建德：人名。隋末反隋主力之一，唐武德元年（618）於河北稱帝建立夏國。傳見《舊唐書》卷五四、《新唐書》卷八五。　　王世充：人名。傳見本書卷八五、《北史》卷七九、《舊唐書》卷五四、《新唐書》卷八五。　　劉武周：人名。隋末群雄之一，以馬邑爲中心，依附突厥，圖謀帝業。傳見《舊唐書》卷五五、《新唐書》卷八六。　　梁師都：人名。仕隋爲鷹揚郎將，大業十三年殺郡丞起兵反隋。傳見《舊唐書》卷五六、《新唐書》卷八七。　　李軌：人名。隋末涼州土豪，起兵反隋稱帝，後敗於唐軍。傳見《舊唐書》卷五五、《新唐書》卷八六。　　高開道：人名。隋、唐時人。傳見《舊唐書》卷五五、《新唐書》卷八六。

　　西突厥

　　西突厥者，木杆可汗之子大邏便也。與沙鉢略有隙，因分爲二，漸以强盛。東拒都斤，西越金山，龜茲、鐵勒、伊吾及西域諸胡悉附之。[1]大邏便爲處羅侯所執，其國立鞅素特勤之子，[2]是爲泥利可汗。卒，子達漫立，[3]號泥撅處羅可汗。[4]其母向氏，本中國人，生達漫而泥利卒，向氏又嫁其弟婆實特勤。[5]開皇末，[6]婆實共向氏入朝，遇達頭亂，遂留京師，每舍之鴻臚寺。[7]處羅可汗居無恒處，然多在烏孫故地。[8]復立二小可汗，[9]分統所部。一在石國北，[10]以制諸胡國。一居龜茲北，其地名應娑。[11]官有俟發、閻洪達，[12]以評議國事，自餘與東國同。每五月八日，相聚祭神，歲遣重臣向其先世所居之窟致祭焉。

[1]龜茲：古西域國名。一作鳩茲、丘茲等。西漢時王治延城，在今新疆庫車縣一帶。自西漢以來與中原常有往來。傳見本書卷八三、《漢書》卷九六下、《後漢書》卷八八、《晋書》卷九七、《梁書》卷五四、《魏書》卷一〇二、《周書》卷五〇、《北史》卷九七。　伊吾：國名。原爲古西域地名。始稱伊吾盧，爲内地通往西域的門户，即今新疆哈密市一帶。地肥饒，宜五穀、桑麻、葡萄。南北朝時，西涼殘部唐契爲伊吾王，屬柔然。

[2]鞅素：突厥人名。其事不詳。

[3]達漫：突厥人名。其事不詳。

[4]泥撅處羅：突厥語 Nurkurkara 的音譯。

[5]婆實：突厥人名。其事不詳。

[6]開皇：隋文帝楊堅年號（581—600）。

[7]鴻臚寺：官署名。職掌外國少數民族賓客接待、朝會及吉凶禮儀，兼管佛道寺觀。下設典客、司儀、崇玄三署。開皇三年省併入太常寺，十二年復置。大業三年少卿增爲二員，改典客署爲典

蕃署，另別置四方館，接待各方國使者，管理互市事務，名義上隸本寺。

[8]烏孫：古族名、國名。王稱昆彌，治赤谷城（今新疆温宿北天山中）。分布在今伊犁河到天山一帶。一般認爲其先民係古代堅昆人從葉尼塞河流域南下的一支。原游牧於敦煌、祁連間，西漢初爲大月氏所破，部落歸服匈奴。匈奴老上單于時，烏孫王借匈奴兵，迫大月氏南徙，據有其地，自立爲國。自西漢開始與中原有密切往來。傳見《漢書》卷九六下、《魏書》卷一〇二、《北史》卷九七。

[9]小可汗：突厥建國後實行大、小可汗制。小可汗爲大可汗的同胞兄弟或嫡親子侄，各領部曲，出鎮一方，世襲其采邑。

[10]石國：古國名。昭武九姓之一。北魏時稱者舌，隋唐時始稱石國，亦作赭支、柘支、柘折、赭時。故地在今烏兹別克斯坦塔什干一帶。傳見本書卷八三。

[11]應娑：地名。薛宗正考應娑即鷹娑川，今大裕勒都斯河（參見薛宗正《突厥史》，第278頁）。娑，庫本作“婆”。

[12]俟發：突厥官號。西突厥處羅可汗置，負責評議國事。閻洪達：突厥官號。西突厥處羅可汗置，負責評議國事。

當大業初，處羅可汗撫御無道，其國多叛，與鐵勒屢相攻，大爲鐵勒所敗。時黄門侍郎裴矩在敦煌引致西域，[1]聞國亂，復知處羅思其母氏，因奏之。煬帝遣司朝謁者崔君肅齎書慰諭之。[2]處羅甚踞，受詔不肯起。君肅謂處羅曰：“突厥本一國也，中分爲二，自相仇敵。每歲交兵，積數十年而莫能相滅者，明知啓民與處羅國其勢敵耳。今啓民舉其部落，兵且百萬，入臣天子，甚有丹誠者，何也？但以切恨可汗而不能獨制，故卑事天子以借漢兵，連二大國，欲滅可汗耳。百官兆庶咸請許之，天子弗違，師出有日矣。顧可汗母向氏，本中國人，歸在京師，處于賓館。聞天子之詔，懼可汗之滅，且夕守闕，哭泣悲哀。是以天子憐焉，爲其輟策。向夫人又匍匐謝罪，因請發使以召可汗，令入內屬，乞加恩禮，同於啓民。天子從之，故遣使到此。可汗若稱藩拜詔，國乃永安，而母得延壽；不然者，則向夫人爲詿天子，必當取戮而傳首虜庭。發大隋之兵，資北蕃之衆，左提右挈，以擊可汗，死亡則無日矣。奈何惜兩拜之禮，剿慈母之命，吝一句稱臣，喪匈奴國也！」處羅聞之，矍然而起，流涕再拜，跪受詔書。君肅又說處羅曰：「啓民內附，先帝嘉之，賞賜極厚，故致兵强國富。今可汗後附，與之爭寵，須深結於天子，自表至誠。既以道遠，未得朝覲，宜立一功，以明臣節。」處羅曰：「如何？」君肅曰：「吐谷渾者，啓民少子莫賀咄設之母家也。[3]今天子又以義成公主妻於啓民，啓民畏天子之威而與之絶。吐谷渾亦因憾漢故，職貢不修。可汗若請誅之，天子必許。漢擊其內，可汗攻其外，破之必矣。然後身自入朝，道路無阻，因見老母，不亦可乎？」處羅大喜，遂遣使朝貢。

[1]黃門侍郎：官名。全稱爲給事黃門侍郎。爲侍中省或門下省次官，地位頗重。大業三年去「給事」，置爲門下省次官。正四品上。　敦煌：郡名。隋開皇三年廢，大業三年復置。治所在今甘肅敦煌市西。

[2]司朝謁者：官名。隋大業三年增謁者臺後置，爲謁者臺大

夫副職。其職任包括受詔勞問，出使慰撫，持節察授及受冤枉而申奏；駕出，對御史引駕。從五品。　崔君肅：人名。曾參與隋征高麗戰役，擔任隋右翊衛大將軍來護兒長史。其事略見本書卷六四《來護兒傳》、卷六五《周法尚傳》，《舊唐書》卷五四《竇建德傳》。

[3]莫賀咄：突厥人名。即後來的頡利可汗。其事略見《舊唐書》卷一九四上《突厥傳上》。

帝將西狩，六年，遣侍御史韋節召處羅，[1]令與車駕會於大斗拔谷。[2]其國人不從，處羅謝使者，辭以佗故。帝大怒，無如之何。適會其酋長射匱遣使來求婚，[3]裴矩因奏曰：“處羅不朝，恃强大耳。臣請以計弱之，分裂其國，即易制也。射匱者，都六之子，[4]達頭之孫，世爲可汗，君臨西面。今聞其失職，附隸於處羅，故遣使來，以結援耳。願厚禮其使，拜爲大可汗，則突厥勢分，兩從我矣。”帝曰：“公言是也。”因遣裴矩朝夕至館，微諷諭之。帝於仁風殿召其使者，[5]言處羅不順之意，稱射匱有好心，吾將立爲大可汗，令發兵誅處羅，然後當爲婚也。帝取桃竹白羽箭二枚以賜射匱，[6]因謂之曰：“此事宜速，使疾如箭也。”使者返，路經處羅，處羅愛箭，將留之，使者譎而得免。射匱聞而大喜，興兵襲處羅，處羅大敗，棄妻子，將左右數千騎東走。在路又被劫掠，遁於高昌東，保時羅漫山。[7]高昌王麴伯雅上狀，[8]帝遣裴矩將向氏親要左右，馳至玉門關晉昌城。[9]矩遣向氏使詣處羅所，諭朝廷弘養之義，丁寧曉諭之，遂入朝，然每有怏怏之色。

　[1]侍御史：官名。亦簡稱御史、侍御。爲御史臺屬官，由吏部選用，入直禁中。從七品。大業三年罷直宿之制，唯掌侍從糾察，資位稍減，正七品。　韋節：人名。其事另見本書卷八三《西域傳》、卷八五《王充傳》。

　[2]大斗拔谷：地名。一作達斗拔谷、大斗谷。即今甘肅民樂縣東南甘肅、青海二省交界處扁都口隘路。中華本校勘記曰："'斗'原作'升'，據《北史·突厥傳》及本書《煬帝紀》上、又《楊玄感傳》改。"今從改。

　[3]射匱：突厥首領之號。其事另見本書卷六七《虞世基傳》、卷八三《石國傳》，《舊唐書》卷一九四下《突厥傳下》。

　[4]都六：亦作咄六，其是否爲可汗，史無明文。如是，吳玉貴考應在仁壽三年至大業初年（參見吳玉貴《西突厥新考——兼論〈隋書〉與〈通典〉、兩〈唐書〉之"西突厥"》，《西北民族研究》1988年第1期）。

　[5]仁風殿：殿名。確址不詳。

　[6]桃竹：即桃枝竹，爲竹之一種，主要生長在江南地區。二枚：庫本、中華本皆作"一枝"。

　[7]時羅漫山：亦譯"折羅漫山"。即今新疆境内天山山脈。

　[8]麴伯雅：人名。隋時高昌國國君。隋煬帝大業年間遣使朝貢，曾跟隨隋煬帝征伐高麗。尚宗女華容公主。其事另見本書卷三《煬帝紀上》、卷四一《蘇夔傳》、卷六七《裴矩傳》，《舊唐書》卷一九八《高昌傳》。

　[9]玉門關：地名。在今甘肅敦煌市西北小方盤城。　晋昌城：地名。確址不詳。

　　以七年冬，處羅朝於臨朔宫，[1]帝享之。處羅稽首謝曰："臣總西面諸蕃，不得早來朝拜，今參見遲晚，罪責極深，臣心裏悚懼，不能道盡。”帝曰：“往者與突厥相侵擾，不得安居。今四海既清，與一家無異，朕皆欲存養，使遂性靈。譬如天上止有一箇日照臨，莫不寧帖；[2]若有兩箇三箇日，萬物何以得安？比者亦知處羅總攝事繁，不得早來相見。今日見處羅，懷抱豁然歡喜，處羅亦當豁然，不煩在意。”明年元會，[3]處羅上壽曰：“自天以下，地以上，日月所照，唯有聖人可汗。今是大日，願聖人可汗千歲萬歲常如今日也。”詔留其累弱萬餘口，令其弟達度闕牧畜會寧郡。[4]

[1]臨朔宮：宮名。在今北京市附近。

[2]寧帖：安定，平靜。

[3]元會：皇帝於元旦朝會群臣稱正會，也稱元會。始於漢。魏晉以降因之。

[4]達度闕：人名。亦作“闕達度設”“闕達度闕設”“達度闕”“達度闕”等，可能是同名異譯。後自稱闕可汗，唐被冊封爲吐焉過拔闕可汗（參見吳玉貴《突厥汗國與隋唐關係史研究》，第72、73頁）。其事略見本書卷六七《裴矩傳》、《北史》卷九九《突厥傳》、《舊唐書》卷五五《李軌傳》、《新唐書》卷二一五下《突厥傳下》等。　會寧郡：治所在今甘肅靖遠縣。

處羅從征高麗，賜號爲曷薩那可汗，[1]賞賜甚厚。十年正月，以信義公主嫁焉，[2]賜錦綵袍千具，綵萬匹。帝將復其故地，以遼東之役，[3]故未遑也。每從巡幸。江都之亂，[4]隨化及至河北。[5]化及將敗，奔歸京師，爲北蕃突厥所害。

[1]曷薩那可汗：中華本校勘記云：“《通鑑》煬帝大業八年作
‘曷娑那可汗’。《通鑑考異》：‘唐《李軌傳》作“曷娑那可汗”，
今從《隋書》。’是司馬光所見《隋書》與今本不同。”

[2]信義公主：隋宗室女。其事另見本書卷四《煬帝紀下》、
《北史》卷一二《隋煬帝紀》。

[3]遼東：郡名。隋大業八年置，治所在今遼寧新民市東北遼
浜塔。

[4]江都：郡名。隋大業初以揚州改置，治所在今江蘇揚州市。

[5]化及：人名。即宇文化及。傳見本書卷八五、《北史》卷
七九。　河北：泛指黃河以北地區。

鐵勒

鐵勒之先，匈奴之苗裔也，種類最多。自西海之
東，[1]依據山谷，往往不絶。獨洛河北有僕骨、同羅、
韋紇、拔也古、覆羅並號俟斤，[2]蒙陳、吐如紇、斯
結、渾、斛薛等諸姓，[3]勝兵可二萬。伊吾以西，焉耆
之北，[4]傍白山，[5]則有契弊、薄落職、乙咥、蘇婆、
那曷、烏讙、紇骨、也咥、於尼讙等，[6]勝兵可二萬。
金山西南有薛延陀、咥勒兒、十槃、達契等，[7]一萬餘
兵。康國北，[8]傍阿得水，[9]則有訶咥、曷嶻、撥忽、
比千、具海、曷比悉、何嵯蘇、拔也未渴達等，[10]有
三萬許兵。得嶷海東西有蘇路羯、三索咽、蔑促、隆
忽等諸姓，[11]八千餘。拂菻東則有恩屈、阿蘭、北褥
九離、伏嗢昏等，[12]近二萬人。北海南則都波等。[13]
雖姓氏各別，總謂爲鐵勒。並無君長，分屬東、西兩

突厥。居無恒所，隨水草流移。人性凶忍，善於騎射，貪婪尤甚，以寇抄爲生。近西邊者，頗爲藝植，多牛羊而少馬。自突厥有國，東西征討，皆資其用，以制北荒。

[1]西海：可能是今裏海東之鹹海（參見段連勤《丁零、高車與鐵勒》，上海人民出版社 1988 年版，第 327 頁）。

[2]僕骨：部落名。鐵勒之一部，又稱僕固、僕古。游牧於土拉河北，先後屬突厥汗國和薛延陀汗國。唐滅薛延陀，以其地置金微州，隸燕然都護府。回紇汗國建立後，仍屬之。　同羅：部落名。鐵勒之一部，又作東紇羅。游牧於土拉河北，先後屬突厥汗國和薛延陀汗國。唐滅薛延陀，以其地置龜林都督府，隸燕然都護府。天寶初，首領阿布思率萬餘帳入塞。後復遷回漠北，爲回紇所破，並爲外九部之一。　韋紇：部落名。鐵勒之一部，即南北朝時高車袁紇部，維吾爾族先祖。原游牧於土拉河北。開皇初鐵勒爲隋所破，諸部分散，屬西突厥。後反叛西突厥，遷居今色楞格河一帶。　拔也古：部落名。鐵勒之一部，又稱拔野古、拔野固、拔曳固、拔也固、勃曳固。地近黑龍江，與靺鞨爲鄰。先後屬突厥汗國和薛延陀汗國。唐初內附，以其地置幽陵都督府。唐爲回紇所破，並爲其外九部之一。　覆羅：部落名。鐵勒之一部。《北史》卷九九《鐵勒傳》無“覆”字。岑仲勉考其可能是本書《高車傳》中的副伏羅氏，或是副伏羅部之伏羅，或是本書卷五一《長孫晟傳》中所提到的伏利具（參見岑仲勉《突厥集史》，第 664 頁）。

[3]蒙陳：部落名。鐵勒之一部。游牧於土拉河北。　吐如紇：部落名。鐵勒之一部。游牧於土拉河北。　斯結：部落名。鐵勒之一部，又稱思結。游牧於土拉河北，先後屬突厥汗國和薛延陀汗國。唐滅薛延陀，以其地爲盧山都督府，隸燕然都護府。　渾：部落名。鐵勒之一部，在鐵勒諸部中，地處最南。先後屬突厥汗國和

薛延陀汗國。唐滅薛延陀後，以其地置皐蘭都督府。後屬回紇汗國。

[4]焉耆：西域國名。又作烏耆、烏纏、阿耆尼。國都在今新疆焉耆縣西南四十里城子舊城。初屬匈奴，西漢屬西域都護府，漢末又屬匈奴。東漢班超破匈奴，又內屬。唐初附西突厥。

[5]白山：即今新疆天山山脈中段之薩阿爾明山。

[6]契弊：部落名。鐵勒之一部，又作契弊、契苾羽。游牧於今新疆焉耆西北。始屬突厥，隋初反叛西突厥，自立爲可汗，高昌、焉耆、伊吾皆服屬之。貞觀六年，臣服於唐，居於今甘肅張掖、武威一帶。後轉徙至今蒙古國杭愛山一帶，唐以其地爲賀蘭都督府，隸燕然都護府。　薄落職：部落名。鐵勒之一部，游牧於今新疆焉耆西北。　乙咥：部落名。鐵勒之一部，游牧於今新疆焉耆西北。　蘇婆：部落名。鐵勒之一部，游牧於今新疆焉耆西北。那曷：部落名。鐵勒之一部，游牧於今新疆焉耆西北。　烏讙：部落名。鐵勒之一部，又稱烏護、烏鶻、烏骨。游牧於今新疆吐魯番東南以北山中。先後屬突厥、西突厥，後西遷至錫爾河下游。中華本校勘記曰：“《北史·鐵勒傳》作‘烏護’。”　紇骨：古族名。最早稱堅昆、鬲昆、隔昆。居匈奴之北，在今葉尼塞河上游。漢初被匈奴冒頓單于征服，受其統治。其民生活以游牧兼狩獵爲主，多貂，有好馬。魏晉南北朝時稱紇骨、契骨、結骨等，爲鮮卑或高車或鐵勒部之一。公元六世紀中葉，臣服於突厥。　也咥（dié）：部落名。鐵勒之一部。　於尼讙：部落名。鐵勒之一部。中華本校勘記曰：“《北史·鐵勒傳》作‘於尼護’。”

[7]薛延陀：古族名、國名。鐵勒之一部。原分薛部與延陀部，後薛爲延陀所滅，二部合併。游牧於今阿爾泰山西南，役屬於突厥。隋開皇時，突厥分裂，屬西突厥。後反叛西突厥獨立。唐建牙於今蒙古國杭愛山，後爲唐所破，在其地設六府、七州，隸燕然都護府。　咥勒兒：部落名。鐵勒之一部。　十槃：部落名。鐵勒之一部。　達契：部落名。鐵勒之一部，亦稱達奚。其先祖即北魏達

奚部。隋時游牧於今阿爾泰山西南。唐移往安西都護府境内。

[8]康國：古國名。昭武九姓之一。北魏時稱悉萬斤，唐時始稱康國，又作颯秣建、薩末鞬。故地在今烏兹別克斯坦撒馬爾罕一帶。其俗信祆教，雜以佛教。唐以其地爲康居都督府，授其王都督之職。後爲大食征服。

[9]阿得水：河名。有説爲今錫爾河，亦有説爲今伏爾加河（參見岑仲勉《突厥集史》，第668頁）。

[10]訶（hē）咥：古部族名。鐵勒之一部，又作阿跌。原游牧於今伏爾加河旁，屬突厥，後東遷屬薛延陀。唐滅薛延陀，以其地爲鷄田州，隷燕然都護府。　曷截：部落名。鐵勒之一部。史籍失考。中華本校勘記曰："《北史・鐵勒傳》作'曷截'。"　撥忽：部落名。鐵勒之一部。史籍失考。　比干：部落名。鐵勒之一部。史籍失考。《北史・鐵勒傳》作"比干"。　具海：部落名。鐵勒之一部。史籍失考。　曷比悉：部落名。鐵勒之一部。史籍失考。

何嵯蘇：部落名。鐵勒之一部。史籍失考。　拔也未渴達：部落名，鐵勒之一部。史籍失考。中華本校勘記曰："《北史・鐵勒傳》作'拔也末謁達'。"

[11]得嶷海：有説爲今之烏拉爾河，亦有説爲今之裏海（參見岑仲勉《突厥集史》，第671頁）。　蘇路羯：部落名。鐵勒之一部。史籍失考。　三索咽：部落名。鐵勒之一部。史籍失考。　蔑促：部落名。鐵勒之一部。史籍失考。中華本校勘記曰："《北史・鐵勒傳》作'簚促'。"　隆忽：部落名。鐵勒之一部。史籍失考。中華本校勘記曰："《北史・鐵勒傳》作'薩忽'。"

[12]拂菻（lǐn）：古國名。魏晋南北朝時稱大秦、普嵐、伏盧尼，唐始稱拂菻。又作拂臨或拂懍。指東羅馬帝國及其所屬西亞地中海沿岸一帶。大約在今土耳其地區。　恩屈：部落名。鐵勒之一部。　阿蘭：中亞古族名。游牧於黑海北部直至多瑙河一帶。　北褥九離：部落名。褥，《通典》卷一九九《邊防十五・北狄六・突厥下》作"振"。有學者認爲其即烏拉山一帶之Baskhir，今匈牙

利人之祖先；亦有認爲是突厥的一支（參見岑仲勉《突厥集史》，第675、676頁）。　伏嘔昏：部落名。鐵勒之一部。史籍失考。

　　[13]都波：部落名。鐵勒之一部，亦稱都播。游牧於今俄羅斯貝加爾湖南。内分爲三部又稱爲木馬三突厥。曾通使於唐。

　　開皇末，晋王廣北征，納啓民，[1]大破步迦可汗，鐵勒於是分散。大業元年，突厥處羅可汗擊鐵勒諸部，厚税斂其物，又猜忌薛延陁等，恐爲變，遂集其魁帥數百人，盡誅之。由是一時反叛，拒處羅，遂立俟利發俟斤契弊歌楞爲易勿真莫何可汗，[2]居貪污山。[3]復立薛延陁内俟斤，字也咥，爲小可汗。[4]處羅可汗既敗，莫何可汗始大。莫何勇毅絶倫，甚得衆心，爲鄰國所憚，伊吾、高昌、焉耆諸國悉附之。

　　[1]啓民：中華本校勘記曰：“原脱‘啓’字，據《北史·鐵勒傳》補。”今從補。

　　[2]俟利發俟斤契弊歌楞爲易勿真莫何可汗：鐵勒首領之號。楞，本書卷六一《宇文述傳》作“稜”，《通典》卷一九九《邊防十五·突厥下》無“勿”字，《舊唐書》卷一九九下《鐵勒傳》作“共推契苾哥楞爲易勿真莫賀可汗”。岑仲勉認爲“契苾”“莫賀”皆爲異譯（參見岑仲勉《突厥集史》，第677頁）。

　　[3]貪污山：本書卷八三《高昌傳》記：“（高昌）北有赤石山，山北七十里有貪污山。”即今吐魯番市北天山山脈東段之博格達山。

　　[4]復立薛延陁内俟斤，字也咥，爲小可汗：此句《北史》卷九九《鐵勒傳》作“復立薛延陁内俟斤子也咥爲小可汗。”《舊唐書》卷一九九下《鐵勒傳》作：“又以薛延陁乙失鉢爲也咥小可

汗”，則也咥亦可能是其可汗號。又“也咥”，《新唐書》卷二一七下《回鶻傳》作“野咥”。

其俗大抵與突厥同，唯丈夫婚畢，便就妻家，待産乳男女，然後歸舍，死者埋殯之，此其異也。大業三年，遣使貢方物，自是不絕云。

奚

奚本曰庫莫奚，[1]東部胡之種也。[2]爲慕容氏所破，[3]遺落者竄匿松漠之間。[4]其俗甚爲不潔，而善射獵，好爲寇鈔。初臣於突厥，後稍強盛，分爲五部：“一曰辱紇王，[5]二曰莫賀弗，[6]三曰契箇，[7]四曰木昆，[8]五曰室得。[9]每部俟斤一人爲其帥。隨逐水草，頗同突厥。有阿會氏，[10]五部中爲盛，諸部皆歸之。每與契丹相攻擊，虜獲財畜，因而得賞。死者以葦薄裹屍，懸之樹上。自突厥稱藩之後，亦遣使入朝，或通或絕，最爲無信。大業時，歲遣使貢方物。

[1]庫莫奚：意爲沙土、沙粒、細沙。可能是因庫莫奚人住地多沙漠（參見白鳥庫吉著，方壯猷譯《東胡民族考》下編，商務印書館1934年版，第88頁）。何光嶽則認爲庫莫是枯漠的異譯，實古漢語乾枯的沙漠的意思，即戈壁的景觀。奚是夏禹的後裔奚仲，奚人爲奚仲之後。庫莫奚意爲居於沙漠之奚人。（參見何光嶽《東胡源流史》，江西教育出版社2004年版，第306頁）

[2]東部胡：即鮮卑宇文部。

〔3〕慕容氏：指慕容皝。西晉十六國時人。載記見《晉書》卷一〇九。

〔4〕松漠：中華本標點作"松、漠"。按，松漠常聯稱，《魏書》卷二《太祖紀》記拓跋珪於登國二年（387）十二月，"巡松漠，還幸牛川"。《魏書》卷一〇〇《契丹傳》亦記契丹與庫莫奚"俱竄於松漠之間"，因此，松漠之間不應有頓號。對於松漠之地，學者有不同看法。金毓黻認爲庫莫奚人居住的西拉木倫河和老哈河流域在古代多松林，且北連大漠，所以有松漠之稱（參見金毓黻《東北通史》，重慶五十年代出版社1943年版，第254頁）。馮繼欽則認爲松指松山，亦稱平地松林，指今河北省圍場縣以北至内蒙古自治區克什克騰旗西南數百里之地；漠指松山以西的戈壁沙漠（參見馮繼欽《北朝時期的庫莫奚族》，《求是學刊》1987年第5期）。還有學者認爲松漠是指西拉木倫河上游的松林地帶及老哈河兩岸的科爾沁沙漠地帶（參見孫進己、馮永謙等主編《東北歷史地理》第2卷，黑龍江人民出版社1989年版）。

〔5〕辱紇王：王，庫本作"玉"，《周書》卷四九《庫莫奚傳》、《北史》卷九四《奚傳》、《通典》卷二〇〇《北狄七·庫莫奚》作"主"。或以"主"爲確。辱紇主，部落名。奚之一部。又《通鑑》卷一九九《唐紀》貞觀二十二年條胡三省注曰："奚、契丹酋領皆稱爲辱紇主。"

〔6〕莫賀弗：部落名。奚之一部。又《通鑑》卷一三五《齊紀》建元元年條胡三省注曰："契丹酋帥曰莫賀弗。"所以莫賀弗也是契丹首領的稱呼。

〔7〕契箇：部落名。奚之一部。史籍失考。

〔8〕木昆：部落名。奚之一部。史籍失考。

〔9〕室得：部落名。奚之一部。史籍失考。

〔10〕阿會氏：奚部落姓。史籍失考。

契丹　室韋

契丹之先，與庫莫奚異種而同類，並爲慕容氏所破，俱竄於松漠之間。其後稍大，居黃龍之北數百里。[1]其俗頗與靺鞨同。好爲寇盜。父母死而悲哭者，以爲不壯，但以其屍置於山樹之上，經三年之後，乃收其骨而焚之。因酹而祝曰：“冬月時，向陽食。若我射獵時，使我多得猪鹿。”其無禮頑嚚，於諸夷最甚。

[1]黃龍：城名。亦稱龍城、和龍城、龍都。即今遼寧朝陽縣。

當後魏時，爲高麗所侵，部落萬餘口求内附，止于白貔河。[1]其後爲突厥所逼，又以萬家寄於高麗。開皇四年，率諸莫賀弗來謁。五年悉其衆款塞，高祖納之，聽居其故地。六年，其諸部相攻擊，久不止，又與突厥相侵，高祖使使責讓之。其國遣使詣闕，頓顙謝罪。其後契丹别部出伏等背高麗，[2]率衆内附。高祖納之，安置於渴奚那頡之北。[3]開皇末，其别部四千餘家背突厥來降。上方與突厥和好，重失遠人之心，悉令給糧還本，敕突厥撫納之。固辭不去。部落漸衆，遂北徙逐水草，當遼西正北二百里，[4]依託紇臣水而居。[5]東西亘五百里，南北三百里，分爲十部。兵多者三千，少者千餘，逐寒暑，隨水草畜牧。有征伐，則酋帥相與議之，興兵動衆合符契。突厥沙鉢略可汗遣吐屯潘垤統之。[6]

[1]白貔河：《魏書》卷一〇〇、《北史》卷九四《契丹傳》作

"白狼水"。《水經注》卷一四《大遼水》亦記黃龍城附近有白狼水。可證本書所記有誤。白狼水，又作白狼川、白狼河。即今遼寧大凌河。

[2]出伏：部落名。契丹別部。

[3]渴奚那頡：地名。確址不詳。奚，庫本作"溪"。

[4]遼西：區域名。泛指今遼寧遼河以西大凌河流域及其以南、河北遷西與樂亭縣以東地區。

[5]託紇臣水：即土河，亦稱土護真水、吐護真河。即今內蒙古西拉木倫河支流老哈河。

[6]潘垤（dié）：人名。其事不詳。

　　室韋，[1]契丹之類也。其南者爲契丹，在北者號室韋，分爲五部，不相總一，所謂南室韋、北室韋、鉢室韋、深末怛室韋、大室韋。並無君長，人民貧弱，突厥常以三吐屯總領之。

　　[1]室韋：古族名。亦作失韋。一説是鮮卑的同名異譯。源出東胡。爲北魏至唐、遼時居今內蒙古呼倫貝爾市及其周圍地區原始部落的統稱。南北朝時分爲五部。隋唐時分爲三十餘部，其中之一部蒙兀室韋，即爲蒙古部的先世。傳另見《魏書》卷一〇〇、《北史》卷九四。中華本校勘記曰："'室韋'原缺，據《北史·室韋傳》補。"

　　南室韋在契丹北三千里，土地卑濕，至夏則移向西北貸勃、欠對二山，[1]多草木，饒禽獸，[2]又多蚊蚋，人皆巢居，以避其患。漸分爲二十五部，每部有餘莫弗瞞咄，猶酋長也。死則子弟代立，嗣絕則擇賢豪而立之。

其俗丈夫皆被髮，婦人槃髮，衣服與契丹同。乘牛車，篷篛爲屋，[3] 如突厥氈車之狀。度水則束薪爲栿，或以皮爲舟者。馬則織草爲韉，[4] 結繩爲轡。寢則屈爲屋，以篷篛覆上，移則載行。以豬皮爲席，編木爲藉。[5] 婦女皆抱膝而坐。氣候多寒，田收甚薄，無羊，少馬，多豬牛。造酒食噉，[6] 與靺鞨同俗。婚嫁之法，二家相許，壻輒盜婦將去，然後送牛馬爲聘，更將歸家。待有娠，乃相隨還舍。婦人不再嫁，以爲死人之妻難以共居。部落共爲大棚，人死則置屍其上。居喪三年，年唯四哭。其國無鐵，取給於高麗。多貂。

[1] 西：《北史》卷九四《室韋傳》無此字。　貸勃、欠對：山名。學者對此二山多有推定。丁謙認爲貸勃山爲厄爾伯山，欠對山爲幹特該山（參見丁謙《魏書各外國傳地理考證》，北京圖書館出版社 2008 年版，第 10 頁）。屠寄認爲貸勃山爲達巴庫山，即今大興安嶺，欠對山爲今伊勒呼里山（參見屠寄《黑龍江輿圖説》，黑龍江教育出版社 2014 年版，第 16—17 頁）。張錫彤等認爲貸勃山爲特爾莫山，欠對山爲甫喀山（參見張錫彤等《〈中國歷史地圖集〉釋文彙編·東北卷》，中央民族學院出版社 1988 年版，第 127 頁）。王德厚認爲貸勃山爲今老頭山，欠對山爲今大青山（參見王德厚《室韋地理考補》，《北方文物》1989 年第 1 期）。王頲認爲貸勃山爲今達布德爾山（參見王頲《室韋的族源和各部方位》，《中國蒙古史學會論文選集（1983 年）》，内蒙古人民出版社 1987 年版，第 128—138 頁）。

[2] 饒：多，衆多。

[3] 篷（qú）篛（chú）：用葦或竹編成的粗席。

[4] 韉：鞍墊。

[5]藉（jiè）：以物襯墊。

[6]噉：食、吃。

南室韋北行十一日至北室韋，分爲九部落，繞吐紇山而居。[1]其部落渠帥號乞引莫賀咄，每部有莫何弗三人以貳之。氣候最寒，雪深没馬。冬則入山，居土穴中，牛畜多凍死。饒麞鹿，射獵爲務，食肉衣皮。鑿冰，没水中而網射魚鼈。地多積雪，懼陷坑穽，騎木而行。俗皆捕貂爲業，冠以狐狢，[2]衣以魚皮。又北行千里，至鉢室韋，依胡布山而住，[3]人衆多北室韋，不知爲幾部落。用樺皮蓋屋，其餘同北室韋。

[1]吐紇山：關於此山的推定也存在多種説法，丁謙認爲是諾敏河南的土庫爾山（參見丁謙《魏書各外國傳地理考證》，第10頁），張錫彤等人認爲是在小興安嶺北端（參見張錫彤等《〈中國歷史地圖集〉釋文彙編·東北卷》，第54、55頁），王德厚認爲是大興安嶺東側的古利牙山（即大吉魯契那山）（參見王德厚《室韋地理考補》，第71—76頁）。張久和則認爲應是今伊勒呼里山（參見張久和《室韋地理再考辨》，《中國邊疆史地研究》1998年第1期，第89—100頁）。

[2]狢（hé）：《北史》卷九四《室韋傳》作“貂”。

[3]胡布山：關於此山，學者大致有兩種不同的方位判斷，一種認爲在今俄羅斯謝列姆札河或結雅河上游以南，或布列河以南。其中屠寄和張博泉等人都認爲是雅瑪嶺（參見屠寄《黑龍江輿圖説》，第17頁；張博泉、蘇金源、董玉英《東北歷代疆域史》，吉林人民出版社1987年版，第73頁），張錫彤等人認爲是札格德山（參見張錫彤等《〈中國歷史地圖集〉釋文彙編·東北卷》，第127

頁），于志耿、孫秀仁認爲是布列亞山（參見于志耿、孫秀仁《黑
龍江古代民族史綱》，黑龍江人民出版社 1987 年版，第 218 頁）。
另一種認爲在嫩江的發源處附近。其中，丁謙認爲是在格爾布爾山
（參見丁謙《魏書各外國傳地理考證》，第 11 頁），吳廷燮和金毓
黻認爲是在伊勒呼里山（參見吳廷燮《室韋考略》，《四存月刊》
第 14 期，1922 年 10 月；金毓黻《東北通史》，第 26 頁）。

從鉢室韋西南四日行，至深末怛室韋，因水爲號
也。[1]冬月穴居，以避太陰之氣。又西北數千里，至大
室韋，徑路險阻，語言不通。尤多貂及青鼠。[2]

[1]水：即深末怛水。大多數學者認爲即今俄羅斯境內的謝列
姆札河，亦有學者認爲應是今額爾古納河東岸支流激流河流域（參
見張久和《室韋地理再考辨》，《中國邊疆史地研究》1998 年第 1
期）。
[2]青鼠：即灰鼠。

北室韋時遣使貢獻，餘無至者。

史臣曰：四夷之爲中國患也久矣，北狄尤甚焉。種
落實繁，迭雄邊塞，年代遐邈，[1]非一時也。五帝之世，
則有獯粥焉；其在三代，則獫狁焉；[2]逮乎兩漢，則匈
奴焉；當塗、典午，[3]則烏丸、鮮卑焉；[4]後魏及周，則
蠕蠕、突厥焉。此其酋豪，相繼互爲君長者也。皆以畜
牧爲業，侵鈔爲資，倏來忽往，雲飛鳥集。智謀之士，
議和親於廟堂之上，折衝之臣，[5]論奮擊於塞垣之下。[6]
然事無恒規，權無定勢，親疏因其强弱，服叛在其盛

衰。衰則款塞頓顙，盛則彎弓寇掠，屈申異態，强弱相反。正朔所不及，冠帶所不加，唯利是視，不顧盟誓。至於莫相救讓，驕黠憑陵，[7] 和親約結之謀，行師用兵之事，前史論之備矣，故不詳而究焉。及蠕蠕衰微，突厥始大，至於木杆，遂雄朔野。東極東胡舊境，西盡烏孫之地，彎弓數十萬，列處於代、陰，[8] 南向以臨周、齊。二國莫之能抗，争請盟好，求結和親。乃與周合從，終亡齊國。高祖遷鼎，厥徒孔熾，[9] 負其衆力，將蹈秦郊。[10] 内自相圖，遂以乖亂，達頭可汗遠遁，啓民願保塞下。於是推亡固存，返其舊地，助討餘燼，部衆遂强。卒於仁壽，不侵不叛，暨乎始畢，未虧臣禮。煬帝撫之非道，始有雁門之圍。俄屬群盗並興，於此寖以雄盛，豪傑雖建名號，莫不請好息民。於是分置官司，總統中國，子女玉帛，相繼於道，使者之車，往來結轍。[11] 自古蕃夷驕僭，未有若斯之甚也。及聖哲膺期，掃除氛祲，暗於時變，猶懷旅拒，率其群醜，屢墮亭鄣，[12] 殘毀我雲、代，[13] 摇蕩我太原，[14] 肆掠於涇陽，[15] 飲馬於渭汭。[16] 聖上奇謀潛運，[17] 神機密動，遂使百世不羈之虜一舉而滅，瀚海、龍庭之地盡爲九州，[18] 幽都窮髮之民隸於編户。[19] 實帝皇所不及，[20] 書契所未聞。由此言之，雖天道有盛衰，亦人事之工拙也。加以爲而弗恃，有而弗居，[21] 類天地之含容，同陰陽之化育，斯乃大道之行也，固無得而稱焉。

[1] 遐邈：久遠，久長。

[2] 獫狁：古族名。亦作“玁狁”。居於周之西北，爲周之勁

敵，與薰育爲同族。玁狁之稱見於周懿王至宣王之間，以厲王、宣王時侵擾最甚。

[3]當塗：三國魏的代稱。　典午："司馬"的隱語。《三國志》卷四二《蜀書·譙周傳》："周語次，因書版示立曰：'典午忽兮，月酉没兮。'典午者，謂司馬也；月酉者，謂八月也。至八月而文王果崩。"晋帝姓司馬氏，後因以"典午"指晋朝。

[4]烏丸：古族名。一作烏桓。東胡之一支。漢初東胡被匈奴襲破後，部分餘衆退保烏桓山（在今内蒙古阿魯科爾沁旗北境大興安嶺山脈南端）。漢武帝時置烏桓校尉，東漢初復置護烏桓校尉於上谷郡寧城。東漢末，曹操遷其衆於幽、并。其人悉入中原，漸與漢族相融合。其事略見《漢書》卷九四《匈奴傳》、《後漢書》卷九〇《烏桓傳》。　鮮卑：古族名。東胡之一支。漢初各部均受匈奴統治。漢武帝破匈奴東部地區，部分鮮卑南下至西拉木倫河流域烏桓故地。兩晋南北朝時，其分支段慕容、乞伏等部，曾先後在東北、華北、西北建立政權。原居今内蒙古呼倫貝爾市的拓拔鮮卑建立北魏王朝，統一北方。隋唐時，逐漸與漢族融合。傳見《後漢書》卷九〇、《三國志》卷三〇、《宋書》卷九六、《魏書》卷九九等。

[5]折衝：交涉、談判。

[6]塞垣：本指漢代爲抵禦鮮卑所設的邊塞。後亦指長城，邊關城墙。

[7]憑陵：侵犯，欺侮。

[8]陰：山名。即今内蒙古陰山山脈。

[9]孔熾：非常猖獗和囂張。

[10]秦郊：意指逼近都城。

[11]結轍：轍迹交錯。謂車輛往來不絶。

[12]隳：毀壞。　亭鄣：古代邊塞要地設置的堡壘。

[13]雲：地名。唐武德四年置雲州，治所在今内蒙古和林格爾縣西北土城子，貞觀二十年改置雲州都督府。　代：地名。治所在

今山西代縣。

　　［14］太原：府名。唐開元十一年（723）以并州改置，治所在今山西太原市西南東城角。

　　［15］涇陽：縣名。唐治所在今陝西涇陽縣。

　　［16］渭汭（ruì）：地名。其地有二處：一在今陝西華陰縣市北，即渭河入黃河處；一在今陝西高陵縣南，即涇水入渭河之口。

　　［17］聖上：《北史》卷九九作“太宗文皇帝”，可知此所指爲唐太宗李世民。紀見《舊唐書》卷二、三，《新唐書》卷二。

　　［18］瀚海：指沙漠。

　　［19］窮髮：極北不毛之地。

　　［20］帝皇：三皇與五帝的合稱。

　　［21］加以爲而弗恃，有而弗居：典出《老子道德經》第二章：“萬物作而弗始也，爲而弗恃也，成功而弗居也。夫唯弗居，是以不去。”

隋書　卷八五

列傳第五十

　　夫肖形天地，[1]人稱最靈，以其知父子之道，識君臣之義，異夫禽獸者也。傳曰：“人生在三，事之如一。”[2]然則君臣父子，其道不殊，父不可以不父，子不可以不子，君不可以不君，臣不可以不臣。故曰君猶天也，天可讎乎！是以有罪歸刑，見危授命，[3]竭忠貞以立節，不臨難而苟免。故聞其風者，懷夫慷慨，千載之後，莫不願以爲臣。此其所以生榮死哀，取貴前哲者矣。至於委質策名，代卿世禄，出受心膂之寄，[4]入參帷幄之謀，身處機衡，肆趙高之姦宄，[5]世荷權寵，行王莽之桀逆，[6]生靈之所讎疾，犬豕不食其餘。雖薦社污宮，彰必誅之釁，斲棺焚骨，明篡殺之咎，可以懲夫既往，未足深誡將來。昔孔子修《春秋》，而亂臣賊子知懼，抑使之求名不得，欲蓋而彰者也。今故正其罪名，以冠於篇首，庶後之君子，見作者之意焉。

　　[1]肖：汲古閣本、殿本、庫本、中華本同，宋殘本作“宵”。
　　[2]人生在三，事之如一：語出《國語·晋語一》：“‘民生於三，事之如一。’父生之，師教之，君食之。非父不生，非食不長，

非教不知，生之族也，故一事之，唯其所在，則致死焉。"韋昭注："三，君、父、師也。"後以"在三"爲禮敬君、父、師的典故。

[3]授：殿本、庫本、中華本同，宋殘本、汲古閣本作"受"。

[4]膂：汲古閣本、殿本、庫本、中華本同，宋殘本作"旅"。

[5]趙高：人名。趙高殺秦二世立子嬰爲秦王。事見《史記》卷六《秦始皇本紀》。

[6]王莽：人名。西漢末年以外戚專掌朝政。傳見《漢書》卷九九。

宇文化及　弟智及

宇文化及，[1]左翊衛大將軍述之子也。[2]性凶險，不循法度，好乘肥挾彈，馳騖道中，由是長安謂之輕薄公子。[3]煬帝爲太子時，[4]常領千牛，[5]出入臥內。累遷至太子僕。[6]數以受納貨賄，再三免官。太子嬖昵之，俄而復職。又以其弟士及尚南陽公主。[7]化及由此益驕，處公卿間，言辭不遜，多所陵轢。見人子女、狗馬、珍玩，必請託求之。常與屠販者游，以規其利。

[1]宇文化及：人名。傳另見《北史》卷七九。

[2]左翊衛大將軍：官名。隋初中央軍事機關十二衛有左右衛，大業三年（607）改爲左右翊衛，各置大將軍一人，掌宮掖禁禦，督攝仗衛。正三品。　述：人名。即宇文述。傳見本書卷六一、《北史》卷七九。

[3]長安：地名。隋都城所在地，在今陝西西安市西北。

[4]煬帝：即隋煬帝楊廣。紀見本書卷三、四，《北史》卷一二。

[5]千牛：官名。即千牛左右。隋初於左右領左右府置千牛備
身十二人，掌供御弓箭，執千牛御刀侍衛皇帝左右。正六品下。煬
帝大業三年改左右領左右府爲左右備身府，千牛備身則改名爲千牛
左右，其職掌未變，員額增至十六人。正六品。

[6]太子僕：官名。隋東宮設太子僕一人，掌皇族親疏、車輿
騎乘，領廏牧署令。從四品上。

[7]士及：人名。即宇文士及。隋任鴻臚少卿，後入唐，貞觀
中官至中書令。傳見《舊唐書》卷六三、《新唐書》卷一○○。
南陽公主：隋煬帝楊廣長女。傳見本書卷八○、《北史》卷九一。

煬帝即位，拜太僕少卿，[1]益恃舊恩，貪冒尤甚。
大業初，[2]煬帝幸榆林，[3]化及與弟智及違禁與突厥交
市，[4]帝大怒，囚之數月，還至青門外，[5]欲斬之而後入
城，解衣辮髮，以公主故，久之乃釋，并智及並賜述爲
奴。述薨後，煬帝追憶之，遂起化及爲右屯衛將軍，[6]
智及爲將作少監。[7]

[1]太僕少卿：官名。隋太僕寺副長官，協助長官太僕卿掌國
家廏牧、車輿等事務。隋初置一員，尋又加置一員，正四品上；煬
帝大業三年定置二員，降爲從四品。

[2]大業：隋煬帝楊廣年號（605—618）。

[3]榆林：郡名。治所在今內蒙古准格爾旗東北十二連城。

[4]智及：人名。即宇文智及。本卷及《北史》卷七九有附
傳。　突厥：古族名、國名。廣義包括突厥、鐵勒諸部落，狹義專
指突厥。公元六世紀時游牧於金山（今阿爾泰山）以南，因金山形
似兜鍪，俗稱“突厥”，遂以名部落。西魏廢帝元年（552），土門
自號伊利可汗，建立突厥汗國。隋開皇二年（582）西面可汗達頭
與大可汗沙鉢略不睦，分裂爲西突厥、東突厥兩個汗國。傳見本書

[5]青門：京城東門。

[6]右屯衛將軍：官名。隋文帝置左右領軍府，各掌十二軍籍
帳、差科、詞訟之事，不置將軍。煬帝大業三年改左右領軍府爲左
右屯衛，所統軍士名御林。並各置大將軍一人，正三品；將軍各二
人，從三品。

[7]將作少監：官名。隋文帝開皇二十年改將作寺爲將作監，
初加副監，亦稱將作少監。佐長官將作大監領左、右校及甄官署，
掌營繕宮室、宗廟、城門、東宮、王府、中央官署及京都其他土木
工程。正五品。

是時李密據洛口，[1]煬帝懼，留淮左，[2]不敢還都。
從駕驍果多關中人，[3]久客羈旅，見帝無西意，謀欲叛
歸。時武賁郎將司馬德戡總領驍果，[4]屯於東城，風聞
兵士欲叛，未之審，遣校尉元武達陰問驍果，[5]知其情，
因謀構逆。共所善武賁郎將元禮、直閣裴虔通互相扇惑
曰：[6]“今聞陛下欲築宮丹楊，[7]勢不還矣。所部驍果莫
不思歸，人人耦語，並謀逃去。我欲言之，陛下性忌，
惡聞兵走，即恐先事見誅。今知而不言，其後事發，又
當族滅我矣。進退爲戮，將如之何？”虔通曰：“上實
爾，誠爲公憂之。”德戡謂兩人曰：“我聞關中陷没，李
孝常以華陰叛，[8]陛下收其二弟，將盡殺之。吾等家屬
在西，安得無此慮也！”虔通曰：“我子弟已壯，誠不自
保，正恐旦暮及誅，計無所出。”德戡曰：“同相憂，當
共爲計取。驍果若走，可與俱去。”虔通等曰：“誠如公
言，求生之計，無以易此。”因遞相招誘。又轉告内史

舍人元敏、鷹揚郎將孟秉，[9]符璽郎李覆、牛方裕，[10]
直長許弘仁、薛良，[11]城門郎唐奉義、醫正張愷等，[12]
日夜聚博，約爲刎頸之交，情相款昵，言無迴避，於座
中輒論叛計，並相然許。時李孝質在禁，[13]令驍果守
之，中外交通，所謀益急。趙行樞者，[14]樂人之子，家
產巨萬，先交智及，勳侍楊士覽者，[15]宇文悅，二人同
告智及。智及素狂悖，[16]聞之喜，即共見德戡，期以三
月十五日舉兵同叛，[17]劫十二衛武馬，虜掠居人財物，
結黨西歸。智及曰：「不然。當今天實喪隋，英雄並起，
同心叛者已數萬人，因行大事，此帝王業也。」德戡然
之。行樞、薛良請以化及爲主，相約既定，方告化及。
化及性本駑怯，初聞大懼，色動流汗，久之乃定。

[1]李密：人名。傳見本書卷七〇、《舊唐書》卷五三、《新唐
書》卷八四，《北史》卷六〇有附傳。　洛口：地名。在今河南鞏
義市東北。

[2]淮左：淮河以東地區。

[3]驍果：軍士名。募民爲之。以折衝、果毅、武勇、雄武等
郎將領之；武勇郎將爲副長官，主掌宿衛。上屬於左右備身府。
關中：地區名。與「關内」意同。秦至唐時稱函谷或潼關以西、隴
坂以東、終南山以北爲關中。

[4]武賁郎將：官名。隋煬帝大業三年改革官制，於十二衛每
衛置護軍四人，掌貳將軍，尋又改護軍爲武賁郎將。正四品。　司
馬德戡：人名。傳見本卷及《北史》卷七九。

[5]校尉：官名。隋府兵鷹揚府之下設團，其長官爲校尉。正
六品。　元武達：人名。隋末爲禁軍校衛，參與縊殺隋煬帝的江都
宮變，武德二年（619）爲竇建德所殺。

[6]元禮：人名。隋末爲虎賁郎將，參與縊殺隋煬帝的江都宫變，貞觀二年（628），唐太宗將其除名配流嶺南。事略見《通鑑》卷一八五《唐紀》武德元年三月條。　直閣：官名。即監門直閣，爲禁衛軍指揮機構左右監門府的軍官。大業三年置。正五品。　裴虔通：人名。傳見本卷及《北史》卷七九。

[7]丹楊：郡名。即丹陽，治所在今江蘇南京市。

[8]李孝常：人名。大業末爲華陰縣令，武德初以迎接唐軍功，封義安王。事見《北史》卷七五《李圓通傳》。

[9]内史舍人：官名。爲内史省的屬官，掌參議表章，草擬詔敕。隋初置八人，正六品上，開皇三年升爲從五品。煬帝大業三年減置四人，大業末改内史省爲内書省，内史舍人遂改稱爲内書舍人。　元敏：人名。《北史》卷七五有附傳。　鷹揚郎將：官名。隋文帝初，置左右衛等衛府，各領軍坊、鄉團，以統軍卒。後改置驃騎將軍府，每府置驃騎、車騎二將軍，上轄於衛府大將軍，下設大都督、帥都督、都督領兵。煬帝大業三年改驃騎府爲鷹揚府，改驃騎將軍爲鷹揚郎將，職能依舊。正五品。　孟秉：人名。亦作“孟景”，隋末爲禁軍鷹揚郎將，參與縊殺隋煬帝的江都宫變，武德二年爲竇建德所殺。事亦見本書卷四《煬帝紀下》、《北史》卷七九《宇文化及傳》、《通鑑》卷一八五《唐紀》武德元年三月條等。按，本書卷四《煬帝紀下》“孟景”，中華本校勘記云：“‘景’應作‘秉’。唐人諱‘昞’，因‘秉’‘昞’同音，遂改‘秉’爲‘景’。”

[10]符璽郎：官名。隋初門下省置符璽局，長官爲監，置二員，掌天子印璽之用。正六品下。煬帝大業三年改爲郎，亦置二員，從六品。　李覆：人名。隋末任符璽郎，其他事迹不詳。　牛方裕：人名。牛弘次子。事見本書卷四九、《北史》卷七二《牛弘傳》。

[11]直長：官名。《通鑑》卷一八五《唐紀》武德元年三月條胡三省注云：“隋初，門下省統城門、尚食、尚藥、符璽、御府、

殿内等六局，各有直長。煬帝以城門、尚食、尚藥、御府等五局隸殿内省。”另，隋於左右監門府也置直長，爲宿衛武官。正七品。

　　許弘仁：人名。隋末爲監門直長，參與縊殺隋煬帝的江都宫變，武德二年爲竇建德所殺。事見《通鑑》卷一八五《唐紀》。　薛良：人名。隋末爲監門直長，參與縊殺隋煬帝的江都宫變，力主推宇文化及爲首。入唐曾任絳州刺史，貞觀二年，唐太宗將其除名配流嶺南。按，本書卷四《煬帝紀下》、《北史》卷七九《宇文化及傳》作“薛世良”，羅振玉《隋書斠議》云：“此避唐太宗諱省‘世’字。”

　　[12]城門郎：官名。煬帝大業三年改門下省城門局校尉而置。掌京城、皇城、宫殿諸門啓閉等事。從六品。　唐奉義：人名。隋末爲城門郎，參與縊殺隋煬帝的江都宫變，入唐曾任廣州都督府長史，貞觀二年，唐太宗將其除名配流嶺南。按，“唐奉義”各本皆同，但《北史》卷八三《許善心傳》作“唐奉議”，當訛。　醫正：官名。煬帝大業三年始置。爲太常寺太醫署屬官。掌醫療疾病。　張愷：人名。隋末爲醫正，參與縊殺隋煬帝的江都宫變，後隨宇文化及北上魏縣，謀叛被誅。

　　[13]李孝質：人名。爲李孝常之弟。其他事迹不詳。

　　[14]趙行樞：人名。事見《北史》卷七九《宇文述傳》。

　　[15]勳侍：官名。隋煬帝改左右衛爲左右翊衛，領親、勳、武三衛，又改三衛爲三侍。非翊衛府皆無三侍。品秩不詳。　楊士覽：人名。宇文智及外甥，隋末爲勳侍，參與縊殺隋煬帝的江都宫變，武德二年爲竇建德所殺。

　　[16]悖：宋殘本作“勃”。

　　[17]三：殿本、庫本作“二”，宋殘本、汲古閣本、中華本同底本，《通鑑》卷一八五《唐紀》武德元年三月條亦云：“德戡等期以三月望日結黨西遁。”故作“三月”是。

　　義寧二年三月一日，[1]德戡欲宣言告衆，恐以人心未一，更思譎詐以脅驍果，謂許弘仁、張愷曰：“君是良醫，國家任使，出言惑衆，衆必信。君可入備身府，[2]告識者，言陛下聞説驍果欲叛，多醖毒酒，因享會盡鴆殺之，獨與南人留此。”弘仁等宣布此言，驍果聞之，遞相告語，謀叛逾急。德戡知計既行，遂以十日總召故人，諭以所爲。衆皆伏曰：“唯將軍命！”其夜，奉義主閉城門，乃與虔通相知，諸門皆不下鑰。至夜三更，德戡於東城内集兵，得數萬人，舉火與城外相應。帝聞有聲，問是何事。虔通僞曰：“草坊被燒，外人救火，故諠囂耳。”中外隔絶，帝以爲然。孟秉、智及於城外得千餘人，劫候衛武賁馮普樂，[3]共布兵分捉郭下街巷。至五更中，德戡授虔通兵，以换諸門衛士。虔通因自開門，領數百騎，至成象殿，[4]殺將軍獨孤盛。[5]武賁郎將元禮遂引兵進，宿衛者皆走。虔通進兵，排左閣，馳入永巷，問：“陛下安在？”有美人出，方指云：“在西閣。”從往執帝。帝謂虔通曰：“卿非我故人乎！何恨而反？”虔通曰：“臣不敢反，但將士思歸，奉陛下還京師耳。”帝曰：“與汝歸。”虔通因勒兵守之。

　　[1]義寧：隋恭帝楊侑年號（617—618）。

　　[2]備身府：官署名。煬帝改左右領左右府爲左右備身府。

　　[3]候衛武賁：官名。即候衛虎賁郎將。隋文帝時設左右武候，掌皇帝車駕出，先驅後殿，晝夜巡察，執捕奸非，烽候道路等；巡狩時則掌營禁。煬帝大業三年改名左右候衛。虎賁郎將，正四品。

　　馮普樂：人名。隋末爲虎賁郎將，其他事迹不詳。

　　[4]成象殿：江都宫中的宫殿名。

　　[5]將軍：官名。獨孤盛時任右屯衛將軍。隋文帝置左右領軍府，各掌十二軍籍帳、差科、詞訟之事，不置將軍。煬帝大業三年改左右領軍府爲左右屯衛，所統軍士名御林。並各置大將軍一人，正三品；將軍各二人，從三品。　獨孤盛：人名。傳見本書卷七一，《北史》卷七三有附傳。

　　至旦，孟秉以甲騎迎化及。化及未知事果，戰慄不能言，人有來謁之者，但低頭據鞍，答云“罪過”。時士及在公主第，弗之知也。智及遣家僮莊桃樹就第殺之，[1]桃樹不忍，執詣智及，久之乃見釋。化及至城門，德戡迎謁，引入朝堂，號爲丞相。[2]令將帝出江都門以示群賊，[3]因復將入。遣令狐行達弑帝於宫中，[4]又執朝臣不同己者數十人及諸外戚，無少長害之，唯留秦孝王子浩，[5]立以爲帝。

　　[1]莊桃樹：人名。其他事迹不詳。

　　[2]丞相：此爲宇文化及所設僞官。

　　[3]江都門：此江都宫宫門。

　　[4]令狐行達：人名。隋末爲校尉，其他事迹不詳。

　　[5]秦孝王：即隋文帝楊堅第三子楊俊。傳見本書卷四五、《北史》卷七一。　浩：人名。即楊俊長子楊浩。傳見本書卷四五、《北史》卷七一。

　　十餘日，奪江都人舟檝，[1]從水路西歸。至顯福宫，[2]宿公麥孟才、折衝郎將沈光等謀擊化及，[3]反爲所害。化及於是入據六宫，其自奉養，一如煬帝故事。每於帳中南面端坐，人有白事者，默然不對。下牙時，^[4]方收取啓狀，共奉義、方裕、良、愷等參決之。行至徐州，^[5]水路不通，復奪人車牛，得二千兩，並載宮人珍寶。其戈甲戎器，悉令軍士負之。道遠疲極，三軍始怨。德戡失望，竊謂行樞曰：“君大謬誤我。當今撥亂，必藉英賢，化及庸暗，群小在側，事將必敗，當若之何？”行樞曰：“在我等爾，廢之何難！”因共李本、宇文導師、尹正卿等謀，^[6]以後軍萬餘兵襲殺化及，更立德戡爲主。弘仁知之，密告化及，盡收捕德戡及其支黨十餘人，皆殺之。引兵向東郡，^[7]通守王軌以城降之。^[8]

[1]江都：郡名。治所在今江蘇揚州市。

[2]顯福宮：宮名。江都城中宮殿名。

[3]宿公：爵名。全稱爲宿國公。隋九等爵的第三等。從一品。　麥孟才：人名。《北史》卷七八有附傳。　折衝郎將：官名。煬帝大業三年置，爲左右備身府屬官。掌領驍果禁軍。正四品。　沈光：人名。傳見本書卷六四、《北史》卷七八。

[4]下牙：扎營。

[5]徐州：治所在今江蘇徐州市。

[6]李本：人名。其他事迹不詳。　宇文導師：人名。其他事迹不詳。　尹正卿：人名。其他事迹不詳。

[7]東郡：治所在今河南滑縣東。

[8]通守：官名。煬帝於郡守下置通守一人，地位僅次於郡守，協掌本郡政務。品秩不詳。　王軌：人名。事見本書卷五四、《北史》卷六二《王長述傳》。

元文都推越王侗爲主，^[1]拜李密爲太尉，^[2]令擊化及。密遣徐勣據黎陽倉。[3]化及度河,[4]保黎陽縣,[5]分兵圍勣。密壁清淇,[6]與勣以烽火相應。化及每攻倉,密輒引兵救之。化及數戰不利,其將軍于弘達爲密所禽,[7]送於侗所,鑊烹之。化及糧盡,度永濟渠,[8]與密決戰於童山,[9]遂入汲郡求軍糧,[10]又遣使拷掠東郡吏民,以責米粟。王軌怨之,以城歸於李密。化及大懼,自汲郡將率衆圖以北諸州。其將陳智略率嶺南驍果萬餘人,[11]張童兒率江東驍果數千人,[12]皆叛歸李密。化及尚有衆二萬,北走魏縣。[13]張愷等與其將陳伯謀去之,[14]事覺,爲化及所殺。腹心稍盡,兵勢日蹙,兄弟更無它計,但相聚酣宴,奏女樂。醉後,因尤智及曰:“我初不知,由汝爲計,強來立我。今所向無成,士馬日散,負殺主之名,天下所不納。今者滅族,豈不由汝乎?”持其兩子而泣。智及怒曰:“事捷之日,都不賜尤,及其將敗,乃欲歸罪。何不殺我以降建德?”[15]兄弟數相鬭鬩,言無長幼,醒而復飲,以此爲恒。其衆多亡,自知必敗,化及歎曰:“人生故當死,豈不一日爲帝乎?”於是鴆殺浩,僭皇帝位於魏縣,國號許,建元爲天壽,[16]署置百官。

[1]元文都:人名。傳見本書卷七一,《北史》卷一七有附傳。
越王侗:隋煬帝之孫,元德太子楊昭次子。傳見本書卷五九、《北史》卷七一。

[2]太尉:官名。隋三公之一。隋初參議國家大事,置府僚,但不久就省除府及僚佐,成了榮譽性質的頭銜。正一品。

[3]徐勣:人名。即徐世勣。唐賜李姓,亦稱李勣,隋末唐初

名將。傳見《舊唐書》卷六七、《新唐書》卷九三。　黎陽倉：倉名。在今河南濬縣西南。

[4]度：通“渡”。本卷下同。

[5]黎陽縣：治所在今河南濬縣東。

[6]清淇：縣名。治所在今河南濬縣東。

[7]于弘達：人名。隋末任將軍，參與宇文化及將軍宮變，其他事迹不詳。　禽：通“擒”。本卷下同。

[8]永濟渠：渠名。隋大業四年開鑿，從今河南武陟縣南，經河南、河北、山東、天津等地至北京，長一千多公里。

[9]童山：在今河南濬縣西南。

[10]汲郡：治所在今河南淇縣東南。

[11]陳智略：人名。本嶺南豪族，應募爲隋煬帝驍果軍將領，宇文化及弒殺隋煬帝北上途中，陳智略投降瓦崗軍。瓦崗軍敗時又投降王世充，武德三年降唐。　嶺南：地區名。亦稱嶺外、嶺表。泛指五嶺以南地區，相當於今廣東、廣西兩省及越南北部一帶。

[12]張童兒：人名。隋煬帝驍果軍將領，宇文化及弒殺隋煬帝北上途中投降瓦崗軍，後又降王世充。武德三年兵敗被斬於洛陽。按，《北史》卷七九《宇文化及傳》與《王世充傳》同。然《舊唐書》卷五三《李密傳》、卷五四《王世充傳》，《新唐書》卷八四《李密傳》、卷八五《王世充傳》均作“張童仁”。　江東：泛指長江下游以東地區。

[13]魏縣：治所在今河北大名縣西南。

[14]陳伯：人名。宇文化及屬將，其他事迹不詳。

[15]建德：人名。即竇建德。隋末反隋主力之一，唐武德元年於河北稱帝建立夏國。傳見《舊唐書》卷五四、《新唐書》卷八五。

[16]天壽：宇文化及僞年號（618—619）。

攻元寶藏於魏州，[1]四旬不剋，反爲所敗，亡失千餘人。乃東北趣聊城，[2]將招携海曲諸賊。時遣士及徇濟北，[3]求饋餉。大唐遣淮安王神通安撫山東，[4]并招化及。化及不從，神通進兵圍之，十餘日不剋而退。竇建德悉衆攻之。先是，齊州賊帥王薄聞其多寶物，[5]詐來投附。化及信之，與共居守。至是，薄引建德入城，生禽化及，悉虜其衆。先執智及、元武達、孟秉、楊士覽、許弘仁，皆斬之。乃以轞車載化及之河間，[6]數以殺君之罪，并二子承基、承趾皆斬之，[7]傳首於突厥義成公主，[8]梟於虜庭。士及自濟北西歸長安。

[1]元寶藏：人名。隋武陽郡丞，大業十三年九月投降李密，李密封以上柱國、武陽公、魏州總管，武德二年降唐。事亦見本書卷七三《魏德深傳》，《通鑑》卷一八四、卷一八七等。　魏州：煬帝改魏州爲武陽郡，此用舊名。治所在今河北大名縣。

[2]聊城：地名。在今山東聊城市。

[3]濟北：泛指濟水以北。

[4]神通：人名。即李神通。傳見《舊唐書》卷六〇、《新唐書》卷七八。　山東：地區名。戰國、秦、漢時代，通稱華山或崤山以東爲山東。函括今河北、河南、山東等省。魏晋南北朝隋唐時期亦稱太行山以東地區爲山東。此處代指北齊所轄地區。

[5]齊州：治所在今山東濟南市。　王薄：人名。隋末山東農民起義軍領導者之一，大業七年以長白山（今山東鄒平縣南）爲據點起兵反隋，活動於今山東中部一帶。後爲隋將張須陀所敗，武德二年降唐任齊州總管。（參見漆俠《隋末農民起義》，上海人民出版社1954年版；王永興《隋末農民戰爭史料彙編》，中華書局1980年版；陶懋炳《王薄事迹考》，《湖南師範學院學報》1982年第2期）

[6]河間：郡名。治所在今河北河間市。按，《北史》卷七九《宇文化及傳》作"大陸縣城下"。

[7]承基：人名。即宇文承基，宇文化及之子。具體事迹不詳。

承趾：人名。即宇文承趾，宇文化及之子。具體事迹不詳。

[8]義成公主：隋宗室女，開皇十九年出嫁突厥啓民可汗。啓民死，繼爲處羅、頡利可汗妻。隋亡，數請頡利出兵攻唐，爲隋報仇。頡利敗時被殺。參見本書卷八四、《新唐書》卷二一五《突厥傳》。按，"成"各本均同。然本書卷四《煬帝紀下》爲"義城公主"，中華本校勘記云："本書中多作'義成公主'。'城''成'二字有時通用。"

智及幼頑凶，好與人群鬬，所共游處，皆不逞之徒，相聚鬬雞，習放鷹狗。初以父功，賜爵濮陽郡公。[1]蒸淫醜穢，無所不爲。其妻長孫，妒而告述，述雖爲隱，而大忿之，纖芥之怨，必加鞭箠。弟士及恃尚主，又輕忽之。唯化及每事營護，父再三欲殺，輒救免之，由是頗相親昵。遂勸化及遣人入蕃，私爲交易。事發，當誅，述獨證智及罪惡，而爲化及請命。帝因兩釋。述將死，抗表言其凶勃，必且破家。帝後思述，授智及將作少監。

[1]濮陽郡公：爵名。隋九等爵的第四等。從一品。

其江都殺逆之事，[1]智及之謀也。化及爲丞相，以爲左僕射，[2]領十二衞大將軍。[3]化及僭號，封齊王。[4]竇建德破聊城，獲而斬之，并其黨十餘人，皆暴屍梟首。

[1]江都殺逆：指大業十四年三月，禁軍將領宇文化及縊殺隋煬帝的江都宮變。

[2]左僕射：官名。此爲宇文化及所設之僞官。按，《通鑑》卷一八五《唐紀》武德元年三月條同，《北史》卷七九《宇文智及傳》作"右僕射"。

[3]十二衛大將軍：官名。隋中央禁軍設十二衛，每衛設大將軍一人，總領府事。此爲宇文化及所設之僞官。

[4]齊王：爵名。隋九等爵的第一等。正一品。此爲宇文化及所封僞爵。

司馬德戡

司馬德戡，扶風雍人也。[1]父元謙，[2]仕周爲都督。[3]德戡幼孤，以屠豕自給。有桑門釋粲，[4]通德戡母和氏，[5]遂撫教之，因解書計。開皇中，[6]爲侍官，[7]漸遷至大都督。[8]從楊素出討漢王諒，[9]充內營左右，[10]進止便僻，俊辯多姦計，素大善之。以勳授儀同三司。[11]大業三年，爲鷹揚郎將。從討遼左，[12]進位正議大夫，[13]遷武賁郎將。煬帝甚昵之。

[1]扶風：郡名。治所在今陝西鳳翔縣。　雍：縣名。治所在今陝西西安市。

[2]元謙：人名。即司馬元謙。北周時任都督，其他事迹不詳。

[3]周：即北周（557—581），都長安（今陝西西安市西北）。

都督：官名。北周實行府兵制，大都督統團，帥都督統旅，都督爲隊官。七命。

[4]釋粲：人名。事迹不詳。

[5]和氏：《北史》卷七九《司馬德戡傳》作"娥氏"。

[6]開皇：隋文帝楊堅年號（581—600）。

[7]侍官：此指宮廷中輪番宿衛的軍士。按，"官"底本、宋殘本、汲古閣本、殿本、庫本原作"宮"，中華本作"官"，其校勘記云："'官'原作'宮'，據《北史》本傳改。"今據改。

[8]大都督：官名。隋文帝時期有兩類大都督：一是在府兵系統中實際領兵、有固定職掌的團級軍官，隋煬帝大業三年改稱校尉；二是十一等散實官中的第九等，用以酬勤勞，無實際職掌，煬帝大業三年罷廢。兩類大都督均爲正六品上。

[9]楊素：人名。傳見本書卷四八，《北史》卷四一有附傳。

漢王諒：隋文帝楊堅第五子楊諒，開皇元年封漢王。傳見本書卷四五、《北史》卷七一。

[10]内營左右：官名。此爲軍隊之内營使職名。

[11]儀同三司：官名。亦簡稱儀同。隋文帝因改北周十一等勳官之制形成十一等散實官，用以酬勤勞，無實際職掌。儀同三司是第八等，可開府置僚佐。正五品上。

[12]遼左：地區名。遼東的別稱。泛指今遼河以東地區。另，舊也稱今遼寧省一帶爲遼左。

[13]正議大夫：官名。屬散官，隋煬帝大業三年置。正四品。

從至江都，領左右備身驍果萬人，[1]營於城内。因隋末大亂，乃率驍果謀反，語在化及事中。既獲煬帝，與其黨孟秉等推化及爲丞相。化及首封德戡爲溫國公，邑三千户，[2]加光禄大夫，[3]仍統本兵。化及意甚忌之。後數日，化及署諸將，分配士卒，乃以德戡爲禮部尚書，[4]外示美遷，實奪其兵也。由是憤怨，所獲賞物皆賂於智及，智及爲之言。行至徐州，捨舟登陸，令德戡將後軍，乃與趙行樞、李本、尹正卿、宇文導師等謀襲化及，遣人使于孟海公，[5]結爲外助。遷延未發，以待使報。許弘仁、張愷知之，以告化及，因遣其弟士及陽爲游獵，至于後軍。德戡不知事露，出營參謁，因命執之，并其黨與。化及責之曰："與公戮力共定海內，出於萬死。今始事成，願得同守富貴，公又何爲反也?"德戡曰："本殺昏主，苦其毒害。推立足下，而又甚之。逼於物情，不獲已也。"化及不對，命送幕下，[6]縊而殺之，時年三十九。

[1]左右備身：官署名。即左右備身府，煬帝改左右領左右府置。

[2]邑：也稱食邑、封邑。是古代君王封賜給有爵位之人的一種食祿制度，受封者可徵收封地內的民戶租稅充作食祿。魏晉以後，食邑分爲虛封和實封兩類：虛封一般僅冠以"邑"或"食邑"之名，這祇是一種榮譽性加銜，受封者並不能獲得實際的食祿收入；而實封一般須冠以"真食""食實封"等名，受封者可真正獲得食祿收入。

[3]光祿大夫：官名。屬散實官，煬帝大業三年廢特進，改置光祿大夫等九大夫。從一品。

[4]禮部尚書：官名。尚書省所轄六部之一禮部的長官，掌禮儀、祭祀、宴享等政令，總判禮部、祠部、主客、膳部四曹。置一員，正三品。此爲宇文化及所設偽官。

[5]孟海公：人名。隋末農民起義軍領導者，大業九年起事，主要活動於曹、戴二州地區，後爲李世民所敗，武德四年斬於長安。（參見王永興《隋末農民戰爭史料彙編》）

[6]命送幕下：殿本、庫本同底本。汲古閣本、中華本及《北史》卷七九《司馬德戡傳》"命送"後有一"至"字。

裴虔通

裴虔通，河東人也。[1]初，煬帝爲晉王，以親信從，稍遷至監門校尉。[2]煬帝即位，擢舊左右，授宣惠尉，[3]遷監門直閣。累從征役，至通議大夫。[4]與司馬德戡同謀作亂，先開宮門，騎至成象殿，殺將軍獨孤盛，擒帝于西閣。化及以虔通爲光禄大夫、莒國公。化及引兵之北也，令鎮徐州。化及敗後，歸於大唐，即授徐州總管，[5]轉辰州刺史，[6]封長蛇男。[7]尋以隋朝殺逆之罪，除名，徙於嶺表而死。

[1]河東：郡名。治所在今山西永濟市西南。

[2]監門校尉：官名。隋中央左右監門府，掌宮殿門禁及守衛事，設左右監門校尉三十人。正六品。

[3]宣惠尉：官名。屬武散官。正七品。

[4]通議大夫：官名。屬散官，隋煬帝大業三年置。從四品。

[5]總管：官名。隋及唐初於諸州設總管府，長官爲總管，總領一州或數州軍政事務，爲地方高級軍政長官。

[6]辰州：隋開皇九年改武州置，大業初改爲沅陵郡，唐武德三年復爲辰州，治所在今湖南沅陵縣。

[7]長蛇男：爵名。全稱爲長蛇縣男，唐九等爵的第九等。從五品上。

王充

王充，[1]字行滿，本西域人也。[2]祖支頹耨，[3]徙居新豐。[4]頹耨死，其妻少寡，與儀同王粲野合，[5]生子曰瓊，[6]粲遂納之以爲小妻。其父收幼孤，[7]隨母嫁粲，粲愛而養之，因姓王氏，官至懷、汴二州長史。[8]充捲髮豺聲，沉猜多詭詐，頗窺書傳，尤好兵法，曉龜策推步盈虛，然未嘗爲人言也。

[1]王充：人名。此即王世充，避唐諱省“世”字。傳另見《北史》卷七九、《舊唐書》卷五四、《新唐書》卷八五。

[2]西域：地區名。漢以後對玉門關（今甘肅敦煌市西北）以西地區的總稱。狹義專指葱嶺以東、玉門關以西地區。

[3]支頹耨：人名。事迹不詳。按，“耨”字《舊唐書》卷五四、《新唐書》卷八五作“褥”。

[4]新豐：縣名。治所在今陝西西安市臨潼區東北。

[5]儀同：官名。此指不詳。　王粲：人名。事亦見新、舊《唐書·王世充傳》。

[6]瓊：人名。即王瓊。事迹不詳。

[7]收：人名。即王收。事亦見新、舊《唐書·王世充傳》。

[8]懷：州名。治所在今河南沁陽市。　汴：州名。治所在今河南開封市西北。　長史：官名。此爲州府上佐之一，佐理一州事務，開皇三年改別駕爲長史。上州正五品，中州從五品，下州正六品。

開皇中，爲左翊衛，[1]後以軍功拜儀同，[2]授兵部員外。[3]善敷奏，明習法律，而舞弄文墨，高下其心。或有駁難之者，充利口飾非，辭義鋒起，衆雖知其不可而莫能屈，稱爲明辯。煬帝時，累遷至江都郡丞。[4]時帝數幸江都，充善候人主顔色，阿諛順旨，每入言事，帝善之。又以郡丞領江都宮監,[5]乃雕飾池臺,陰奏遠方珍物以媚於帝,由是益昵之。

[1]左翊衛:官名。隋中央左右衛下領親衛,置開府,有左翊衛。品秩不詳。

[2]儀同:官名。全稱是儀同三司。隋文帝因改北周十一等勳官之制形成十一等散實官,用以酬勤勞,無實際職掌。儀同三司是第八等,可開府置僚佐。正五品上。

[3]兵部員外:官名。即兵部員外郎。開皇六年,尚書省二十四司各置員外郎一人,掌曹之籍帳,侍郎闕,則理其曹事。品秩不詳。

[4]郡丞:官名。隋煬帝大業三年復改州爲郡,併州長史、司馬之職,置贊治(唐人諱稱贊務)一人,爲郡太守之副貳,尋又改贊治稱爲郡丞。郡丞爲郡屬官之首,爲太守之貳,通判郡事。上郡從七品,中郡正八品,下郡從八品。

[5]江都宮監:官名。隋煬帝大業初於各離宮皆置宮監,亦稱"監",掌理行宮諸事務。上宮監爲正五品,中宮監爲從五品,下宮監爲正七品。按,宮,底本原作"官",他本及《北史》卷七九《王世充傳》均作"宮"。今據改。

大業八年,隋始亂,充內懷徼倖,卑身禮士,陰結豪俊,多收衆心。江淮間人素輕悍,[1]又屬盜賊群起,人多犯法,有繫獄抵罪者,充皆枉法出之,以樹私恩。及楊玄感反,[2]吳人朱燮、晉陵人管崇起兵江南以應之,[3]自稱將軍,擁衆十餘萬。帝遣將軍吐萬緒、魚俱羅討之,[4]不能剋。充募江都萬餘人,擊頻破之。每有剋捷,必歸功於下,所獲軍實,皆推與士卒,身無所受。由此人争爲用，功最居多。

[1]江淮：指長江和淮河流域地區。

[2]楊玄感：人名。傳見本書卷七〇，《北史》卷四一有附傳。

[3]吳人：即吳郡人。吳郡，今江蘇蘇州市。　朱燮：人名。大業九年八月聚衆起兵反隋，有衆十餘萬。後爲王世充所敗，戰死。事略見本書卷四《煬帝紀下》、卷六四《魚俱羅傳》、卷六五《吐萬緒傳》等。　晋陵：郡名。煬帝改常州置，治所在今江蘇常州市。　管崇：人名。大業九年八月聚衆起兵反隋，有衆十餘萬。後爲王世充所敗，戰死。事略見本書《煬帝紀下》《魚俱羅傳》《吐萬緒傳》等。

[4]吐萬緒：人名。傳見本書卷六五、《北史》卷七八。　魚俱羅：人名。傳見本書卷六四、《北史》卷七八。

十年，齊郡賊帥孟讓自長白山寇掠諸郡，[1]至盱眙，[2]有衆十餘萬。充以兵拒之，而羸師示弱，保都梁山，[3]爲五柵，相持不戰。後因其懈弛，出兵奮擊，大破之，乘勝盡滅賊，讓以數十騎遁去，斬首萬人，六畜、軍資莫不盡獲。帝以充有將帥才略，始遣領兵，討諸小盜，所向皆破之。然性矯僞，詐爲善，能自勤苦，以求聲譽。十一年，突厥圍帝於雁門，[4]充盡發江都人，將往赴難。在軍中，反首垢面，悲泣無度，曉夜不解甲，藉草而卧。帝聞之，以爲愛己，益信任之。

[1]齊郡：煬帝改齊州置，治所在今山東濟南市。　孟讓：人名。隋末山東農民起義軍領導者之一。曾任隋齊郡主簿，大業九年起兵反隋，後爲隋將王世充擊敗，投奔瓦崗軍，被封齊郡公。瓦崗

軍爲王世充所敗，孟讓去向不明。（參見漆俠《隋末農民起義》、
王永興《隋末農民戰争史料彙編》）　　長白山：今山東鄒平縣西南
會仙山。

　　[2]盱眙：縣名。治所在今江蘇盱眙縣東北。

　　[3]都梁山：即今江蘇盱眙縣東南都梁山。

　　[4]雁門：郡名。隋大業三年改代州置。治所在今山西代縣。

　　十二年，遷爲江都通守。[1]時厭次之格謙爲盗數
年，[2]兵十餘萬，在豆子䘙中。[3]充帥師破斬之，威振群
賊。又擊盧明月，[4]破之於南陽，[5]斬首數萬，虜獲極
多。後還江都，帝大悦，自執杯酒以賜之。時充又知帝
好内，乃言江淮良家有美女，並願備後庭，無由自進。
帝逾喜，因密令閲視諸女，[6]姿質端麗合法相者，取正
庫及應入京物以娉納之。所用不可勝計，帳上云敕别
用，不顯其實。有合意者，則厚賞充；或不中者，又以
賚之。後令以船送東京，而道路賊起，使者苦役，於淮
泗中沉船溺之者，前後十數。或有發露，充爲秘之，又
遽簡閲以供進。是後益見親昵。

　　[1]通守：官名。煬帝於郡守下置通守一人，地位僅次於郡守，
協掌本郡政務。品秩不詳。

　　[2]厭次：縣名。開皇十六年置，治所在今山東惠民縣東南。
　　之：殿本、庫本同底本，汲古閣本、中華本、《舊唐書》卷五四
及《北史》卷七九《王世充傳》作“人”。　　格謙：人名。隋末渤
海厭次人。大業九年，以豆子䘙爲據點起兵反隋，有衆十餘萬人，
自稱燕王，大業十二年爲隋將王世充攻殺。

　　[3]豆子䘙（gǎng）：地名。在今山東惠民縣北。

[4]盧明月：人名。隋末涿郡人，農民起義軍領導者，大業十三年隊伍一度發展至四十萬人，自稱"無上王"，後爲南陽通守王世充斬殺。事略見《舊唐書》卷六八《秦叔寶傳》、《新唐書》卷八五《王世充傳》、《通鑑》卷一八二等。另參見漆俠《隋末農民起義》、王永興《隋末農民戰爭史料彙編》。

[5]南陽：地名。在今河南南陽市。

[6]因密令閲視諸女：宋殘本、汲古閣本"令"後有"充"字。

　　遇李密攻陷興洛倉，[1]進逼東都，[2]官軍數却。光禄大夫裴仁基以武牢降于密，[3]帝惡之，大發兵，將討焉。發中詔遣充爲將軍，於洛口以拒密，前後百餘戰，互有勝負。充乃引軍度洛水，逼倉城。李密與戰，充敗績，赴水溺死者萬餘人。時天寒大雪，兵士既度水，衣皆霑濕，在道凍死者又數萬人，比至河陽，[4]纔以千數。充自繫獄請罪，越王侗遣使赦之，召令還都。收合亡散，復得萬餘人，屯於含嘉城中，[5]不敢復出。

[1]興洛倉：倉廩名。因其地處洛水入黃河口，又名"洛口倉"。在今河南鞏義市東南。隋煬帝大業二年置，倉城周圍二十餘里，有窖三千個，每窖儲糧八百石。

[2]東都：此指洛陽。舊址在今河南洛陽市。

[3]裴仁基：人名。傳見本書卷七〇、《北史》卷三八。　武牢：即虎牢關，唐避"虎"諱改。在今河南滎陽市西北。

[4]河陽：縣名。在今河南孟州市西南。

[5]含嘉城：在今河南洛陽城區東北。按，"嘉"底本、汲古閣本、殿本、庫本作"喜"。中華本作"嘉"，中華本校勘記云：

"'嘉'原作'喜',據《北史》本傳、本書《元文都傳》、《通鑑》武德元年改。"所言是,又新、舊《唐書·王世充傳》亦爲"嘉"。今據改。

宇文化及弒帝於江都,充與太府卿元文都、將軍皇甫無逸、右司郎盧楚奉侗爲主。[1]侗以充爲吏部尚書,[2]封鄭國公。及侗取元文都、盧楚之謀,拜李密爲太尉、尚書令,[3]密遂稱臣,復以兵拒化及於黎陽,遣使告捷。衆皆悦,充獨謂其麾下諸將曰:"文都之輩,刀筆吏耳。吾觀其勢,必爲李密所擒。且吾軍人每與密戰,殺其父兄子弟,前後已多,一旦爲之下,吾屬無類矣。"出此言以激怒其衆。文都知而大懼,與楚等謀,將因充入内,伏甲而殺之。期有日矣,將軍段達遣其女婿張志以楚謀告之。[4]充夜勒兵圍宫城,將軍費曜、田世闍等與戰於東太陽門外。[5]曜軍敗,充遂攻門而入,無逸以單騎遁走。獲楚,殺之。時宫門尚閉,充令扣門言於侗曰:"元文都等欲執皇帝降于李密,段達知而以告臣。臣非敢謀反,誅反者耳。"文都聞變入,奉侗於乾陽殿,[6]陳兵衛之。令將帥乘城以拒難,兵敗,又獲文都殺之。侗命開門以納充,充悉遣人代宿衛者,乃入謁,頓首流涕而言曰:"文都等無狀,謀相屠害,事急爲此,不敢背國。"侗與之盟。充尋遣韋節等諷侗,[7]令拜爲尚書左僕射、總督内外諸軍事。又授其兄惲爲内史令,[8]入居禁中。

[1]太府卿:官名。爲太府寺的長官,置一員,掌庫儲出納事

務，兼掌百工技巧及官府手工業；煬帝大業初分出其兼掌職事，另置爲少府監。隋初爲正三品，煬帝時降爲從三品。　將軍：官名。據本書卷七一《皇甫無逸傳》此全稱爲右武衞將軍，左右武衞府的軍官，輔助長官左右武衞大將軍領外軍宿衞。從三品。　皇甫無逸：人名。隋任右武衞將軍，後降唐。傳見《舊唐書》卷六二、《新唐書》卷九一，本書卷七一有附傳。　右司郎：官名。煬帝大業三年，於尚書都司始置左、右司郎各一人。爲尚書左右丞之副貳，掌駁正違失，署覆文書及知省内宿直等事。從五品上。　盧楚：人名。傳見本書卷七一、《北史》卷八五。

　　[2]吏部尚書：官名。隋尚書省下轄六部之一吏部的長官，正三品。此爲越王侗所授僞官。

　　[3]尚書令：官名。隋爲尚書省長官。正二品。此爲越王侗所授僞官。

　　[4]將軍：官名。據本卷《段達傳》全稱爲左翊衞將軍。隋初中央軍事機關十二衞有左右衞，大業三年改爲左右翊衞，各置大將軍一人，將軍二人。掌宮掖禁禦，督攝仗衞。從三品。　段達：人名。傳見本卷及《北史》卷七九。　張志：人名。具體事迹不詳。

　　[5]費曜：人名。隋末爲將軍，隸屬於右武衞大將軍皇甫無逸。
　田世闍：人名。隋末爲將軍，隸屬於右武衞大將軍皇甫無逸。按，《舊唐書》卷五四《王世充傳》、《新唐書》卷八五《王世充傳》、《通鑑》卷一八五《唐紀》武德元年七月均載爲"田闍"。當避唐諱省"世"字。　東太陽門：東都宮城東門。

　　[6]乾陽殿：隋洛陽宮正殿。隋人杜寶《大業雜記》云："乾陽門東西亦軒廊周帀，門内一百二十步，有乾陽殿，殿基高九尺，從地至鴟尾二百七十尺。"

　　[7]韋節：人名。隋煬帝時任侍御史，後投靠王世充任太尉府長史。武德四年，李世民平王世充，將其囚送長安。

　　[8]惲：人名。即王惲，亦名王世惲，王世充之兄。王世充稱帝建鄭後，封齊王，授尚書令。武德四年，李世民平王世充，其與

王世充一起被仇家所殺。按，《北史》卷七九《王世充傳》同，然《通鑑》卷一八五《唐紀》武德元年七月條與新、舊《唐書·王世充傳》皆作“世惲”。　　内史令：官名。隋内史省長官。正三品。此爲越王侗所授僞官。

　　未幾，李密破化及還，其勁兵良馬多戰死，士卒皆倦。充欲乘其敝而擊之，恐人不一，乃假託鬼神，言夢見周公，[1]乃立祠於洛水之上，遣巫宣言周公欲令僕射急討李密，當有大功，不則兵皆疫死。充兵多楚人，俗信妖妄，故出此言以惑之。衆皆請戰。充簡練精勇，得二萬餘人，馬千餘，[2]遷營於洛水南。密軍偃師北山上。[3]時密新得志於化及，有輕充之心，不設壁壘。充夜遣二百餘騎潛入北山，伏溪谷中，令軍秣馬蓐食。既而宵濟，人奔馬馳，遲明而薄密。密出兵應之，陣未成列而兩軍合戰，其伏兵蔽山而上，潛登北原，乘高下馳，壓密營。營中亂，無能拒者，即入縱火。密軍大驚而潰，降其將張童兒、陳智略，進下偃師。

　　[1]周公：指西周周公旦。詳見《史記》卷三三《魯周公世家》。

　　[2]千餘：《通鑑》卷一八六《唐紀》武德元年九月條、《舊唐書》卷五四《王世充傳》、《新唐書》卷八五《王世充傳》皆載爲“二千餘匹”。

　　[3]偃師：縣名。治所在今河南偃師市東。

　　初，充兄偉及子玄應隨化及至東郡，[1]密得而囚之於城中，至是，盡獲之。又執密長史邴元真妻子、司馬鄭虔象之母及諸將子弟，[2]皆撫慰之，各令潛呼其父兄。兵次洛口，邴元真、鄭虔象等舉倉城以應之。密以數十騎遁逸，充悉收其衆。而東盡于海，南至于江，悉來歸附。充又令韋節諷侗，拜爲太尉，署置官屬，以尚書省爲其府。尋自稱鄭王。遣其將高略帥師攻壽安，[3]不利而旋。又帥師攻圍穀州，[4]三日而退。明年，自稱相國，受九錫備物，[5]是後不朝侗矣。

[1]偉：人名。即王偉，王世充之兄。王世充稱帝後封楚王、太保。武德四年，李世民平王世充，被俘獲送往長安，在遷往蜀地途中謀叛，被殺。按，《北史》卷七九《王世充傳》同，然《通鑑》卷一八五《唐紀》武德元年七月條、《舊唐書》卷五四《王世充傳》、《新唐書》卷八五《王世充傳》皆作“世偉”。　玄應：人名。王世充之子，世充稱帝後立爲太子。武德四年，李世民平王世充，被俘獲送往長安，在遷往蜀地途中謀叛，被殺。

[2]長史：官名。此爲李密所置官職。按，當爲“左長史”。　邴元真：人名。隋東郡人。曾爲縣史，與翟讓一起參加瓦崗軍，擔任掌書記。李密爲魏公，翟讓推薦爲長史。後投降王世充。事略見《通鑑》卷一八六《唐紀》武德元年九月條。　司馬：官名。此爲李密所置官職。　鄭虔象：人名。隋末人。爲李密右司馬，後以偃師城降王世充。事亦見《北史·王世充傳》，《舊唐書》卷五三《李密傳》、卷五四《王世充傳》，《新唐書》卷八四《李密傳》、卷八五《王世充傳》，《通鑑》卷一八六《唐紀》武德元年九月條等。按，《通鑑》卷一八三《隋紀》義寧元年《考異》云：“《隋》《唐書》皆作‘虔象’，唯《壺關錄》作‘乾象’。”

[3]高略：人名。王世充屬將，事迹不詳。按，中華書局新修

訂本校勘記云：“‘高略’，《册府》卷三五七《將帥部·立功》作‘高毗’。《新唐書》卷一〇九《崔義玄傳》、《通鑑》卷一八七《唐紀三》高祖武德二年亦載王世充將高毗攻河内郡事，可參見。”高略或即高毗。　壽安：縣名。治所在今河南宜陽縣東。

　　[4]榖州：治所在今河南新安縣東。

　　[5]九錫（cì）：傳説古代帝王尊禮大臣所給的九種器物。不同典籍記九錫名目大同小異，包括車馬、衣服、樂則、朱户、納陛、虎賁、宫矢、鈇鉞、秬鬯等。王莽代漢建新前，先加九錫，此後掌政大臣奪取政權、建立新王朝前，都加九錫，成爲例行公事。

　　有道士桓法嗣者，[1]自言解圖讖，充昵之。法嗣乃以《孔子閉房記》，畫作丈夫持一干以驅羊。法嗣云：“楊，隋姓也。干一者，王字也。居羊後，明相國代隋爲帝也。”又取莊子《人間世》《德充符》二篇上之，法嗣釋曰：“上篇言世，下篇言充，此即相國名矣。明當德被人間，而應符命爲天子也。”充大悦曰：“此天命也。”再拜受之。即以法嗣爲諫議大夫。[2]充又羅取雜鳥，書帛繫其頸，自言符命而散放之。或有彈射得鳥而來獻者，亦拜官爵。既而廢侗於別宫，僭即皇帝位，建元曰開明，[3]國號鄭。

　　[1]桓法嗣：人名。東都洛陽的道士。事亦見《北史》卷七九《王世充傳》，其他事迹不詳。

　　[2]諫議大夫：官名。隋初門下省置七人，掌顧問應對，煬帝廢。從四品。此爲王世充所設之僞官。

　　[3]開明：王世充年號（619—621）。

大唐遣秦王率衆圍之，[1]充頻出兵，戰輒不利，都外諸城相繼降款。充窘迫，遣使請救於竇建德，建德率精兵援之。師至武牢，爲秦王所破，禽建德以詣城下。充將潰圍而出，諸將莫有應之者，自知潛竄無所，於是出降。至長安，爲讎人獨孤脩德所殺。[2]

[1]秦王：此指後來的唐太宗李世民。紀見《舊唐書》卷二、三，《新唐書》卷二。

[2]獨孤修德：人名。唐任定州刺史，其父獨孤機被王世充所殺，故此言"讎人"。獨孤修德因殺王世充被免官。按，《舊唐書》卷五四《王世充傳》作"獨孤修"，《新唐書》卷八五《王世充傳》及《通鑑》卷一八九《唐紀》武德四年七月條載爲"獨孤修德"，《考異》曰："《舊傳》作'獨孤修'，今從《河洛記》。"

段達

段達，武威姑臧人也。[1]父嚴，[2]周朔州刺史。達在周，年始三歲，襲爵襄垣縣公。[3]及長，身長八尺，美鬚髯，便弓馬。高祖爲丞相，[4]以大都督領親信兵，常置左右。及踐阼，爲左直齋，[5]累遷車騎將軍，[6]兼晉王參軍。[7]高智惠、李積等之作亂也，[8]達率衆一萬擊定方、滁二州，[9]賜縑千段，遷進儀同。[10]又破汪文進等於宣州，[11]加開府，[12]賜奴婢五十口，縣絹四千段。仁壽初，[13]太子左衛副率。[14]

[1]武威：郡名。治所在今甘肅武威市。　姑臧：縣名。治所

在今甘肅武威市。

〔2〕嚴：人名。即段嚴。北周任朔州刺史，其他事迹不詳。
朔州：治所在今山西朔州市。

〔3〕襄垣縣公：爵名。北周命數不詳。王仲犖認爲"非正九命
則當是九命爾"（參見王仲犖《北周六典》卷八《封爵第十九》，
中華書局 1979 年版，第 548 頁）。

〔4〕高祖：隋文帝楊堅的廟號。紀見本書卷一、二，《北史》
卷一一。　丞相：官名。此爲"左大丞相"或"大丞相"簡稱。
北周靜帝大象二年（580）置左、右大丞相，以宗室親王宇文贊爲
右大丞相，但僅有虛名；以外戚楊堅爲左大丞相，總攬朝政。旋又
去左右之號，獨以楊堅爲大丞相。實爲控制北周朝廷的權臣。

〔5〕左直齋：官名。隋中央左右衛各置直齋十五人，並掌宿衛
侍從。太子東宮左右衛、左右宗衛亦設直齋。中央左右衛直齋爲從
五品，太子直齋爲從六品。煬帝大業三年罷。後煬帝改左右領左右
府爲左右備身府，又設直齋二人，以貳備身郎將。正四品。

〔6〕車騎將軍：官名。隋初爲府兵制中統領驃騎府兵的軍事副
長官，正五品上。煬帝大業三年改驃騎爲鷹揚府，車騎將軍遂改
稱鷹揚副郎將，大業五年又改稱鷹擊郎將，降爲從五品。

〔7〕兼：官制用語。假職未真授之稱。　晉王參軍：官名。隋
公王府、總管府皆置諸曹，長官爲參軍事。親王府諸曹參軍爲正七
品上。

〔8〕高智惠：人名。亦稱"高智慧"，隋開皇十年十一月舉兵
反，後被鎮壓遭誅。事略見本書卷二《高祖紀下》、《通鑑》卷一
七七《隋紀》開皇十年十一月條。　李積：人名。事迹不詳。

〔9〕方：州名。治所在今江蘇南京市六合區。　滁：州名。治
所在今安徽滁州市。

〔10〕儀同：《北史》卷七九《段達傳》作"上儀同"。

〔11〕汪文進：人名。隋時人。開皇十年聚衆叛亂，占據東陽，
自稱天子，署置百官，楊素率軍討平之。事略見本書卷二《高祖紀

下》、卷六四《來護兒傳》等。　宣州：治所在今安徽宣城市宣州區。

[12]開府：官名。全稱是開府儀同三司。隋文帝因改北周十一等勳官之制形成十一等散實官，用以酬勤勞，無實際職掌。開府是第六等，可開府置僚佐。正四品。

[13]仁壽：隋文帝楊堅年號（601—604）。

[14]太子左衛副率：官名。太子東宮左右衛各設率一人，副率二人，掌宮中禁衛。從四品。

　　大業初，以藩邸之舊，拜左翊衛將軍。征吐谷渾，[1]進位金紫光禄大夫。[2]帝征遼東，百姓苦役，平原郝孝德、清河張金稱等並聚衆爲群盜，[3]攻陷城邑，郡縣不能禦。帝令達擊之，數爲金稱等所挫，亡失甚多。諸賊輕之，號爲段姥。後用郞令楊善會之計，[4]更與賊戰，方致剋捷。還京師，以公事坐免。

[1]吐谷（yù）渾：古族名。本遼東鮮卑之種，姓慕容氏，西晋時西遷至群羌故地，北朝至隋唐時期游牧於今青海北部和新疆東南部地區。傳見本書卷八三、《晋書》卷九七、《魏書》卷一〇一、《周書》卷五〇、《北史》卷九六、《舊唐書》卷一九八、《新唐書》卷二二一上。

[2]金紫光禄大夫：官名。屬散實官。隋文帝置特進、左右光禄大夫等，以加文武官之有德聲者，並不理事。因其金印紫綬，故名。隋初爲從二品，煬帝大業三年降爲正三品。

[3]平原：郡名。治所在今山東陵縣。　郝孝德：人名。隋末農民起義軍領導者之一。大業九年聚衆反隋，後投靠瓦崗軍，封平原公。事亦見本書卷七一《張須陁傳》、《舊唐書》卷五五《劉黑闥傳》、《新唐書》卷九三《李勣傳》等。按，底本原作"祁孝

德”，各本均同。但本書卷六四《王辯傳》、卷七〇《李密傳》、卷七一《張須陁傳》，《北史》卷六〇《李密傳》，《舊唐書》卷五三《李密傳》、卷五五《劉黑闥傳》，《新唐書》卷八四《李密傳》、卷八六《劉黑闥傳》均載隋末農民起義軍有平原“郝孝德”。故此“祁”當爲“郝”之訛，今據改。　張金稱：人名。隋末山東農民起義軍領導者之一。大業七年聚衆起義，十三年爲隋將楊義臣擊敗。事見本書卷四《煬帝紀下》、《新唐書》卷八五《竇建德傳》、《通鑑》卷一八一等。另參見漆俠《隋末農民起義》、王永興《隋末農民戰爭史料彙編》。

[4]鄃：縣名。治所在今山東夏津縣。　楊善會：人名。傳見本書卷七一、《北史》卷八五。

　　明年，帝征遼東，以達留守涿郡。[1]俄復拜左翊衛將軍。高陽魏刀兒聚衆十餘萬，[2]自號歷山飛，寇掠燕、趙。[3]達率涿郡通守郭絢擊敗之。[4]于時盜賊既多，官軍惡戰，達不能因機決勝，唯持重自守，頓兵饋糧，多無剋獲，時皆謂之爲怯懦。

[1]涿郡：治所在今北京城西南。
[2]高陽：郡名。治所在今河北高陽縣南。　魏刀兒：人名。隋末河北農民起義軍領導者，綽號“歷山飛”。大業十一年起義，活動於冀州、定州之間，一度有衆十餘萬人。武德元年爲竇建德所殺。參見漆俠《隋末農民起義》、王永興《隋末農民戰爭史料彙編》。
[3]燕、趙：此指戰國時期燕國和趙國地區，約在今河北北部及山西西部一帶。
[4]郭絢：人名。傳見本書卷七三，《北史》卷八六有附傳。

十二年，帝幸江都宮，詔達與太府卿元文都留守東都。李密據洛口，縱兵侵掠城下，達與監門郎將龐玉、武牙郎將霍舉率內兵出禦之。[1]頗有功，遷左驍衛大將軍。[2]王充之敗也，密復進據北芒，[3]來至上春門，[4]達與判左丞郭大懿、尚書韋津出兵拒之。[5]達見賊盜，不陣而走，爲密所乘，軍大潰，津没於陣。由是賊勢日盛。

[1]監門郎將：官名。隋中央左右監門府，掌宮殿門禁及守衛事，各設郎將二人。正四品下。按，《北史》卷七九《段達傳》記載同，然本書卷六三《衛玄傳》、卷七一《堯君素傳》，《北史》卷七六《衛玄傳》、卷八五《堯君素傳》均言"監門直閣"。　龐玉：人名。隋末任監門直閣、銀青光禄大夫，隨王世充攻李密，王世充敗，率萬餘騎降唐，官至監門大將軍。事亦可見其子龐立墓誌（載劉文《陝西新見隋朝墓誌》四三《大隋左親侍龐府君之墓誌銘并序》，三秦出版社2018年版）。　武牙郎將：官名。煬帝大業三年十二衛護軍改爲武賁郎將後置，爲武賁郎將副貳。從四品。按，《舊唐書》卷五三《李密傳》作"虎賁郎將"。　霍舉：人名。據《舊唐書·李密傳》此役霍舉戰敗被殺，其他事迹不詳。

[2]左驍衛大將軍：官名。當是"左驍騎衛大將軍"脱文。隋文帝開皇十八年置備身府，煬帝即位改左右備身府爲左右驍騎衛府。左驍騎衛大將軍是左驍騎衛的最高將領。職掌宿衛。置一員，正三品。按，《唐故奉車都尉姑臧段君（瑋）墓誌銘并序》載其祖段達"隋右驍衛大將軍、襄垣縣公"（《千唐誌齋藏誌》二六四，文物出版社1984年版）。

[3]北芒：即北芒山，亦稱北邙山或邙山。在今河南洛陽市北。

[4]上春門：東都洛陽城東面三門，北曰上春門。

[5]判：官制用語。以本官署理他官之職事，稱判某職或判某

職事。　左丞：官名。即尚書左丞，爲尚書省屬官，與尚書右丞分掌尚書都省事務，糾駁諸司文案。隋初爲從四品下，煬帝大業三年升爲正四品。按，本書卷五九《越王侗傳》、《北史》卷七一《越王侗傳》、《通鑑》卷一八五《唐紀》武德元年五月條均載“郭文懿爲内史侍郎”，内史侍郎爲越王侗所授官職，此“判左丞”或爲隋煬帝所授。　郭大懿：人名。越王侗即位後，任爲内史侍郎。按，郭大懿，宋本、汲古閣本、殿本、庫本均同，中華本作“郭文懿”，其校勘記云：“‘文’原作‘大’，據本書《越王侗傳》、《通鑑》武德元年改。”今據改。　尚書：官名。據本書卷四七《韋壽傳》及《北史》卷六四《韋孝寬傳》爲“民部尚書”。隋沿北魏、北齊置度支尚書，開皇三年改稱民部尚書，是尚書省下轄六部之一民部的長官。職掌全國土地、戶口、賦稅、錢糧之政令。置一員，正三品。　韋津：人名。事見本書《韋壽傳》、《北史·韋孝寬傳》、《舊唐書》卷九二《韋安石傳》、《新唐書》卷一二二《韋安石傳》。

　　及帝崩於江都，達與元文都等推越王侗爲主，署開府儀同三司，兼納言，[1]封陳國公。元文都等謀誅王充也，達陰告充，爲之内應。及事發，越王侗執文都於充，充甚德於達，特見崇重。既破李密，達等勸越王加充九錫備物，尋諷令禪讓。充僭尊號，以達爲司徒。[2]及東都平，坐誅，妻子籍没。[3]

　　[1]納言：官名。隋爲門下省長官，正三品。此爲越王侗所授僞官。

　　[2]司徒：官名。隋爲三公之一，無實權。此爲王世充所授僞官。

　　[3]籍没：中國古代刑罰之一，没收財物人口入官。

　　史臣曰：化及庸懦下才，負恩累葉，王充斗筲小器，遭逢時幸，俱蒙獎擢，禮越舊臣。既屬崩剥之期，不能致身竭命，乃因利乘便，先圖干紀，率群不逞，職爲亂階，拔本塞源，裂冠毀冕。或躬爲戎首，或親行鴆毒，釁深指鹿，事切食踚，天地所不容，人神所同憤。故梟獍凶魁，相尋葅戮，蛇豕醜類，繼踵誅夷，快忠義於當年，垂炯戒於來葉。嗚呼，爲人臣者可不殷鑒哉！可不殷鑒哉！